O CAMINHO ABERTO POR JESUS

MARCOS

Dados Internacionais de Catalogação na Publicação (CIP)
(Câmara Brasileira do Livro, SP, Brasil)

Pagola, José Antonio
O caminho aberto por Jesus : Marcos / José Antonio Pagola ; tradução de Gentil Avelino Titton. – Petrópolis, RJ : Vozes, 2013.

Título original : El camino abierto por Jesús : Marcos
Bibliografia.

6ª reimpressão, 2025.

ISBN 978-85-326-4608-8

1. Bíblia. N.T. Evangelho de Marcos – Comentários I. Título.

13.10700   CDD-226.307

Índices para catálogo sistemático:
1. Evangelho de Marcos : Comentários   226.307

O CAMINHO ABERTO POR JESUS

JOSÉ ANTONIO PAGOLA

MARCOS

Tradução De Gentil Avelino Titton

EDITORA VOZES

Petrópolis

© José Antonio Pagola / DDB, 2011.

Tradução do original em espanhol intitulado
El camino abierto por Jesús – Marcos

Direitos de publicação em língua portuguesa – Brasil:
2014, Editora Vozes Ltda.
Rua Frei Luís, 100
25689-900 Petrópolis, RJ
www.vozes.com.br
Brasil

Todos os direitos reservados. Nenhuma parte desta obra poderá ser reproduzida ou transmitida por qualquer forma e/ou quaisquer meios (eletrônico ou mecânico, incluindo fotocópia e gravação) ou arquivada em qualquer sistema ou banco de dados sem permissão escrita da editora.

CONSELHO EDITORIAL

Diretor
Volney J. Berkenbrock

Editores
Aline dos Santos Carneiro
Edrian Josué Pasini
Marilac Loraine Oleniki
Welder Lancieri Marchini

Conselheiros
Elói Dionísio Piva
Francisco Morás
Teobaldo Heidemann
Thiago Alexandre Hayakawa

Secretário executivo
Leonardo A.R.T. dos Santos

PRODUÇÃO EDITORIAL
Anna Catharina Miranda
Eric Parrot
Jailson Scota
Marcelo Telles
Mirela de Oliveira
Natália França
Priscilla A.F. Alves
Rafael de Oliveira
Samuel Rezende
Verônica M. Guedes

Editoração: Maria da Conceição B. de Sousa
Daigramação: Alex M. da Silva
Capa: Ignacio Molano
Arte-finalização: Editora Vozes
Ilustração: Arturo Asensio

ISBN 978-85-326-4608-8 (Brasil)
ISBN 978-84-330-2522-7 (Espanha)

Este livro foi composto e impresso pela Editora Vozes Ltda.

SUMÁRIO

Apresentação, 7

Evangelho de Marcos, 11

1 Começa o evangelho de Jesus Cristo (1,1-8), 17

2 Batismo de Jesus (1,7-11), 25

3 A Boa Notícia de Deus (1,14-20), 33

4 Ensinar curando (1,21-28), 41

5 Paixão pela vida (1,29-39), 49

6 Contra a exclusão (1,40-45), 57

7 O perdão de Deus (2,1-12), 65

8 Vinho novo em odres novos (2,18-22), 73

9 Em primeiro lugar está a pessoa (2,23–3,6), 81

10 Não pecar contra o Espírito Santo (3,20-35), 89

11 Semear (4,26-34), 97

12 Por que tanto medo? (4,35-41), 105

13 Contra a dominação masculina (5,21-43), 113

14 Sábio e curador (6,1-6), 121

15 Enviados a evangelizar (6,7-13), 129

16 Ovelhas sem pastor (6,30-34), 137

17 Com o coração longe de Deus (7,1-8.14-15.21-23), 145

18 Curar nossa surdez (7,31-37), 153

19 Quem dizeis que eu sou? (8,27-35), 161

20 Escutar Jesus (9,2-10), 169

21 Importantes (9,31-37), 177

22 São amigos, não adversários (9,38-43.45.47-48), 185

23 Matrimônios desfeitos (10,2-16), 193

24 Uma coisa nos falta (10,17-27), 201

25 Não impor-se, mas servir (10,35-45), 209

26 Cegueira (10,46-52), 217

27 A coisa decisiva é amar (12,28-34), 225

28 O que os pobres podem nos ensinar (12,38-44), 233

29 No final virá Jesus (13,24-32), 241

30 Despertar (13,33-37), 249

31 A ceia do Senhor (14,12-16.22-26), 257

32 O grito do Crucificado (15,33-39), 265

33 Proclamai o evangelho (16,15-20), 273

Índice litúrgico, 281

Índice temático, 283

Apresentação

Os cristãos das primeiras comunidades sentiam-se, antes de tudo, seguidores de Jesus. Para eles, crer em Jesus Cristo é enveredar por seu "caminho", seguindo seus passos. Um antigo escrito cristão, conhecido como carta aos Hebreus, diz que é um "caminho novo e vivo". Não é o caminho transitado no passado pelo povo de Israel, mas um caminho "inaugurado para nós por Jesus" (Hb 10,20).

Este caminho cristão é um percurso que vai sendo feito passo a passo ao longo de toda a vida. Às vezes parece simples e plano, outras duro e difícil. No caminho há momentos de segurança e prazer, e também horas de cansaço e desânimo. Seguir as pegadas de Jesus é dar passos, tomar decisões, superar obstáculos, abandonar sendas equivocadas, descobrir horizontes novos... Tudo faz parte do caminho. Os primeiros cristãos esforçam-se por percorrê-lo "com os olhos fixos em Jesus", pois sabem que só ele é "o autor e consumador da fé" (Hb 12,2).

Infelizmente, da maneira como é vivido hoje por muitos, o cristianismo não suscita "seguidores" de Jesus, mas apenas "adeptos de uma religião". Não gera discípulos que, identificados com seu projeto, se dedicam a abrir caminhos para o reino de Deus, mas membros de uma instituição que cumprem bem ou mal suas obrigações religiosas. Muitos deles correm o risco de não conhecer nunca a experiência cristã originária e apaixonante: enveredar pelo caminho aberto por Jesus.

A renovação da Igreja está exigindo de nós hoje o seguinte: deixar de ser comunidades formadas majoritariamente por "adeptos" e passar a ser comunidades de "discípulos" e "seguidores" de Jesus. Precisamos disto para aprender a viver mais identificados com seu projeto, menos escravos de um passado nem sempre fiel ao Evangelho e mais livres de medos e servidões que podem impedir-nos de escutar seu chamado à conversão.

A Igreja parece não ter nos tempos atuais o vigor espiritual necessário para enfrentar os desafios do momento. Sem dúvida, são muitos os fatores, tanto internos como externos, que podem explicar esta mediocridade espiritual, mas provavelmente a causa principal esteja na ausência de adesão vital a Jesus Cristo. Muitos cristãos não conhecem a energia dinamizadora contida em Jesus quando é vivido e seguido por seus discípulos a partir de um contato íntimo e vital. Muitas comunidades cristãs não suspeitam da transformação que hoje mesmo se produziria nelas se a pessoa concreta de Jesus e seu Evangelho ocupassem o centro de sua vida.

Chegou o momento de reagir. Precisamos esforçar-nos para colocar o relato de Jesus no coração dos crentes e no centro das comunidades cristãs. Precisamos fixar nosso olhar em seu rosto, sintonizar com sua vida concreta, acolher o Espírito que o anima, seguir sua trajetória de entrega ao reino de Deus até à morte e deixar-nos transformar por sua ressurreição. Para tudo isso, nada nos pode ajudar mais do que adentrar-nos no relato que nos oferecem os evangelistas.

Os quatro evangelhos constituem, para os seguidores de Jesus, uma obra de importância única e exclusiva. Não são livros didáticos que expõem doutrina acadêmica sobre Jesus. Tampouco são biografias redigidas para informar detalhadamente sobre sua trajetória histórica. Estes relatos nos aproximam de Jesus tal como ele era recordado com fé e com amor pelas primeiras gerações cristãs. Por um lado, neles encontramos o impacto causado por Jesus nos primeiros que se sentiram atraídos por ele e o seguiram. Por outro, foram escritos para suscitar o seguimento de novos discípulos.

Por isso, os evangelhos convidam a entrar num processo de mudança, de seguimento de Jesus e de identificação com seu projeto. São relatos de conversão, e nessa mesma atitude devem ser lidos, pregados, meditados e guardados no coração de cada crente e no seio de cada comunidade cristã. A experiência de escutar juntos os evangelhos transforma-se então na força mais poderosa que uma comunidade possui para sua transformação. Nesse contato vivo com o relato de Jesus, nós crentes recebemos luz e força para reproduzir hoje seu estilo de vida e para abrir novos caminhos ao projeto do reino de Deus.

Esta publicação intitula-se *O caminho aberto por Jesus* e consta de quatro volumes, dedicados sucessivamente ao evangelho de Mateus, Marcos, Lucas e João. Foi elaborada com a finalidade de ajudar a enveredar pelo caminho aberto por Jesus, centrando nossa fé no seguimento de sua pessoa. Em cada volume propõe-se uma aproximação ao relato de Jesus tal como é recolhido e oferecido por cada evangelista.

No comentário ao evangelho seguimos o percurso traçado pelo evangelista, detendo-nos nas passagens que a Igreja propõe às comunidades cristãs para serem proclamadas quando se reúnem para celebrar a eucaristia dominical. Em cada passagem apresenta-se o texto evangélico e cinco breves comentários com sugestões para aprofundar-se no relato de Jesus.

O leitor poderá comprovar que os comentários foram redigidos a partir de algumas chaves básicas: destacam a Boa Notícia de Deus, anunciada por Jesus, fonte inesgotável de vida e de compaixão para com todos; sugerem caminhos para segui-lo, reproduzindo hoje seu estilo de vida e suas atitudes; oferecem sugestões para impulsionar a renovação das comunidades cristãs acolhendo seu Espírito; recordam seus apelos concretos a comprometer-nos no projeto do reino de Deus no seio da sociedade atual; convidam a viver estes tempos de crise e de incertezas arraigados na esperança no Cristo ressuscitado[1].

Ao escrever estas páginas pensei, sobretudo, nas comunidades cristãs, tão necessitadas de alento e de novo vigor espiritual; tive bem presentes

---

1. Pode-se conferir minha obra *Jesus. Uma aproximação histórica*. Petrópolis: Vozes, 2010.

tantos crentes simples nos quais Jesus pode acender uma nova fé. Mas quis também oferecer o Evangelho de Jesus aos que vivem sem caminhos para Deus, perdidos no labirinto de uma vida sem rumo ou instalados num nível de existência em que é difícil abrir-se ao mistério último da vida. Sei que Jesus pode ser para eles a melhor notícia.

Este livro nasce de minha vontade de recuperar a Boa Notícia de Jesus para os homens e as mulheres de nosso tempo. Não recebi a vocação de evangelizador para condenar, mas para libertar. Não me sinto chamado por Jesus para julgar o mundo, mas para despertar esperança. Ele não me envia para apagar a mecha que vai se extinguindo, mas para acender a fé que está querendo brotar.

Evangelho de Marcos

Com seus dezesseis capítulos, o evangelho de Marcos é o mais breve de todos. Talvez por isso ocupou, durante muito tempo, um discreto segundo plano. Hoje, porém, adquiriu grande interesse, porque é o relato mais antigo sobre Jesus que chegou até nós. Além disso, Mateus e Lucas o assumiram como base de seus respectivos evangelhos.

Nada sabemos com certeza sobre seu autor, embora se tenha pensado em João Marcos, que acompanhou Paulo e Barnabé em sua primeira viagem evangelizadora. Pode ter sido escrito por volta do ano 70, talvez em alguma região da Síria, próxima da Palestina. Logo chegou a Roma, onde provavelmente se fez uma segunda edição que se difundiu rapidamente entre as comunidades cristãs que iam surgindo no Império.

• O escrito inicia com estas palavras: "Começo do evangelho de Jesus Cristo, Filho de Deus". E, com efeito, o relato nos irá revelando que Jesus é o Messias esperado em Israel e o Filho de Deus. Por isso Jesus constitui a Boa Notícia (evangelho) que seus seguidores vão anunciando por todos os lugares. O relato começa no deserto com a pregação do Batista, o batismo de Jesus e suas tentações. Depois desta preparação, Jesus faz sua aparição na Galileia, proclamando "a Boa Notícia de Deus". O evangelista resume sua mensagem com estas palavras: "Completou-se o tempo, o reino de Deus está próximo: convertei-vos e crede na Boa Notícia". Ao longo do relato iremos descobrindo que com Jesus começa um tempo novo. Deus não nos deixou sozinhos diante de nossos problemas e desafios. Ele quer construir junto conosco uma vida mais humana. Precisamos mudar para aprender a viver crendo nesta Boa Notícia.

• A primeira parte do relato evangélico se passa na Galileia. Jesus vai proclamando a Boa Notícia de Deus na região do lago com uma dupla atividade. Marcos o apresenta ensinando com autoridade e curando enfermos de diversos males. Ao longo de nosso percurso poderemos conhecer sua força curadora em relatos comoventes, nos quais Jesus cura um possesso, um leproso, um paralítico, uma mulher que sofria perdas de sangue, um surdo-mudo...

• As pessoas vão descobrindo que Jesus é uma Boa Notícia. Cheio do Espírito de Deus, liberta os possessos de espíritos malignos; perdoa os pecados que paralisam o ser humano; limpa leprosos, resgatando-os da marginalização religiosa e social. As pessoas se aproximam de Jesus não só por causa do que ele ensina, mas "para ver o que ele faz". Marcos destaca mais os gestos libertadores de Jesus do que seu ensinamento. Em nosso percurso iremos descobrindo Jesus como curador de nossas vidas: ele pode libertar-nos de amarras, servidões e pecados que paralisam e desumanizam nossa existência. Escutaremos também seu chamado a viver curando e humanizando a sociedade em que vivemos.

• Esta atuação provoca admiração, mas também inquietação. Jesus ensina com uma "autoridade" nova e desconhecida, não como os mestres da lei. Atreve-se a criticar as tradições dos antepassados. Não hesita em curar enfermos infringindo a lei sagrada do sábado: "O sábado foi instituído para o homem e não o homem para o sábado". A primeira coisa que Deus quer é uma vida digna e sadia para todos. Esta "novidade" de Jesus não é apenas um remendo à religiosidade judaica. Exige colocar este "vinho novo em odres novos". As pessoas simples sentem-se atraídas por Jesus e glorificam a Deus dizendo: "Jamais vimos coisa parecida". No entanto, os mestres da lei não suportam seu comportamento e o rejeitam como blasfemo. Em sua aldeia de Nazaré não o recebem, porque se recusam a reconhecer como "profeta" e "curador" aquele concidadão conhecido por todos. Seus familiares querem levá-lo para casa, porque pensam que ele está fora de si. No entanto, pouco a pouco vai se criando em torno de Jesus um grupo de seguidores que escutam seu chamado e constituem sua nova família. De muitas maneiras iremos ouvindo também nós o chamado profético de Jesus a purificar nossa maneira de viver e entender a religião, a fim de pôr-nos ao serviço do reino de Deus.

• A atuação de Jesus e as diversas reações das pessoas vão criando um clima de suspense e expectativa. As perguntas sobre a identidade de Jesus se repetem: Quem é este? Que sabedoria é esta? De onde lhe vem essa força curadora? A resposta vai ser ouvida em Cesareia de Filipe, num relato com o qual Marcos conclui a primeira parte de seu evangelho, centrada na atividade de Jesus na Galileia. Depois de conhecer as diversas opiniões que correm a respeito de sua pessoa, Jesus pergunta diretamente a seus discípulos: "Quem sou eu?" Em nome de todos, Pedro responde: "Tu és o Messias". Os discípulos ainda não conseguem entender o que significa esta confissão. Jesus precisará ajudá-los a descobrir que ele não é o Messias glorioso que muitos esperam. Sua verdadeira identidade só será revelada a eles em sua morte e ressurreição. Depois de vinte séculos de cristianismo, também nós precisamos responder à pergunta de Jesus: Quem é ele para nós? Que lugar ele ocupa em nossas comunidades cristãs? O que ele pode nos trazer em nossos dias? O que podemos e devemos buscar nele?

• Na segunda parte de seu evangelho, Marcos narra o caminho que Jesus percorre com seus seguidores da Galileia para Jerusalém. Ao longo deste caminho, Jesus lhes fala três vezes de seu destino. De maneira cada vez mais detalhada lhes anuncia que sofrerá muito, será rejeitado pelos dirigentes religiosos de Jerusalém, será crucificado e ao terceiro dia ressuscitará. Os discípulos recusam-se a aceitar suas palavras, e Jesus vai lhes ensinando pacientemente que também seus seguidores estão chamados a sofrer. Depois do primeiro anúncio, Pedro repreende Jesus, mas este expõe a atitude de todo aquele que quiser segui-lo: "renunciar a si mesmo", "perder sua vida por Jesus e por seu evangelho" e "carregar sua cruz". Depois do segundo anúncio, os discípulos, alheios ao ensinamento de Jesus, vêm discutindo entre si pelo caminho sobre quem será o maior; Jesus lhes dá a entender que, para ser importante, "é preciso fazer-se o último de todos e servo de todos". Depois do terceiro anúncio, Tiago e João vêm pedir-lhe os postos de honra junto a ele; Jesus lhes assinala que "o primeiro entre eles deve fazer-se escravo de todos". Ao longo de nosso percurso, também nós nos sentiremos convidados a aprender os traços que devem caracterizar hoje os que quiserem seguir os passos de Jesus.

• Uma vez em Jerusalém, o relato de Marcos nos vai revelar que Jesus é Filho de Deus. Já na cena do batismo no Jordão, uma voz do céu diz a Jesus: "Tu és meu Filho amado". No começo do caminho para Jerusalém, na cena da transfiguração, ouve-se novamente a voz do céu, que diz aos discípulos: "Este é meu Filho amado. Escutai-o". Agora, quando Jesus comparece diante do Sinédrio, humilhado e prestes a ser enviado para a cruz, o sumo sacerdote lhe pergunta solenemente: "És tu o Messias, o Filho de Deus bendito?" Jesus responde: "Sim, eu sou". No entanto, será um soldado romano quem pronunciará a confissão que Marcos quer suscitar em seus leitores. Ao ver que Jesus expirou na cruz, o centurião que está na frente dele proclama: "Verdadeiramente este homem era Filho de Deus". Como havia anunciado no início de seu evangelho, Jesus é o "Messias", mas não o Messias político-militar que mitos esperavam, e sim "o Filho do homem, que veio para servir e dar sua vida como resgate por muitos". Jesus é "Filho de Deus", mas não revestido de glória e de poder, e sim um Filho de Deus crucificado, solidário com todo o sofrimento humano.

Marcos sabe que não é fácil captar e acolher o mistério de Jesus, crucificado pelos homens e ressuscitado por Deus. Ao chegar o momento da crucificação, os "discípulos" o abandonam e fogem. As "mulheres" substituem os discípulos, seguem "de longe" o Crucificado e se aproximam inclusive de seu sepulcro; mas, quando se lhes anuncia sua ressurreição, fogem também elas cheias de medo e espanto.

No entanto, antes de terminar seu evangelho, Marcos indica a seus leitores o caminho que devem seguir para aprofundar-se no Mistério que se encerra em Jesus. Assim diz o enviado de Deus às mulheres que se aproximaram do sepulcro: "Ide dizer aos discípulos e a Pedro que ele vos precederá na Galileia. Ali o vereis". É o que faremos também nós, guiados pelo relato de Marcos. Nós já conhecemos o destino final de Jesus e cremos em Jesus Cristo, ressuscitado dentre os mortos pelo Pai. Alentados por esta fé, voltaremos para a Galileia e faremos o percurso que os seus primeiros discípulos fizeram, seguindo os passos de Jesus. Este percurso pode levar-nos a "ver" melhor o mistério nele encerrado.

1

COMEÇA O EVANGELHO DE JESUS CRISTO

Começa o evangelho de Jesus Cristo, Filho de Deus. Está escrito no profeta Isaías: "Eu envio meu mensageiro diante de ti para preparar-te o caminho".

Uma voz grita no deserto: "Preparai o caminho para o Senhor, aplainai suas veredas".

João batizava no deserto: pregava que as pessoas se convertessem e se batizassem, para que seus pecados fossem perdoados. Acorriam pessoas de toda a Judeia e de Jerusalém, confessavam seus pecados e ele os batizava no rio Jordão.

João vestia roupas feitas de pele de camelo, usava um cinto de couro na cintura e se alimentava de gafanhotos e mel silvestre. E proclamava:

– Depois de mim vem aquele que pode mais do que eu, e eu não sou digno de abaixar-me para desatar-lhe as sandálias. Eu vos batizei com água, mas ele vos batizará com o Espírito Santo (Mc 1,1-8).

IR PARA O DESERTO

"Começa a Boa Notícia de Jesus Cristo, Filho de Deus". É este o início solene e prazeroso do evangelho de Marcos. Mas, a seguir, de maneira abrupta e sem nenhuma advertência, começa a falar da urgente conversão pela qual todo o povo precisa passar para acolher seu Messias e Senhor.

No deserto aparece um profeta diferente. Vem para "preparar o caminho do Senhor". Este é o grande serviço que ele presta a Jesus. Seu chamado não se dirige só à consciência individual de cada um. O que João busca vai além da conversão moral de cada pessoa. Trata-se de "preparar o caminho do Senhor", um caminho concreto e bem definido, o caminho que Jesus vai seguir, contrariando as expectativas convencionais de muitos.

A reação do povo é comovedora. De acordo com o evangelista, da Judeia e de Jerusalém muitos vão para o "deserto" a fim de escutar a voz que os chama. O deserto lhes recorda sua antiga fidelidade a Deus, seu amigo e aliado, mas é, sobretudo, o melhor lugar para escutar o chamado à conversão.

Ali adquirem consciência da situação em que vivem; experimentam a necessidade de mudar; reconhecem seus pecados sem lançar a culpa uns nos outros; sentem necessidade de salvação. De acordo com Marcos, "confessavam seus pecados" e João "os batizava".

A conversão de que a nossa maneira de viver o cristianismo necessita não pode ser improvisada. Requer um longo tempo de recolhimento e trabalho interior. Passarão anos até que apareça mais verdade na Igreja e reconheçamos a conversão de que necessitamos para acolher mais fielmente Jesus Cristo no centro de nosso cristianismo.

Esta pode ser a nossa tentação hoje. Não ir ao "deserto". Evitar a necessidade de conversão. Não escutar nenhuma voz que nos convide a mudar. Distrair-nos com qualquer coisa, para esquecer nossos medos e dissimular nossa falta de coragem para acolher a verdade de Jesus Cristo.

A imagem do povo judeu "confessando seus pecados" é admirável. Não precisamos nós, os cristãos de hoje, fazer um exame de consciência coletivo, em todos os níveis, para reconhecer nossos erros e pecados? É possível, sem este reconhecimento, "preparar o caminho do Senhor"?

O CAMINHO ABERTO POR JESUS

Não poucos cristãos praticantes entendem sua fé apenas como uma "obrigação". Há um conjunto de crenças que se "deve" aceitar, mesmo sem conhecer seu conteúdo nem saber o interesse que possam ter para a vida; há também um código de leis que se "deve" observar, mesmo sem entender muito bem tanta exigência de Deus; há, por último, algumas práticas religiosas que se "deve" cumprir, mesmo que de maneira rotineira.

Esta maneira de entender e viver a fé produz um tipo de cristão entediado, sem desejo de Deus e sem criatividade nem paixão alguma por transmitir sua fé. Basta apenas "cumprir". Esta religião não tem atrativo algum; transforma-se num peso difícil de suportar; em não poucos produz alergia. Não estava enganada Simone Weil quando escrevia que "onde falta o desejo de encontrar-se com Deus, ali não há crentes, mas pobres caricaturas de pessoas que se dirigem a Deus por medo ou por interesse".

Nas primeiras comunidades cristãs as coisas eram vividas de outra maneira. A fé cristã não era entendida como um "sistema religioso". Chamavam-na de "caminho" (*hodos* em grego) e o propunham como a via mais acertada para viver com sentido e esperança. Diz-se que é um "caminho novo e vivo", que "foi inaugurado por Jesus para nós", um caminho que se percorre "com os olhos fixos nele" (Hb 10,20; 12,2).

É de grande importância tomar consciência de que a fé é um percurso e não um sistema religioso. E num percurso há de tudo: caminhada prazerosa e momentos de busca, provas que é preciso superar e retrocessos, decisões inevitáveis, dúvidas e interrogações. Tudo faz parte do caminho: também as dúvidas, que podem ser mais estimulantes do que não poucas certezas e seguranças possuídas de forma rotineira e simplista.

Cada um precisa fazer seu próprio percurso. Cada um é responsável pela "aventura" de sua vida. Cada um tem seu próprio ritmo. Não se deve forçar nada. No caminho cristão há etapas: as pessoas podem viver momentos e situações diferentes. O importante é "caminhar", não deter-se, ouvir o chamado feito a todos nós no sentido de viver de maneira mais digna e feliz. Este pode ser o melhor modo de "preparar o caminho do Senhor".

Preparar o caminho para o Senhor

"Preparai o caminho para o Senhor". Talvez seja este o primeiro chamado que nós cristãos devemos escutar hoje. O mais urgente e decisivo. Estamos procurando fazer não poucas coisas, mas como preparar novos caminhos para o Senhor em nossas comunidades?

Antes de mais nada, precisamos parar para detectar quais zonas de nossa vida não estão iluminadas pelo Espírito de Jesus. Podemos funcionar bem como uma comunidade religiosa ao redor do culto, mas continuar impermeáveis a aspectos essenciais do evangelho. Em que Jesus nos reconheceria hoje como seus discípulos e seguidores?

Além disso, precisamos discernir a qualidade evangélica daquilo que fazemos. A palavra de Jesus pode libertar-nos de alguns autoenganos. Nem tudo o que vivemos vem da Galileia. Se não somos um grupo configurado pelos traços essenciais de Jesus, o que somos exatamente?

É essencial "buscar o reino de Deus e sua justiça". Revoltar-nos diante da indiferença social que nos impede de olhar a vida a partir dos que sofrem. Recusar formas de vida que nos encerram dentro de nosso egoísmo. Se não transmitirmos compaixão e atenção aos últimos, o que estamos difundindo na sociedade?

Existe um "imperativo cristão" que poderia orientar-nos na busca real da justiça de Deus no mundo: atuar em nossas comunidades cristãs de tal forma que esse comportamento pudesse transformar-se em norma universal para todos os humanos. Assinalar com nossa vida caminhos para um mundo mais justo, amável e cheio de esperança. Mudaria muito a sociedade se todos atuassem como nós o fazemos em nossa pequena comunidade?

Certamente seria enriquecedor introduzir entre nós aquele lema incisivo e sugestivo que circulou há alguns anos em comunidades cristãs da Alemanha: "Pensa globalmente e atua localmente". Precisamos abrir o horizonte de nossas comunidades para o mundo inteiro; aprender a processar a informação que recebemos, a partir do olhar compassivo que Deus lança a todas as suas criaturas. Depois, abrir caminhos de compaixão e justiça no pequeno mundo em que nos movemos cada dia.

Reorientar a vida

Às vezes se pensa que a diferença entre crentes e não crentes é clara. Uns têm fé e outros não. Simplesmente assim. Nada mais longe da realidade. Hoje é frequente encontrar pessoas que não sabem exatamente se creem ou não creem. Basta escutá-las: "Isto que eu sinto pode ser chamado de fé?"

Esta situação de ambiguidade pode prolongar-se durante anos. Mas a atitude mais sadia é reagir. A primeira coisa não é "voltar à Igreja" e começar novamente a "cumprir" certas práticas religiosas sem convicção alguma. O importante é a pessoa aclarar a própria postura e decidir como quer orientar sua vida.

Antes de mais nada, é necessário esclarecer onde a pessoa está e saber exatamente do que ela se afastou: Distanciei-me de determinada educação religiosa ou suprimi Deus de minha vida? Abandonei uma "religião" que me entediava ou eliminei de meu coração todo vestígio de comunicação com Deus? Rejeitar o que alguém encontra de incoerente, artificial ou infantil em seu passado pode ser sinal de maturidade. Mas é apenas um passo. Não devemos fugir de outra questão: uma vez rejeitado o religioso, a partir de onde dou um sentido último à minha vida?

Por isso é importante continuar esclarecendo qual é minha atitude básica diante da existência: sei prestar atenção ao "profundo" da vida, ao que não se capta imediatamente com os sentidos, ou só vivo daquilo que "salta aos olhos" e se revela útil para os meus interesses?

Abrir-se ao "profundo" não significa crer em qualquer coisa, ser sensível à parapsicologia, crer nos espíritos ou buscar as energias ocultas do cosmos. A fé cristã não vai por aí. O cristão crê que o mundo inteiro recebe sua existência, seu sentido e cumprimento último de um Deus que é só Amor. Para um cristão, crer é, no fundo, abrir-se confiantemente ao mistério da vida, porque se sabe querido por Deus.

Mas, é preciso sentir algo especial? O que acontece se alguém não vibra como esses crentes que parecem viver algo inatingível? A fé é algo que se vive num nível mais profundo que o nível dos sentimentos. A sensibilidade das pessoas é diferente, e nem todos nós vivemos a fé da mesma forma. O decisivo é buscar Deus como alguém a partir do qual minha vida pode adquirir mais sentido, orientação e esperança.

"Preparai o caminho para o Senhor, aplainai suas veredas". Este grito do Batista pode ser ouvido também hoje por homens e mulheres que buscam "salvação" de alguma maneira. O importante é "abrir caminhos" em nossa vida. Fazer algum gesto que manifeste nosso desejo de reagir. Deus está perto de quem o busca verdadeiramente.

FRESTAS

São numerosas as pessoas que já não conseguem crer em Deus. Não é que o rejeitem. É que não sabem que caminho seguir para encontrar-se com ele. E, no entanto, Deus não está longe. Oculto no próprio interior da vida, Deus segue nossos passos, muitas vezes errados ou desesperados, com amor respeitoso e discreto. Como perceber sua presença?

Marcos nos recorda o grito do profeta em pleno deserto: "Preparai o caminho para o Senhor, aplainai suas veredas". Onde e como abrir caminhos para Deus em nossa vida? Não devemos pensar em vias esplêndidas, amplas e desimpedidas, por onde chegue um Deus espetacular. O teólogo catalão J.M. Rovira nos lembrou que Deus se aproxima de nós buscando a fresta que o homem mantém aberta ao verdadeiro, ao bom, ao belo, ao humano. É a estes resquícios da vida que devemos prestar atenção para abrir caminhos para Deus.

Para alguns, a vida transformou-se num labirinto. Ocupados em mil coisas, movem-se e agitam-se sem cessar, mas não sabem de onde vêm nem para onde vão. Abre-se neles uma fresta para Deus quando se detêm para encontrar-se com o melhor de si mesmos.

Há os que vivem uma vida sem sentido, chata e insignificante, na qual a única coisa importante é estar entretido. Estes só poderão vislumbrar Deus se começarem a prestar atenção ao mistério que pulsa no fundo da vida.

Outros vivem submersos na "espuma das aparências". Só se preocupam com sua imagem, com o aparente e externo. Encontrar-se-ão mais perto de Deus se buscarem com simplicidade a verdade.

Os que vivem fragmentados em mil pedaços pelo ruído, pela retórica, pelas ambições ou pela pressa darão passos em direção a Deus se se esforçarem por encontrar um fio condutor que humanize sua vida.

Muitos irão se encontrando com Deus se souberem passar de uma atitude defensiva diante dele a uma postura de acolhida, do tom arrogante à oração humilde, do medo ao amor, da autocondenação à acolhida de seu perdão. E todos nós daremos mais lugar a Deus em nossa vida se o buscarmos com coração simples.

2
BATISMO DE JESUS

Naquele tempo João proclamava:

– Depois de mim vem aquele que pode mais do que eu, e eu não sou digno de abaixar-me para desatar-lhe as sandálias. Eu vos batizei com água, mas ele vos batizará com o Espírito Santo.

Naqueles dias Jesus veio de Nazaré da Galileia para que João o batizasse no Jordão. Logo que saiu da água, viu o céu abrir-se e o Espírito baixar até ele como uma pomba. Ouviu-se uma voz do céu: "Tu és meu Filho amado, meu preferido" (Mc 1,7-11).

JESUS BATIZA COM O ESPÍRITO SANTO

O Batista representa como poucos o esforço dos homens e mulheres de todos os tempos no sentido de purificar-se, reorientar sua existência e começar uma vida mais digna. Sua mensagem é esta: "Façamos penitência, voltemos ao bom caminho, ponhamos ordem em nossa vida". É isto também o que ouvimos mais de uma vez no fundo da consciência: "Preciso mudar, devo ser melhor, preciso agir de maneira mais digna".

Esta vontade de purificação é nobre e indispensável, mas não basta. Esforçamo-nos por corrigir erros, procuramos cumprir nosso dever com mais responsabilidade, tentamos fazer melhor as coisas, mas nada realmente novo desperta em nós, nada apaixonante. Logo o passar do tempo nos devolve à mediocridade de sempre. O próprio Batista reconhece o limite de seu esforço: "Eu vos batizo com água; alguém mais forte vos batizará com Espírito e fogo".

O batismo de Jesus encerra uma mensagem nova que supera radicalmente o Batista. Os evangelistas cuidaram da cena com esmero. O céu, que permanecia fechado e impenetrável, abre-se para mostrar o seu segredo. Ao abrir-se, não descarrega a ira divina que o Batista anunciava, mas presenteia o amor de Deus, o Espírito, que pousa pacificamente sobre Jesus. Do céu ouve-se uma voz: "Tu és meu Filho amado".

A mensagem é clara: com Cristo, o céu ficou aberto; de Deus só brota amor e paz; podemos viver com confiança. Apesar de nossos erros e de nossa mediocridade insuportável, também para nós "o céu ficou aberto". Também nós podemos escutar com Jesus a voz de Deus: "Tu és para mim um filho amado, uma filha amada". Doravante podemos enfrentar a vida não como uma "história suja" que devemos purificar constantemente, mas como o dom da "dignidade de filhos de Deus", da qual devemos cuidar com alegria e agradecimento.

Para quem vive desta fé, a vida está cheia de momentos de graça: o nascimento de um filho, o contato com uma pessoa boa, a experiência de um amor puro... que põem em nossa vida uma luz e um calor novos. De repente parece-nos ver "o céu aberto". Algo novo começa em nós; sentimo-nos vivos; desperta o melhor que existe em nosso coração. O que talvez tenhamos sonhado secretamente nos é dado agora de forma inesperada: um novo início, uma purificação diferente, um "batismo do Espírito". Por trás destas experiências está Deus amando-nos como Pai. Está seu Amor e seu Espírito "doador de vida".

Ouvir o que o Espírito diz à Igreja

Os primeiros cristãos viviam convencidos de que, para seguir Jesus, é insuficiente um batismo de água ou um rito parecido. É necessário viver impregnado de seu Espírito. Por isso nos evangelhos recolhem-se de diversas maneiras estas palavras do Batista: "Eu vos batizei com água, mas Jesus vos batizará com o Espírito Santo".

Não é estranho que, nos momentos de crise, recordassem de maneira especial a necessidade de viver guiados, sustentados e fortalecidos por seu Espírito. O livro do Apocalipse, escrito provavelmente nos momentos críticos vividos pela Igreja sob o imperador Domiciano, repete constantemente aos cristãos: "Quem tiver ouvidos, que escute o que o Espírito diz às Igrejas".

A mudança cultural sem precedentes que estamos vivendo nos está pedindo hoje, a nós cristãos, uma fidelidade sem precedentes ao Espírito de Jesus. Antes de pensar em estratégias e receitas diante da crise precisamos rever como estamos acolhendo seu Espírito.

Em vez de lamentar-nos sempre de novo da secularização crescente, precisamos perguntar-nos que caminhos novos Deus está procurando hoje para encontrar-se com os homens e mulheres de nosso tempo; como devemos renovar nossa maneira de pensar, de dizer e de viver a fé para que sua Palavra possa chegar melhor até às interrogações, às dúvidas e aos medos que brotam em seu coração.

Antes de elaborar projetos de evangelização pensados até seus últimos detalhes precisamos transformar nosso olhar, nossa atitude e nossa relação com o mundo de hoje. Precisamos parecer-nos mais com Jesus. Deixar-nos trabalhar por seu Espírito. Só Jesus pode dar à Igreja um rosto novo.

O Espírito de Jesus continua vivo e operante também hoje no coração das pessoas, embora nós nem nos perguntemos como ele se relaciona com os que se afastaram definitivamente de sua Igreja. Chegou o momento de aprender a ser a "Igreja de Jesus" para todos, e isso só ele no-lo pode ensinar.

O que nos parece "crise" pode ser tempo de graça. Estão se criando certas condições nas quais o essencial do evangelho pode ressoar de maneira nova. Uma Igreja mais frágil, fraca e humilde pode fazer com que o Espírito de Jesus seja entendido e acolhido de modo mais verdadeiro.

MEDIOCRIDADE ESPIRITUAL

Se alguém se debruça sobre a reflexão teológica de nossos dias ou segue de perto qualquer revista de informação religiosa, pode ter a impressão de que quase tudo é problemático e preocupante. No entanto, há alguns anos, Karl Rahner atrevia-se a afirmar que o problema principal e mais urgente na Igreja de hoje é sua "mediocridade espiritual".

De acordo com o grande teólogo alemão, o verdadeiro problema da Igreja contemporânea é "ir levando com uma resignação e um tédio cada vez maiores pelos caminhos habituais de uma mediocridade espiritual".

De pouco serve reforçar as instituições, salvaguardar os ritos, vigiar a ortodoxia ou imaginar novos projetos evangelizadores, se falta na vida dos crentes uma experiência viva de Deus.

Se a Igreja quiser ser fiel à sua missão e não asfixiar-se em seus próprios problemas, se quiser trazer algo original e salvador ao homem contemporâneo, precisa redescobrir sempre de novo que só em Deus encarnado em Jesus está sua verdadeira força.

Sei como é perigoso falar de Deus de qualquer maneira. Sei que já se abusou demais desta palavra. Sei que tudo pode ser mal entendido mais uma vez. Mas, apesar de tudo, é preciso continuar recordando que a Igreja deve ocupar-se antes de tudo e sobretudo de Deus.

A Igreja fala muito. Mas, onde e quando ela escuta Deus? Onde e quando se coloca humilde e sinceramente diante de Jesus, seu único Senhor? Em nossas comunidades falamos de Deus. Mas, buscamos aquele que está por trás desta palavra? Falamos alguma vez a partir da própria experiência? Desfrutamos e sentimos a presença de Deus em nossa vida?

Acostumamo-nos a dizer que cremos em Deus sem que nada de "decisivo" aconteça em nós. Inclusive o "ter fé" parece às vezes dispensar-nos de buscar e almejar seu rosto revelado em Jesus.

Reconhecer nossa mediocridade espiritual não transforma nossa vida, mas pode ajudar-nos a vislumbrar até que ponto precisamos "ser batizados com o Espírito Santo", conforme a terminologia do Batista. Talvez seja esta a primeira tarefa da Igreja hoje. Redescobrir e acolher em si mesma a força viva do Espírito santo de Jesus.

Renovação interior

Para nossa vida ser humana, falta-lhe uma dimensão essencial: a interioridade. Somos obrigados a viver com rapidez, sem deter-nos em nada nem em ninguém, e a felicidade não tem tempo para penetrar até o nosso coração. Passamos rapidamente por tudo e permanecemos quase sempre na superfície. Estamos nos esquecendo de escutar a vida com um pouco de profundidade.

O silêncio nos poderia curar, mas já não somos capazes de encontrá-lo no meio de nossas mil ocupações. Existe cada vez menos espaço para o espírito em nossa vida diária. Por outro lado, quem vai se ocupar com coisas tão pouco estimadas hoje como a vida interior, a meditação ou a busca de Deus?

Privados de alimento interior, sobrevivemos fechando os olhos, esquecendo nossa alma, revestindo-nos de camadas e mais camadas de projetos, ocupações e ilusões. Já aprendemos a viver "como coisas no meio de coisas" (Jean Onimus).

Mas o triste é observar que, com demasiada frequência, tampouco a religião é capaz de dar calor e vida interior às pessoas. Num mundo que apostou no "exterior", Deus se torna um "objeto" demasiado afastado e, para dizer a verdade, de pouco interesse para a vida diária.

Por isso não é estranho ver que muitos homens e mulheres "nem ligam para Deus", o ignoram, não sabem do que se trata, conseguiram viver sem ter necessidade dele. Talvez exista, mas o certo é que não lhes "serve" para sua vida.

Os evangelistas apresentam Jesus como aquele que vem para "batizar com o Espírito Santo", ou seja, como alguém que pode purificar nossa existência e curá-la com a força do Espírito. E a primeira tarefa da Igreja atual talvez seja precisamente a de oferecer esse "batismo do Espírito Santo" aos homens e mulheres de nossos dias.

Precisamos desse Espírito que nos ensine a passar do puramente exterior para o que há de mais íntimo no ser humano, no mundo e na vida. Um Espírito que nos ensine a acolher esse Deus que habita no interior de nossa vida e no centro de nossa existência.

Não basta que o evangelho seja pregado. Nossos ouvidos estão demasiado acostumados e já não escutam a mensagem das palavras. Só nos pode convencer a experiência real, viva, concreta, de uma alegria interior nova e diferente.

Homens e mulheres transformados em feixes de nervos excitados, seres movidos por uma agitação exterior e vazia, cansados já de quase tudo e quase sem nenhuma alegria interior, podemos fazer algo melhor do que deter um pouco nossa vida, invocar humildemente um Deus no qual ainda cremos e abrir-nos confiantemente ao Espírito que pode transformar nossa existência? Poderão nossas comunidades cristãs ser um espaço onde seja possível vivermos acolhendo o Espírito de Deus encarnado em Jesus?

NOVA EXPERIÊNCIA DE DEUS

São muitos os cristãos que não sabem muito bem em que Deus acreditam. Sua ideia de Deus não é unitária. É composta, antes, de elementos diversos e heterogêneos. Junto com aspectos genuínos provenientes de Jesus há outros que pertencem a diferentes estados da evolução religiosa da humanidade.

Tentam conciliar de muitas maneiras amor e ira de Deus, bondade insondável e justiça rigorosa, medo e confiança. Não é fácil. No coração de não poucos subsiste uma imagem confusa de Deus, que os impede de viver com prazer, alegria e confiança sua relação com o Criador.

Na consciência humana brota de maneira bastante espontânea a imagem de um Deus patriarcal, contaminada pela projeção de nossos desejos e medos, de nossas ânsias e decepções. Um Deus onipotente, preocupado permanentemente com sua honra, disposto sempre a castigar, que só busca reconhecimento e submissão de suas criaturas.

Esta imagem de Deus pode afastar-nos cada vez mais de sua presença amistosa. De modo geral, as religiões tendem a introduzir entre Deus e os pobres humanos muitos cultos, ritos e práticas. Mas sua proximidade amorosa corre o risco de diluir-se.

Para muitos investigadores, Jesus representa a primeira imagem sadia de Deus na história. Sua ideia de um Deus Pai e seu modo de relacionar-se com ele estão livres de falsos medos e projeções. A mudança fundamental introduzida por Jesus pode ser formulada da seguinte maneira: a atitude religiosa para com um Deus patriarcal fundamenta-se na convicção de que o ser humano deve existir para Deus; a atitude de Jesus para com seu Pai parte da certeza de que Deus existe para o ser humano.

O evangelho de Marcos narra o batismo de Jesus no Jordão sugerindo a nova experiência que Jesus viverá e comunicará ao longo de sua vida. De acordo com o relato, o "céu se abre", mas não para mostrar-nos a ira de Deus, que chega com seu machado ameaçador, como pensava o Batista, e sim para que desça seu Espírito, ou seja, seu amor vivificador. Do céu aberto só chega uma voz: "Tu és meu Filho amado".

É uma pena que, apesar de dizer-nos seguidores de Jesus, retornemos tão facilmente a imagens regressivas do Antigo Testamento, abandonando sua experiência mais genuína de Deus Pai.

3
A Boa Notícia de Deus

Depois que João foi preso, Jesus foi para a Galileia a fim de proclamar o evangelho de Deus. E dizia:

– Completou-se o tempo, o reino de Deus está próximo: convertei-vos e crede na Boa Notícia.

Passando junto ao lago da Galileia, viu Simão e seu irmão André, que eram pescadores e estavam lançando a rede no lago.

Jesus lhes disse:

– Vinde comigo e eu vos farei pescadores de homens.

Imediatamente eles largaram as redes e o seguiram.

Um pouco mais adiante, viu Tiago, filho de Zebedeu, e seu irmão João, que estavam no barco consertando as redes; e logo os chamou. Eles deixaram seu pai Zebedeu no barco com os empregados e partiram com Jesus (Mc 1,14-20).

A PAIXÃO QUE ANIMOU JESUS

Jesus não ensinou propriamente uma "doutrina religiosa" para que seus discípulos a aprendessem e difundissem corretamente. Jesus anuncia, antes, um "acontecimento" que pede ser acolhido, porque pode mudar tudo. Ele já o está experimentando: "Deus está se introduzindo na vida com sua força salvadora. É preciso dar-lhe lugar".

De acordo com o evangelho mais antigo, Jesus "proclamava esta Boa Notícia de Deus: 'Completou-se o tempo. O reino de Deus está próximo. Convertei-vos e crede na Boa Notícia'". É um bom resumo da mensagem de Jesus: "Aproxima-se um tempo novo. Deus não quer deixar-nos sozinhos à frente de nossos problemas e desafios. Quer construir junto a nós uma vida mais humana. Mudai a maneira de pensar e de agir. Vivei crendo nesta Boa Notícia".

Os especialistas pensam que isto que Jesus chama de "reino de Deus" é o coração de sua mensagem e a paixão que alenta toda a sua vida. O surpreendente é que Jesus nunca explica diretamente em que consiste o "reino de Deus". O que ele faz é sugerir em parábolas inesquecíveis como Deus age e como seria a vida se houvesse pessoas que agissem como ele.

Para Jesus, o "reino de Deus" é a vida tal como Deus a quer construir. Era esse o fogo que ele levava dentro de si: Como seria a vida no Império se em Roma reinasse Deus e não Tibério? Como mudariam as coisas se se imitasse não a Tibério, que só busca poder, riqueza e honra, mas a Deus, que pede justiça e compaixão para com os últimos?

Como seria a vida nas aldeias da Galileia se em Tiberíades reinasse Deus e não Antipas? Como tudo mudaria se as pessoas se parecessem não com os grandes proprietários de terra, que exploram os camponeses, mas com Deus, que quer vê-los comendo e não mortos de fome?

Para Jesus, o reino de Deus não é um sonho. É o projeto que Deus quer levar adiante no mundo. O único objetivo que seus seguidores devem ter. Como seria a Igreja se se dedicasse somente a construir a vida tal com Deus a quer, não como a querem os senhores do mundo? Como seríamos nós, os cristãos, se vivêssemos convertendo-nos ao reino de Deus? Como lutaríamos pelo "pão de cada dia" para todo ser humano? Como gritaríamos: "Venha o teu reino"?

O PROJETO DO REINO DE DEUS

Foram escritas muitas obras importantes para definir onde está a "essência do cristianismo". No entanto, para conhecer o centro da fé cristã não é preciso recorrer a nenhuma teoria teológica. A primeira coisa é captar o que

34

foi para Jesus seu objetivo, o centro de sua vida, a causa à qual se dedicou de corpo e alma.

Ninguém hoje duvida que o evangelho de Marcos o resumiu acertadamente com estas palavras: "O reino de Deus está próximo: convertei-vos e crede nesta Boa Notícia". O objetivo de Jesus foi introduzir no mundo o que ele chamava de "o reino de Deus": uma sociedade estruturada de maneira justa e digna para todos, tal como Deus a quer.

Quando Deus reina no mundo, a humanidade progride em justiça, solidariedade, compaixão, fraternidade e paz. A isso se dedicou Jesus com verdadeira paixão. Por isso foi perseguido, torturado e executado. "O reino de Deus" foi o absoluto para ele.

A conclusão é evidente: a força, o motor, o objetivo, a razão e o sentido último do cristianismo é "o reino de Deus", não outra coisa. O critério para medir a identidade dos cristãos, a verdade de uma espiritualidade ou a autenticidade do que a Igreja faz é sempre "o reino de Deus". Um reino que começa aqui e alcança sua plenitude na vida eterna.

A única maneira de olhar a vida como Jesus a olhava, a única forma de sentir as coisas como ele as sentia, o único modo de agir como ele agia, é orientar a vida para construir um mundo mais humano. No entanto, muitos cristãos não ouviram falar assim do "reino de Deus". E não poucos entre nós, os teólogos, tivemos que ir descobrindo-o pouco a pouco ao longo de nossa vida.

Uma das "heresias" mais graves que se foi introduzindo no cristianismo é fazer da Igreja o absoluto. Pensar que a Igreja é o elemento central, a realidade diante da qual todo o resto deve ficar subordinado; fazer da Igreja o "substitutivo" do reino de Deus; trabalhar pela Igreja e preocupar-nos com seus problemas, esquecendo o sofrimento que existe no mundo e a luta por uma organização mais justa da vida.

Não é fácil manter um cristianismo orientado para o reino de Deus; mas, quando se trabalha nesta direção, a fé se transforma, se torna mais criativa e, sobretudo, mais evangélica e mais humana.

COLABORAR NO PROJETO DE JESUS

Quando o Batista foi preso, Jesus veio para a Galileia e começou a "proclamar a Boa Notícia de Deus". Marcos resume assim sua mensagem: "Completou-se o tempo", já não se deve olhar para trás. "O reino de Deus está próximo", porque ele quer construir um mundo mais humano. "Convertei-vos", não podeis continuar como se nada estivesse acontecendo; mudai vossa maneira de pensar e de agir. "Crede nesta Boa Notícia", pois este projeto de Deus é a melhor notícia que podeis ouvir.

Depois deste solene resumo, a primeira atuação de Jesus é buscar colaboradores para levar adiante seu projeto. Jesus vai "passando junto ao lago da Galileia". Ele começou seu caminho. Não é um rabino sentado em sua cátedra, que busca alunos para formar uma escola religiosa. É um profeta itinerante que busca seguidores para fazer com eles um percurso apaixonante: viver abrindo caminhos para o reino de Deus. Ser discípulo de Jesus não é tanto aprender doutrinas quanto segui-lo em seu projeto de vida.

Quem toma a iniciativa é sempre Jesus. Ele se aproxima, fixa seu olhar naqueles pescadores e os chama a dar uma orientação nova à sua existência. Sem sua intervenção, não nasce nunca um verdadeiro discípulo. Nós crentes precisamos viver com mais fé a presença viva de Cristo e o olhar que ele lança sobre cada um de nós. Se não é ele, quem pode dar uma orientação nova às nossas vidas?

Por isso, o mais decisivo é escutar a partir de dentro seu chamado: "Vinde atrás de mim". Não é tarefa de um dia. Escutar este chamado significa despertar a confiança em Jesus, reavivar nossa adesão pessoal a ele, ter fé em seu projeto, identificar-nos com seu programa, reproduzir em nós suas atitudes e viver animados por sua esperança no reino de Deus.

Este poderia ser hoje um bom lema para uma comunidade cristã: ir atrás de Jesus; colocá-lo à frente de todos; recordá-lo cada domingo como o líder que vai à nossa frente; gerar uma nova dinâmica; centrar tudo em seguir de perto Jesus Cristo. Nossas comunidades cristãs se transformariam. A Igreja seria diferente.

Ouvir o chamado à conversão

"Convertei-vos, porque o reino de Deus está próximo". O que podem dizer estas palavras a um homem ou uma mulher de nossos dias? Ninguém de nós se sente atraído ouvindo um chamado à conversão. Pensamos imediatamente em algo custoso e pouco agradável: uma ruptura que nos levaria a uma vida pouco atraente e desejável, cheia apenas de sacrifícios e renúncia. É realmente assim?

Para começar, o verbo grego que se traduz por "converter-se" significa na realidade "pôr-se a pensar", "revisar o enfoque de nossa vida", "reajustar a perspectiva". As palavras de Jesus poderiam ser ouvidas da seguinte forma: "Olhai para ver se não precisais revisar e reajustar algo em vossa maneira de pensar e agir, para que se cumpra em vós o projeto de Deus de uma vida mais humana".

Se é assim, a primeira coisa que precisamos revisar é aquilo que bloqueia nossa vida. Converter-nos é "libertar a vida", eliminando medos, egoísmos, tensões e escravidões que nos impedem de crescer de maneira sadia e harmoniosa. A conversão que não produz paz e alegria não é autêntica. Não está nos aproximando do reino de Deus.

Depois precisamos revisar se cuidamos bem das raízes. As grandes decisões não servem para nada se não alimentamos as fontes. Não nos é pedida uma fé sublime nem uma vida perfeita; apenas que vivamos confiando no amor que Deus tem por nós. Converter-nos não é empenhar-nos em ser santos, mas aprender a viver acolhendo o reino de Deus e sua justiça. Só então pode começar em nós uma verdadeira transformação.

A vida nunca é plenitude nem êxito total. Precisamos aceitar o "inacabado", o que nos humilha, o que não conseguimos corrigir. O importante é manter o desejo, não ceder ao desalento. Converter-nos não é viver sem pecado, mas aprender a viver do perdão, sem orgulho nem tristeza, sem alimentar a insatisfação pelo que deveríamos ser e não somos. Assim diz o Senhor no livro de Isaías: "Pela conversão e pela calma sereis libertados" (30,15).

A CONVERSÃO NOS FAZ BEM

O chamado à conversão evoca quase sempre em nós a recordação do esforço exigente, próprio de todo trabalho de renovação e purificação. No entanto, as palavras de Jesus: "Convertei-vos e crede na Boa Notícia" nos convidam a descobrir a conversão como passagem para uma vida mais plena e gratificante.

O evangelho de Jesus vem nos dizer algo que nunca devemos esquecer: "É bom converter-se. Converter-nos nos faz bem. Permite-nos experimentar um novo modo de viver, mais sadio e mais prazeroso. Dispõe-nos a entrar no projeto de Deus para construir um mundo mais humano". Alguém se perguntará: Mas, como viver essa experiência? Que passos dar?

A primeira coisa a fazer é parar. Não ter medo de ficarmos a sós conosco mesmos para fazer-nos as perguntas importantes da vida: Quem sou eu? O que estou fazendo com minha vida? É isto a única coisa que quero viver?

Este encontro consigo mesmo exige sinceridade. O importante é não continuar enganando-nos por mais tempo. Buscar a verdade do que estamos vivendo. Não empenhar-nos em ocultar o que somos e em parecer o que não somos.

É fácil experimentar então o vazio e a mediocridade. Aparecem diante de nós atuações e posturas que estão arruinando nossa vida. Não é isto o que deveríamos ter desejado. No fundo desejamos viver algo melhor e mais prazeroso.

Descobrir como estamos prejudicando nossa vida não tem por que afundar-nos no pessimismo ou no desespero. Esta consciência de pecado é saudável. Ela nos dignifica e nos ajuda a recuperar a autoestima. Nem tudo é mau e ruim em nós. Dentro de cada um está atuando sempre uma força que nos atrai e empurra para o bem, o amor e a bondade. É Deus, que quer uma vida mais digna para todos.

A conversão exigirá, sem dúvida, que introduzamos mudanças concretas em nossa maneira de agir. Mas a conversão não consiste nessas mudanças. Ela própria é a mudança. Converter-se é mudar o coração, adotar uma postura nova na vida, tomar uma direção mais sadia. Colaborar no projeto de Deus.

Todos, crentes e menos crentes, podem dar os passos evocados até aqui. A sorte do crente é poder viver esta experiência abrindo-se confiantemente a Deus. Um Deus que se interessa por mim mais do que eu mesmo, para resolver não os meus problemas, mas "o problema", essa minha vida medíocre e frustrada que parece não ter solução. Um Deus que me entende, me espera, me perdoa e quer ver-me viver de maneira mais plena, prazerosa e gratificante.

Por isso, o crente vive sua conversão invocando a Deus com as palavras do salmista: "Tem misericórdia de mim, ó Deus, de acordo com tua bondade. Lava-me inteiramente de minha culpa, limpa meu pecado. Cria em mim um coração puro. Renova-me por dentro. Devolve-me a alegria de tua salvação" (Sl 51).

4

ENSINAR CURANDO

Jesus chegou a Cafarnaum e, logo no sábado, foi à sinagoga e começou a ensinar. As pessoas ficavam maravilhadas com seu ensinamento, porque ele não ensinava como os escribas, e sim com autoridade. Havia na sinagoga um homem possesso de um espírito impuro, que se pôs a gritar:

– O que queres de nós, Jesus Nazareno? Vieste para acabar conosco? Sei quem és: o Santo de Deus.

Jesus o repreendeu:

– Cala-te e sai dele.

O espírito impuro sacudiu-o violentamente e, dando um forte grito, saiu. E todos se perguntavam estupefatos:

– O que é isto? Esta maneira de ensinar com autoridade é nova. Ele manda até nos espíritos impuros e estes lhe obedecem.

Sua fama espalhou-se imediatamente por toda parte, alcançando toda a região da Galileia (Mc 1,21-28).

UM ENSINAMENTO NOVO

O episódio é surpreendente e impressionante. Tudo acontece na "sinagoga", o lugar onde se ensina oficialmente a lei, tal como é interpretada pelos mestres autorizados. Acontece num "sábado", o dia em que os judeus observantes se reúnem para ouvir o comentário de seus dirigentes. Neste contexto Jesus começa a "ensinar" pela primeira vez.

Nada se diz sobre o conteúdo de suas palavras. Não é isto o que aqui interessa, mas o impacto que sua intervenção produz. Jesus provoca espanto e admiração. As pessoas percebem nele algo que não encontram em seus mestres religiosos: Jesus "não ensina como os escribas, e sim com autoridade".

Os escribas ensinam em nome da instituição; atêm-se às tradições; citam constantemente mestres ilustres do passado; sua autoridade provém de sua função de interpretar oficialmente a lei. A autoridade de Jesus é diferente; não vem da instituição; não se baseia na tradição; tem outra fonte. Ele está cheio do Espírito vivificador de Deus.

Irão comprovar isto sem demora. De forma inesperada, um possesso interrompe a gritos o ensinamento de Jesus. Não o pode suportar. Está aterrorizado: "Vieste para acabar conosco?" Aquele homem se sentia bem ao escutar o ensinamento dos escribas. Por que se sente ameaçado agora?

Jesus não vem destruir ninguém. Tem "autoridade" precisamente porque dá vida às pessoas. Seu ensinamento humaniza e liberta de escravidões. Suas palavras convidam a confiar em Deus. Sua mensagem é a melhor notícia que aquele homem atormentado interiormente pode escutar. Quando Jesus o cura, as pessoas exclamam: "Esta maneira de ensinar com autoridade é nova".

As sondagens indicam que a palavra da Igreja está perdendo autoridade e credibilidade. Não basta falar de maneira autoritária para anunciar a Boa Notícia de Deus. Não é suficiente transmitir corretamente a tradição para abrir os corações à alegria da fé. Precisamos urgentemente de uma "maneira nova de ensinar".

Não somos "escribas", mas discípulos de Jesus. Precisamos comunicar sua mensagem, não nossas tradições humanas. Precisamos ensinar curando a vida, não doutrinando as mentes. Precisamos transmitir seu Espírito, não nossas teologias.

ENSINAR CURANDO

As primeiras tradições cristãs descrevem Jesus como alguém que põe em movimento um profundo processo de cura, tanto individual como social.

Sua intenção de fundo foi essa: curar, aliviar o sofrimento, restaurar a vida. Os evangelistas põem na boca de Jesus frases que dizem tudo: "Eu vim para que tenham vida, e a tenham em abundância! (Jo 10,10).

Por isso, as curas que Jesus realiza no nível físico, psicológico ou espiritual são o símbolo que melhor condensa e ilumina a razão de sua vida. Jesus não realiza curas de maneira arbitrária ou por afã sensacionalista. O que ele busca é a saúde integral das pessoas: que todos os que se sentem enfermos, abatidos, exaustos, alquebrados ou humilhados possam experimentar a saúde como sinal de um Deus amigo, que quer para o ser humano vida e salvação.

Não devemos pensar só nas curas. Toda a atuação de Jesus procura encaminhar as pessoas para uma vida mais sadia: sua rebeldia diante de tantos comportamentos patológicos de raiz religiosa (legalismo, hipocrisia, rigorismo vazio de amor...); sua luta para criar uma convivência mais humana e solidária; sua oferta de perdão a pessoas mergulhadas na culpabilidade e na ruptura interior; sua ternura para com os maltratados pela via ou pela sociedade; seus esforços por libertar a todos do medo e da insegurança, para viver a partir da confiança absoluta em Deus...

Não é estranho que, ao confiar sua missão aos discípulos, Jesus os imagine não como doutores, hierarcas, liturgistas ou teólogos, mas como curadores: "Proclamai que o reinado de Deus está próximo: curai enfermos, ressuscitai mortos, purificai leprosos, expulsai demônios". A primeira tarefa da Igreja não é celebrar culto, elaborar teologia, pregar moral, mas curar, libertar do mal, tirar do abatimento, sanear a vida, ajudar a viver de maneira saudável. Esta luta pela saúde integral é caminho de salvação e promessa de vida eterna.

Há poucos anos Bernhard Häring, um dos mais prestigiosos moralistas do século XX, declarava: a Igreja precisa recuperar sua missão curadora se quiser ensinar o caminho da salvação. Anunciar a salvação eterna de maneira doutrinal, intervir apenas com apelos morais ou promessas de salvação desprovidas de experiência sanadora no presente, pretender despertar a esperança sem que se possa sentir que a fé faz bem, é um erro. Jesus não agiu assim.

ENSINAR COMO JESUS ENSINAVA

A maneira de ensinar de Jesus provocou nas pessoas a impressão de que elas estavam diante de algo desconhecido e admirável. Assinala-o o evangelho mais antigo e os investigadores pensam que foi realmente assim. Jesus não ensina como os "escribas" da Lei. Ele o faz com "autoridade": sua palavra liberta as pessoas de "espíritos malignos".

Não se deve confundir "autoridade" com "poder". O evangelista Marcos é preciso em sua linguagem. A palavra de Jesus não provém do poder. Jesus não procura impor sua própria vontade sobre os outros. Não ensina para controlar o comportamento das pessoas. Não utiliza a coação.

Sua palavra não é como a dos escribas da religião judaica. Não está revestida de poder institucional. Sua "autoridade" nasce da força do Espírito. Provém do amor às pessoas. Busca aliviar o sofrimento, curar feridas, promover uma vida mais sadia. Jesus não produz submissão, infantilismo ou passividade. Liberta de medos, infunde confiança em Deus, anima as pessoas a buscar um mundo novo.

A ninguém passa despercebido que estamos vivendo uma grave crise de autoridade. A confiança na palavra institucional está em níveis mínimos. Dentro da Igreja fala-se de uma forte "desvalorização do magistério". As homilias causam tédio. As palavras estão desgastadas.

Não é o momento de voltar a Jesus e aprender a ensinar como ele o fazia? A palavra da Igreja deve nascer do amor real às pessoas. Precisa ser dita depois de uma atenta escuta do sofrimento existente no mundo, não antes. Deve ser próxima, acolhedora, capaz de acompanhar a vida sofrida do ser humano.

Precisamos de uma palavra mais livre da sedução do poder e mais cheia da força do Espírito. Um ensinamento nascido do respeito e da estima pelas pessoas, que produza esperança e cure feridas. Seria grave que, dentro da Igreja, se escutasse uma "doutrina de escribas" e não a palavra curadora de Jesus, de que tanto precisam as pessoas hoje para viver com esperança.

PRECISAMOS DE MESTRES DE VIDA

Jesus não foi um profissional especializado em comentar a Bíblia ou interpretar corretamente seu conteúdo. Sua palavra, clara, direta, autêntica, tem uma força diferente, que o povo sabe captar imediatamente.

O que sai dos lábios de Jesus não é um discurso. Tampouco uma instrução. Sua palavra é um chamado, uma mensagem viva que provoca impacto e abre caminho no mais profundo dos corações.

O povo fica admirado "porque ele não ensina como os escribas, e sim com autoridade". Esta autoridade não está ligada a nenhum título ou poder social. Não provém da doutrina que ele ensina. A força de sua palavra é ele mesmo, sua pessoa, seu espírito, sua liberdade.

Jesus não é "um vendedor de ideologias", nem um repetidor de lições aprendidas de antemão. É um mestre de vida que coloca o ser humano diante das questões mais decisivas e vitais. Um profeta que ensina a viver.

É duro reconhecer que, frequentemente, as novas gerações não encontram "mestres de vida" que elas possam escutar. Que autoridade podem ter as palavras dos dirigentes civis ou religiosos, se não estão acompanhadas de um testemunho claro de honestidade e responsabilidade pessoal?

Nossa sociedade precisa de homens e mulheres que ensinem a arte de abrir os olhos, de maravilhar-se diante da vida e interrogar-se com simplicidade sobre o sentido último da existência. Mestres que, com seu testemunho pessoal, semeiem inquietude, transmitam vida e ajudem a considerar honestamente as interrogações mais profundas do ser humano.

Dão o que pensar as palavras do escritor anarquista A. Robin, pelo que podem pressagiar para nossa sociedade: "Suprimir-se-á a fé em nome da luz; depois suprimir-se-á a luz. Suprimir-se-á a alma em nome da razão; depois suprimir-se-á a razão. Suprimir-se-á a caridade em nome da justiça; depois suprimir-se-á a justiça. Suprimir-se-á o espírito da verdade em nome do espírito crítico; depois suprimir-se-á o espírito crítico".

O evangelho de Jesus não é algo supérfluo e inútil para uma sociedade que corre o risco de seguir tais rumos.

OS MAIS DESVALIDOS DIANTE DO MAL

Alguns estão recolhidos definitivamente num centro. Outros perambulam por nossas ruas. A imensa maioria vive com sua família. Estão entre nós, mas quase não despertam o interesse de ninguém. São os enfermos mentais.

Não é fácil penetrar em seu mundo de dor e solidão. Privados, em algum grau, de vida consciente e afetiva sadia, não lhes é fácil conviver. Muitos deles são seres débeis e vulneráveis, ou vivem atormentados pelo medo numa sociedade que os teme ou se desinteressa deles.

Desde tempos imemoriais, um conjunto de preconceitos, medos e receios foi erguendo uma espécie de muro invisível entre esse mundo de obscuridade e dor, e a vida dos que nos consideramos "sadios". O doente psíquico cria insegurança e sua presença parece sempre perigosa. O mais prudente é defender nossa "normalidade", enclausurando-nos ou distanciando-nos de nosso ambiente.

Hoje se fala da inserção social destes doentes e do apoio terapêutico que pode significar sua integração na convivência. Mas tudo isto não deixa de ser uma bela teoria se não se produz uma mudança de atitude diante do doente psíquico e não se ajuda de forma mais eficaz tantas famílias que se sentem sozinhas ou com pouco apoio para enfrentar os problemas que recaem sobre elas com a doença de um de seus membros.

Há famílias que sabem cuidar de seu ente querido com amor e paciência, colaborando positivamente com os médicos. Mas há também lares nos quais o doente se torna uma carga difícil de aguentar. Pouco a pouco, a convivência se deteriora e toda a família vai ficando afetada negativamente, favorecendo por sua vez a piora do doente.

É uma ironia, então, continuar defendendo teoricamente a melhor qualidade de vida para o doente psíquico, sua integração social ou o direito a uma atenção adequada às suas necessidades afetivas, familiares e sociais. Tudo isto deve ser feito, mas para isso é necessária uma ajuda mais real às famílias e uma colaboração mais estreita entre os médicos que atendem ao doente e pessoas que saibam estar junto dele a partir de uma relação humana e amistosa.

Que lugar ocupam estes doentes em nossas comunidades cristãs? Não são os grandes esquecidos? O evangelho de Marcos sublinha de maneira especial a atenção de Jesus para com "os possuídos por espíritos malignos". Sua proximidade às pessoas mais indefesas e desvalidas perante o mal será sempre para nós um chamado interpelador.

5
Paixão pela vida

Naquele tempo, ao sair Jesus da sinagoga, foi com Tiago e João à casa de Simão e André. A sogra de Simão estava de cama com febre e logo o contaram a Jesus. Ele se aproximou, tomou-a pela mão e a levantou. A febre passou e ela se pôs a servi-los. Ao anoitecer, quando o sol se pôs, trouxeram-lhe todos os enfermos e possuídos pelo demônio. A população inteira aglomerou-se à porta. Ele curou muitos enfermos de diversos males e expulsou muitos demônios; e como os demônios o conheciam, não permitiu que falassem.

Levantou-se bem de madrugada, saiu para um lugar deserto e ali se pôs a orar. Simão e seus companheiros foram procurá-lo e, ao encontrá-lo, lhe disseram:

– Todos andam à tua procura.

Ele lhes respondeu:

– Vamos a outros lugares, às aldeias próximas, a fim de pregar também ali, pois foi para isso que eu vim.

Assim percorreu toda a Galileia, pregando nas sinagogas e expulsando os demônios (Mc 1,29-39).

A mão estendida de Jesus

A exegese moderna tomou consciência de que toda a atuação de Jesus está sustentada pela "gestualidade". Não basta, por isso, analisar suas palavras. É necessário estudar, além disso, o conteúdo profundo de seus gestos.

As mãos são de grande importância no gesto humano. Podem curar ou ferir, acariciar ou golpear, acolher ou rejeitar. As mãos podem refletir o ser da pessoa. Por isso se estuda hoje com atenção as mãos de Jesus, nas quais tanto insistem os evangelistas.

Jesus toca os discípulos caídos por terra para devolver-lhes a confiança: "Levantai-vos, não temais". Quando Pedro começa a afundar, estende-lhe a mão, o agarra e lhe diz: "Homem de pouca fé, por que duvidaste?" Jesus é muitas vezes mão que levanta, infunde força e põe a pessoa de pé.

Os evangelistas destacam, sobretudo, os gestos de Jesus com os enfermos. São significativos os matizes expressos pelos diferentes verbos. Às vezes Jesus "agarra" o enfermo para arrancá-lo do mal. Outras vezes "impõe" suas mãos num gesto de bênção, que transmite sua força curativa. Com frequência estende a mão para "tocar" os leprosos num gesto de proximidade, apoio e compaixão. Jesus é mão próxima que acolhe os impuros e os protege da exclusão.

A partir destas chaves precisamos ler também o relato de Cafarnaum. Jesus entra na casa de uma mulher enferma, aproxima-se dela, toma-a pela mão e a levanta num gesto de proximidade e de apoio que lhe transmite nova força. Jesus Cristo é para os cristãos "a mão que Deus estende" a todo ser humano necessitado de força, apoio, companhia e proteção. É essa a experiência do crente ao longo de sua vida, enquanto caminha para o Pai.

Paixão pela vida

Onde está Jesus cresce a vida. É isto que descobre com alegria aquele que percorre as páginas afetuosas do evangelista Marcos e se encontra com esse Jesus que cura os enfermos, acolhe os desvalidos, sara os perturbados e perdoa os pecadores.

Onde está Jesus existe amor à vida, interesse pelos que sofrem, paixão pela libertação de todo mal. Não deveríamos esquecer nunca que a primeira imagem que os relatos evangélicos nos oferecem é a de um Jesus curador. Um homem que difunde vida e restaura o que está enfermo.

Por isso encontramos sempre ao seu redor a miséria da humanidade: possessos, enfermos, paralíticos, leprosos, cegos, surdos. Homens aos quais falta vida; "os que estão às escuras", como diria Bertolt Brecht.

As curas de Jesus não solucionaram praticamente nada na história dolorosa dos homens. Sua presença salvadora não resolveu os problemas. É preciso continuar lutando contra o mal. Mas nos revelaram algo decisivo e esperançoso. Deus é amigo da vida e ama apaixonadamente a felicidade, a saúde, o prazer, a alegria e a plenitude de seus filhos e filhas.

É inquietante ver com que facilidade nos acostumamos com a morte: a morte da natureza, destruída pela poluição industrial, a morte nas estradas, a morte pela violência, a morte dos que não chegam a nascer, a morte das almas.

É insuportável observar com que indiferença escutamos cifras aterradoras que nos falam da morte de milhões de famintos no mundo e com que passividade contemplamos a violência silenciosa, mas eficaz e constante, de estruturas injustas que submergem os fracos na marginalização.

As dores e sofrimentos alheios nos preocupam pouco. Cada um parece interessar-se apenas por seus problemas, seu bem-estar ou sua segurança pessoal. A apatia vai se apoderando de muitos. Corremos o risco de tornar-nos cada vez mais incapazes de amar a vida e de vibrar com aquele que não pode viver feliz.

Nós crentes não devemos esquecer que o amor cristão é sempre interesse pela vida, busca apaixonada de felicidade para o irmão. O amor cristão é a atitude que nasce naquele que descobriu que Deus ama tão apaixonadamente nossa vida que foi capaz de sofrer nossa morte, para abrir-nos as portas de uma vida eterna compartilhando para sempre seu amor.

Um coração que vê

Os evangelhos vão relatando detalhadamente episódios e atuações concretas de Jesus. Mas também oferecem "resumos" ou "sumários" onde se descreve seu estilo de viver: o que ficou mais gravado na lembrança de seus seguidores.

O evangelho de Marcos lembra estes traços: Jesus vive muito atento à dor das pessoas. É incapaz de passar ao largo se vê alguém sofrendo. Seu interesse não é só pregar. Ele deixa tudo, inclusive a oração, para atender às necessidades e sofrimentos das pessoas. Por isso o procuram tanto os enfermos e desvalidos.

Li com alegria o terceiro escrito do papa a toda a Igreja – a encíclica *Caritas in veritate* – porque, junto com outros acertos, ele soube expor de maneira exata o que ele chama de "programa do cristão", que deriva do "programa de Jesus". De acordo com a esplêndida expressão do papa, o cristão deve ser, como Jesus, "um coração que vê onde se precisa de amor e age de acordo".

O papa olha o mundo com realismo. Reconhece que são muito grandes os progressos no campo da ciência e da técnica. Mas, apesar de tudo, "vemos cada dia o muito que se sofre no mundo por causa de tantas formas de miséria material e espiritual".

Quem vive com um coração que vê, sabe "captar as necessidades dos outros no mais profundo de seu ser, para fazê-las suas". Não basta que haja "organizações encarregadas" de prestar ajuda. Se eu aprendo a olhar o outro como Jesus o olhava, descobrirei que "posso oferecer-lhe o olhar de amor de que ele necessita".

O papa não está pensando em "sentimentos piedosos". O importante é "não desinteressar-se" daquele que sofre. A caridade cristã "é, antes de tudo, a resposta a uma necessidade imediata numa determinada situação: os famintos precisam ser saciados, os nus vestidos, os doentes atendidos, os prisioneiros visitados".

É necessária uma atenção profissional bem-organizada. O papa a considera um requisito fundamental, mas "os seres humanos precisam sempre de algo mais que uma atenção tecnicamente correta. Precisam de humanidade. Precisam de atenção cordial".

ALIVIAR O SOFRIMENTO

A doença é uma das experiências mais duras do ser humano. Não só padece o doente que sente sua vida ameaçada e sofre sem saber por que, para que e até quando. Sofre também sua família, os entes queridos e os que o atendem.

De pouco servem as palavras e explicações. O que fazer quando a ciência já não pode deter o inevitável? Como enfrentar de maneira humana a deterioração? Como estar junto ao familiar ou ao amigo gravemente doente?

A primeira coisa é aproximar-se. O que sofre não pode ser ajudado de longe. É preciso estar perto. Sem pressa, com discrição e respeito total. Ajudá-lo a lutar contra a dor. Dar-lhe forças para que colabore com os que procuram curá-lo.

Isto exige acompanhá-lo nas diversas etapas da doença e nos diferentes estados de ânimo. Oferecer-lhe aquilo de que ele necessita em cada momento. Não incomodar-nos diante de sua irritabilidade. Ter paciência. Permanecer junto dele.

É importante escutá-lo. Que o doente possa contar e compartilhar aquilo que traz dentro de si: as esperanças frustradas, suas queixas e medos, sua angústia diante do futuro. É um alívio para o doente poder desabafar com alguém de confiança. Nem sempre é fácil escutar. A escuta requer colocar-se no lugar daquele que sofre e estar atento ao que ele nos diz com suas palavras e, sobretudo, com seus silêncios, gestos e olhares.

A verdadeira escuta exige acolher e compreender as reações do doente. A incompreensão fere profundamente quem está sofrendo e se queixa. De nada adiantam conselhos, razões ou explicações doutas. Só a compreensão de quem acompanha com carinho e respeito pode aliviar.

Diante da doença, a pessoa pode adotar atitudes sadias e positivas, ou pode deixar-se destruir por sentimentos estéreis e negativos. Muitas vezes precisará de ajuda para confiar e colaborar com os que a atendem, para não fechar-se apenas em sua dor, para ter paciência consigo mesma ou para ser agradecida.

O doente pode também precisar reconciliar-se consigo mesmo, curar feridas do passado, dar um sentido mais profundo ao seu sofrimento, purificar sua relação com Deus. O crente pode então ajudá-lo a rezar, a viver com paz interior, a crer no perdão de Deus e a confiar em seu amor salvador.

O evangelista Marcos nos diz que as pessoas levavam seus enfermos e possessos até Jesus. Ele sabia acolhê-los com carinho, despertar sua confiança em Deus, perdoar seu pecado, aliviar sua dor e curar sua enfermidade. Sua atuação diante do sofrimento humano será sempre, para os cristãos, o exemplo a seguir no trato com os enfermos.

Religião terapêutica

A teologia contemporânea procura recuperar pouco a pouco uma dimensão do cristianismo que, embora sendo essencial, foi se perdendo em boa parte ao longo dos séculos. Diferentemente de outras religiões, "o cristianismo é uma religião terapêutica" (Eugen Biser).

Na origem da tradição cristã nada aparece com tanta clareza como a figura de Jesus curando doentes. É o sinal que ele próprio apresenta como garantia de sua missão: "Os cegos veem, os coxos andam, os leprosos ficam limpos, os surdos ouvem..." Por outro lado, nada indica melhor o sentido da fé cristã do que estas palavras tantas vezes repetidas por Jesus: "Tua fé te curou". Não é de estranhar que Cristo tenha sido invocado na Igreja antiga com esta bela oração: "Ajuda-nos, Cristo, tu és nosso único Médico".

É fácil resumir o que aconteceu posteriormente. Por um lado, o cristianismo se preocupou cada vez mais em justificar-se diante de objeções e ataques, utilizando a teologia para expor o conteúdo da fé de maneira doutrinal; pouco a pouco acabou-se pensando que o importante era "crer em verdades reveladas". Por outro lado, a cura foi passando inteiramente para as mãos da ciência médica, cada vez mais capacitada para curar o organismo humano.

Não se trata agora de fazer a fé recuperar o terreno cedido à medicina científica, lançando mão da oração ou de outras práticas religiosas para curar enfermidades. A religião não é um remédio terapêutico a mais. A perspectiva deve ser outra. A medicina moderna concentrou-se em curar órgãos e reparar disfunções, mas a pessoa é muito mais do que um "caso clínico". Não basta curar enfermidades e doenças. É o ser humano que precisa ser curado.

Assegurada a cura de boa parte das enfermidades graves, o mal sai pela porta traseira e volta a entrar no ser humano sob forma de falta de sentido, depressão, solidão ou vazio interior. Não basta curar algumas enfermidades para viver de maneira sadia.

Alguns teólogos apontam dois fatos que podem abrir um novo horizonte para a fé. Por um lado, está desmoronando por si só uma religião sustentada pela angústia e pelo medo de Deus; é talvez um dos sinais mais esperançosos que estão ocorrendo ocultamente na consciência humana (Eugen Biser). Por outro lado, abre-se assim um caminho para uma forma renovada de crer e de "experimentar Deus como força curadora e auxiliadora" (Joachim Gnilka).

Talvez, nos próximos séculos, só acreditarão os que experimentarem que Deus lhes faz bem, os que comprovarem que a fé é o melhor estímulo e a maior força para viver de maneira mais sadia, com sentido e esperança.

6
Contra a exclusão

Naquele tempo, aproximou-se de Jesus um leproso, suplicando-lhe de joelhos:

– Se quiseres, podes limpar-me.

Jesus compadeceu-se, estendeu a mão e o tocou dizendo:

– Eu quero: fica limpo.

A lepra o deixou imediatamente e ele ficou limpo.

Jesus logo o despediu, recomendando-lhe severamente:

– Não digas nada a ninguém; mas, para que conste, vai apresentar-te ao sacerdote e oferece por tua purificação o que Moisés prescreveu.

Mas ele, quando se foi, começou a falar muitas coisas e a divulgar a notícia, de modo que Jesus já não podia entrar publicamente em nenhum povoado. Ficava fora, em lugares desertos. E mesmo assim acorriam a ele de todas as partes (Mc 1,40-45).

Deus acolhe os impuros

De forma inesperada, um leproso "aproxima-se de Jesus". De acordo com a lei, não pode entrar em contato com ninguém. É um "impuro" e deve viver isolado. Também não pode entrar no templo. Como vai Deus acolher em sua presença um ser tão repugnante? Seu destino é viver excluído.

Apesar de tudo, este leproso desesperado se atreve a desafiar todas as normas. Sabe que está agindo mal. Por isso põe-se de joelhos. Não se arrisca a falar com Jesus de frente. A partir do chão lhe dirige esta súplica: "Se quiseres, podes limpar-me". Sabe que Jesus pode curá-lo, mas quererá limpá-lo? Atrever-se-á a tirá-lo da exclusão a que está submetido em nome de Deus?

Causa surpresa a emoção que a proximidade do leproso produz em Jesus. Não se horroriza nem recua. Diante da situação daquele pobre homem, Jesus "comove-se até às entranhas". Transborda nele a ternura. Como não vai querer limpá-lo, ele que vive movido unicamente pela compaixão de Deus para com seus filhos e filhas mais indefesos e desprezados?

Sem hesitar, "estende a mão" para aquele homem e "toca" sua pele desprezada pelos puros. Jesus sabe que isso está proibido pela lei e que, com esse gesto, está reafirmando a transgressão iniciada pelo leproso. A única coisa que o move é a compaixão: "Eu quero: fica limpo".

É isto o que quer o Deus encarnado em Jesus: limpar o mundo de exclusões que vão contra sua compaixão de Pai. Não é Deus quem exclui, mas nossas leis e instituições. Não é Deus quem marginaliza, mas nós. Doravante precisa ficar claro que não se deve excluir ninguém em nome de Jesus.

Seguir Jesus significa não horrorizar-nos diante de nenhum impuro. Não negar a nenhum "excluído" nossa acolhida. Para Jesus, a primeira coisa não é a norma, e sim a pessoa que sofre. Colocar sempre a norma na frente é a melhor maneira de ir perdendo a sensibilidade diante dos desprezados e rejeitados. A melhor maneira de viver sem compaixão.

Em poucos lugares o Espírito de Jesus é mais reconhecível do que nessas pessoas que oferecem apoio e amizade gratuita a prostitutas indefesas, que acompanham pessoas com Aids esquecidas por todos, que defendem homossexuais da rejeição social e religiosa... Estas pessoas nos recordam que no coração de Deus cabem todos.

Contra a exclusão

Na sociedade judaica, o leproso não era só um enfermo. Era, antes de mais nada, um impuro. Um ser estigmatizado, sem lugar na sociedade, sem acolhida em lugar nenhum, excluído da vida. O velho livro do Levítico o dizia em termos claros: "O leproso trará as vestes rasgadas e a cabeça desgrenhada... Irá avisando aos gritos: 'Impuro, impuro'. Enquanto durar a lepra, será impuro. Viverá isolado e habitará fora do povoado".

A atitude correta, sancionada pelas Escrituras, é clara: a sociedade deve excluir os leprosos da convivência. É o melhor para todos. Uma postura firme de exclusão e rejeição. Sempre haverá na sociedade pessoas que sobram.

Jesus se revolta diante desta situação. Em certa ocasião aproxima-se dele um leproso, avisando certamente a todos de sua impureza. Jesus está só. Talvez os discípulos tenham fugido horrorizados. O leproso não pede para "ser curado", mas para "ficar limpo". O que ele busca é ver-se libertado da impureza e da rejeição social. Jesus fica comovido, estende a mão, "toca" o leproso e lhe diz: "Eu quero. Fica limpo".

Jesus não aceita uma sociedade que exclui leprosos e impuros. Não admite a rejeição social dos indesejáveis. Jesus toca o leproso para libertá-lo de medos, preconceitos e tabus. Limpa-o para dizer a todos que Deus não exclui nem castiga ninguém com a marginalização. É a sociedade que, pensando só em sua segurança, levanta barreiras e exclui de seu seio os indignos.

Há alguns anos, todos nós pudemos ouvir a promessa que o responsável máximo do Estado fazia aos cidadãos: "Varreremos a rua de pequenos delinquentes". Ao que parece, no interior de uma sociedade limpa, composta por pessoas de bem, há uma "sujeira" que é necessário retirar para que não nos contamine. Uma sujeira, na verdade, não reciclável, porque a cadeia atual não está pensada para reabilitar ninguém, mas para castigar os "maus" e defender os "bons".

Como é fácil pensar na "segurança dos cidadãos" e esquecer-nos do sofrimento de pequenos delinquentes, drogados, prostitutas, vagabundos e desgarrados. Muitos deles não conheceram o calor de um lar nem a segurança de um trabalho. Aprisionados para sempre, nem sabem nem podem sair de seu triste destino. E a nós, cidadãos exemplares, só nos ocorre varrê-los de nossas ruas. Ao que parece, tudo muito correto e muito "cristão". E também muito contrário a Deus.

O CONTATO COM OS MARGINALIZADOS

Quando o único afã das pessoas é ver-se livres de todo sofrimento, torna-se insuportável o contato direto com a marginalização e a miséria dos outros. Por isso explica-se que muitos homens e mulheres se esforcem por defender sua pequena felicidade, evitando toda relação e contato com os que sofrem.

A proximidade da criança mendiga ou a presença do jovem drogado nos perturba e molesta. É melhor manter-se o mais longe possível. Não deixar-nos contagiar ou manchar pela miséria. Privatizamos nossa vida, cortando todo tipo de relações vivas com o mundo dos que sofrem, e nos isolamos em nossos próprios interesses, tornando-nos cada vez mais insensíveis ao sofrimento dos marginalizados.

Os observadores detectam na sociedade ocidental um crescimento da apatia e da indiferença diante do sofrimento dos outros. Aprendemos a defender-nos atrás das cifras e das estatísticas que nos falam da miséria no mundo e podemos calcular quantas crianças morrem de fome a cada minuto sem que nosso coração se comova demais.

O afamado economista J.K. Galbraith falou da crescente "indiferença diante do Terceiro Mundo". De acordo com suas observações, o aumento da riqueza nos países poderosos fez aumentar a indiferença para com os países pobres. "À medida que aumenta a riqueza poder-se-ia ter esperado que aumentasse a ajuda a partir da existência de recursos cada vez mais abundantes. Mas eis que diminuiu a preocupação pelos pobres tanto nos Estados Unidos como no resto do mundo rico".

A atitude de Jesus para com os marginalizados de seu tempo resulta especialmente interpeladora para nós. Os leprosos são segregados da sociedade. Tocá-los significa contrair impureza e o correto é manter-se

60

longe deles, sem contaminar-se com seu problema nem com sua miséria. No entanto, Jesus não só cura o leproso, mas o toca. Restabelece o contato humano com aquele homem que foi marginalizado por todos.

A sociedade continuará erguendo fronteiras de separação para os marginalizados. São fronteiras que para nós, os seguidores de Jesus, só nos indicam as barreiras que precisamos atravessar para aproximar-nos dos países empobrecidos e dos irmãos marginalizados.

ESTENDER A MÃO

A felicidade só é possível ali onde nos sentimos acolhidos e aceitos. Onde falta acolhida, falta vida, nosso ser se paralisa, a criatividade se atrofia. Por isso, uma "sociedade fechada é uma sociedade sem futuro, uma sociedade que mata a esperança de vida dos marginalizados e que finalmente se afunda a si mesma" (Jürgen Moltmann).

São muitos os fatores que convidam os homens e as mulheres de nosso tempo a viver em círculos fechados e exclusivistas. Numa sociedade na qual cresce a insegurança, a indiferença ou a agressividade, é explicável que cada um de nós tratemos de assegurar nossa "pequena felicidade" junto aos que sentimos iguais.

As pessoas que são como nós, que pensam e querem a mesma coisa que nós, nos dão segurança. Em troca, as pessoas que são diferentes, que pensam, sentem e querem de maneira diferente, produzem em nós inquietude e temor.

Por isso as nações se agrupam em "blocos" que se olham mutuamente com hostilidade. Por isso buscamos, cada um de nós, nosso "recinto de segurança", esse círculo de amigos, fechado àqueles que não são de nossa mesma condição.

Vivemos como que "na defensiva", cada vez mais incapazes de eliminar distâncias para adotar uma postura de amizade aberta a todas as pessoas. Acostumamo-nos a aceitar somente os mais próximos. Quanto

61

aos demais, nós os toleramos ou os olhamos com indiferença, se não com cautela e prevenção.

Ingenuamente pensamos que, se cada um se preocupa em assegurar sua pequena parcela de felicidade, a humanidade continuará caminhando para seu bem-estar. E não nos damos conta de que estamos criando marginalização, isolamento e solidão. E que nesta sociedade vai ser cada vez mais difícil ser feliz.

Por isso, o gesto de Jesus adquire especial atualidade para nós. Jesus não só limpa o leproso. Ele estende a mão e o toca, rompendo preconceitos, tabus e fronteiras de isolamento e marginalização que excluem os leprosos da convivência. Nós, seguidores de Jesus, precisamos sentir-nos chamados a trazer amizade aberta aos setores marginalizados de nossa sociedade. São muitos os que precisam de uma mão estendida que chegue a tocá-los.

EXPERIÊNCIA SADIA DA CULPA

Não é preciso ter lido muito Sigmund Freud para comprovar como uma falsa exaltação da culpa invadiu, coloriu e muitas vezes perverteu a experiência religiosa de não poucos crentes. Basta mencionar-lhes o nome de Deus para que o associem imediatamente a sentimentos de culpa, remorso e temor de castigos eternos. A lembrança de Deus os leva a sentir-se mal.

Parece-lhes que Deus está sempre ali para recordar-nos nossa indignidade. Uma pessoa não pode apresentar-se diante dele se antes não se humilhar a si mesma. É o passo que precisa ser dado. Estas pessoas só se sentem seguras diante de Deus repetindo incessantemente: "Por minha culpa, por minha culpa, por minha máxima culpa".

Esta maneira de viver diante de Deus é pouco sadia. Essa "culpa persecutória", além de ser estéril, pode destruir a pessoa. O indivíduo facilmente acaba centrando tudo em sua culpa. É a culpa que move sua experiência religiosa, suas preces, ritos e sacrifícios. Uma tristeza e um mal-estar secreto se instalam então no centro de sua religião. Não é estranho que pessoas que tiveram uma experiência tão negativa um dia abandonem tudo. No entanto, não é esse o caminho mais acertado para a cura. É um erro eliminar de nós o sentimento de culpa. Carl Gustav Jung e Carlos Castilla del Pino, entre outros, nos advertiram dos perigos que a negação da culpa encerra. Viver "sem culpa" seria viver desorientado no mundo dos valores. O indivíduo que não sabe registrar o dano que está causando a si mesmo ou aos outros nunca se transformará nem crescerá como pessoa.

Existe um sentimento de culpa que é necessário para construir a vida, porque introduz uma autocrítica sadia e fecunda, põe em movimento uma dinâmica de transformação e leva a viver melhor e com mais dignidade.

Como sempre, o importante é saber em que Deus alguém crê. Se Deus é um ser exigente e sempre insatisfeito, que controla tudo com olhos de juiz vigilante sem que nada lhe escape, a fé nesse Deus poderá produzir angústia e impotência diante da perfeição nunca alcançada. Se, pelo contrário, Deus é o Deus vivo de Jesus Cristo, o amigo da vida e aliado da felicidade humana, a fé nesse Deus produzirá um sentimento de culpa sadio e curador, que impulsionará a viver de forma mais digna e responsável.

A oração que o leproso dirige a Jesus pode ser um estímulo para invocar confiantemente a Deus a partir da experiência de culpa: "Se quiseres, podes limpar-me". Esta oração é reconhecimento da culpa, mas é também confiança na misericórdia de Deus e desejo de transformar a vida.

7
O perdão de Deus

Quando, alguns dias depois, Jesus entrou novamente em Cafarnaum, souberam que ele estava em casa. Acorreu tanta gente que não havia mais lugar nem em frente à porta. E ele lhes anunciava a Palavra.

Chegaram quatro pessoas carregando um paralítico e, como não podiam levá-lo até ele por entre a multidão, descobriram o teto em cima do lugar onde Jesus estava, abriram uma brecha e desceram a maca em que jazia o paralítico.

Vendo a fé deles, Jesus disse ao paralítico:

– Filho, teus pecados estão perdoados.

Alguns escribas que estavam ali sentados pensavam em seu coração: "Por que este homem fala assim? Ele blasfema. Quem pode perdoar pecados, a não ser Deus?"

Jesus percebeu o que pensavam e lhes disse:

– Por que pensais assim? O que é mais fácil, dizer ao paralítico: "Teus pecados estão perdoados", ou dizer-lhe: "Levanta-te, toma tua maca e anda"? Pois, para que saibais que o Filho do homem tem poder na terra para perdoar pecados...

Disse então ao paralítico:

– Eu te digo: "Levanta-te, toma tua maca e vai para tua casa".

Ele levantou-se imediatamente, tomou a maca e saiu à vista de todos. Todos ficaram admirados e davam glória a Deus dizendo:

– Nunca vimos coisa igual (Mc 2,1-12).

O PERDÃO NOS PÕE DE PÉ

O paralítico do relato evangélico é um homem submerso na passividade. Não pode mover-se por si mesmo. Não fala nem diz nada. Deixa-se levar pelos outros. Vive preso à sua maca, paralisado por uma vida afastada de Deus, o criador da vida.

Pelo contrário, quatro pessoas da mesma localidade, que gostam dele de verdade, mobilizam-se com todas as suas forças para aproximá-lo de Jesus. Não se detêm diante de nenhum obstáculo até conseguir levá-lo "onde ele está". Sabem que Jesus pode ser o começo de uma vida nova para seu amigo.

Jesus capta, no fundo de seus esforços, "a fé que têm nele" e, de repente, sem que ninguém lhe tenha pedido nada, pronuncia estas cinco palavras que podem mudar para sempre uma vida: "Filho, teus pecados estão perdoados". Deus te compreende, te ama e te perdoa.

O relato nos diz que havia ali alguns "escribas". Estão "sentados". Sentem-se mestres e juízes. Não pensam na alegria do paralítico nem apreciam os esforços dos que o trouxeram até Jesus. Falam com segurança. Não questionam sua própria maneira de pensar. Sabem tudo acerca de Deus: Jesus "está blasfemando".

Jesus não entra em discussões teóricas sobre Deus. Não é preciso. Ele vive cheio de Deus. E esse Deus, que é unicamente Amor, o impele a despertar a fé, perdoando o pecado e libertando a vida das pessoas. As três ordens que dá ao paralítico dizem tudo: "Levanta-te": põe-te de pé; recupera tua dignidade; liberta-te daquilo que paralisa tua vida. "Toma tua maca": enfrenta o futuro com fé nova; estás perdoado de teu passado. "Vai para tua casa": aprende a conviver.

Não é possível seguir Jesus vivendo como "paralíticos" que não sabem como sair do imobilismo, da inércia ou da passividade. Talvez precisemos como nunca reavivar em nossas comunidades a celebração do perdão que Deus nos oferece em Jesus. Esse perdão pode pôr-nos de pé para enfrentar o futuro com confiança e alegria nova.

O perdão de Deus, recebido com fé no coração e celebrado com alegria junto com os irmãos e irmãs, pode libertar-nos daquilo que nos bloqueia interiormente. Com Jesus tudo é possível. Nossas comunidades podem mudar. Nossa fé pode ser mais livre e audaz.

DEUS ESTÁ NOS PERDOANDO SEMPRE

Como nós reagimos de maneira diferente diante das pessoas, conforme correspondam ou não aos nossos desejos e expectativas, cremos que também Deus é alguém que nos ama quando lhe agradamos e nos rejeita quando lhe desagradamos. Imaginamos Deus ressentido por nossas faltas, irado diante de nossos pecados. Um Deus que só nos perdoa se fizermos previamente algo para merecê-lo. Sem dar-nos conta, fazemos de Deus um ser semelhante a nós, pequeno e mesquinho, que só sabe amar-nos se correspondemos a seus desejos.

Da mesma maneira que os escribas não podem "entender" que Jesus ofereça o perdão de Deus e diga ao paralítico: "Teus pecados estão perdoados", também nós não podemos "entender" que Deus continue amando sem limites a quem o está rejeitando. Não nos atrevemos a crer que Deus é realmente amor insondável e incompreensível, amor gratuito e incondicional.

São Paulo diz que "o amor não leva em conta o mal" (1Cor 13,5). Sempre entendemos estas palavras como uma exortação dirigida a nós. E poucas vezes nos detemos para pensar que isto se deve dizer, antes de mais nada, daquele que é o Amor verdadeiro. Quantos cristãos se surpreenderiam ao ouvir que Deus não leva em conta o mal! Que alegria para muitos descobrir que o amor incondicional de Deus não leva em conta os nossos pecados!

E, no entanto, é assim. O amor perdoador de Deus está sempre ali, penetrando todo o nosso ser por dentro e por fora. Incompreensível, insondável, infinito. Só amor.

Isto não significa que nossos pecados sejam algo trivial e sem consequências na construção de nossa vida e de nosso futuro último. Pelo contrário, o pecado nos causa dano, porque nos fecha em nós mesmos e rompe nossa vinculação com esse Deus perdoador. Não é Deus que se fecha a nós. Somos nós que nos fechamos a seu amor. Não é Deus quem precisa mudar de atitude. De sua parte sempre há perdão. Nós é que precisamos mudar para abrir-nos a Deus e deixar-nos recriar de novo por seu amor eternamente fiel. O perdão já nos está sendo oferecido. Nós é que precisamos acolhê-lo com fé, gratuidade e amor.

CRER NO PERDÃO

Muitas vezes se pensa que a culpa é algo introduzido no mundo pela religião: se Deus não existisse não haveria mandamentos, cada um poderia fazer o que quisesse, e então desapareceria o sentimento de culpa. Supõe-se que foi Deus quem proibiu certas coisas, pondo um freio aos nossos desejos de gozar e gerando em nós o sentimento de culpabilidade.

Nada mais longe da realidade. A culpa é uma experiência da qual nenhuma pessoa sadia se vê livre. Todos nós fazemos, num momento ou noutro, o que não deveríamos fazer. Todos nós sabemos que nossas decisões nem sempre são honestas e que mais de uma vez agimos por motivos obscuros e razões inconfessadas.

A experiência de toda pessoa é esta: eu não sou o que deveria ser. Muitas vezes poderia evitar o mal; poderia ser melhor, mas sinto dentro de mim "algo" que me leva a agir mal. Dizia-o há muitos anos Paulo de Tarso: "Não faço o bem que eu quero, e sim o mal que não quero" (Rm 7,19). O que podemos fazer? Como viver tudo isto diante de Deus?

O Credo nos convida a "crer no perdão dos pecados". Não é tão fácil. Afirmamos que Deus é perdão insondável, mas depois projetamos constantemente sobre ele nossos medos, fantasmas e ressentimentos, obscurecendo seu amor infinito e convertendo Deus num Ser justiceiro, do qual a primeira coisa a fazer é defender-se.

Precisamos libertar Deus dos mal-entendidos com os quais deformamos seu verdadeiro rosto. Em Deus não há nem sombra de egoísmo, ressentimento ou vingança. Deus está sempre voltado para nós, apoiando-nos nesse esforço moral que precisamos fazer para viver dignamente como pessoas. E agora que pecamos ele continua ali como "mão estendida", que quer tirar-nos do fracasso. Assim ele se nos revela em Jesus.

Deus só é perdão e apoio, embora nós, sob o peso da culpabilidade, o transformemos às vezes em juiz condenador, mais preocupado com sua honra do que com nosso bem. A cena evangélica é clarificadora. Os escribas duvidam da autoridade de Jesus para conceder o perdão dos pecados. Mas ele, que conhece como ninguém o coração de Deus, cura o paralítico de sua enfermidade dizendo-lhe: "Filho, teus pecados estão perdoados".

BLOQUEADOS POR NOSSO PECADO

A primeira reação de não poucos diante de Deus é colocar-se na defensiva e tomar precauções. No fundo não acreditam que Deus é Amor. Não se atrevem a pensar que Deus não pode fazer outra coisa senão amar-nos. A que se deve esta desconfiança que "bloqueia" toda sua relação com Deus? Sem dúvida, pode ter influído a formação recebida na infância, mas as raízes são quase sempre mais profundas.

Nossa imagem de Deus se deve em boa parte à experiência que tivemos do amor de nossos pais. E o certo é que quase todos os filhos entendem que o amor de seus pais, embora profundo, precisa ser "merecido". Tem-se a impressão de que os pais amam mais o filho se ele se comporta bem e obedece às suas determinações. Se Deus é Pai, não será muito diferente. Ele nos ama, mas com a condição de que nos comportemos bem com ele.

Mais adiante, a vida parece reforçar esta experiência inicial. Ninguém nos ama de maneira gratuita e incondicional. Precisamos tornar-nos merecedores, ser "amáveis", tratar bem os outros. Precisamos ganhar com esforço o apreço e a amizade. Não se deverá fazer o mesmo com Deus?

Há outra razão que às vezes é mais decisiva. Quando a pessoa não se ama a si mesma, dificilmente crê que Deus a possa amar tal como ela é. Se ela não se aceita a si mesma com amor, não acreditará que é aceita por ele. Quando se sente culpada, Deus se lhe apresentará em sua consciência não como Pai amoroso, mas como Juiz severo.

Esta aversão a si mesmo não só é fonte de conflitos. Como diz o célebre psiquiatra Carl Gustav Jung, pode bloquear, além disso, nosso crescimento sadio e nossa comunicação com Deus. Provavelmente, a primeira coisa que precisam fazer muitas pessoas que hoje não conseguem crer é corrigir esse tipo de "bloqueios". Uma luz nova irromperia em sua vida. Descobririam "a alegria de crer".

Deus é diferente de todas as experiências de amor que conhecemos. Não é como nossos pais; seu amor não é como o do amigo ou da pessoa amada. Deus é Deus. Só em Jesus podemos vislumbrar seu amor único, insondável, gratuito.

Neste contexto adquire toda sua profundidade esta cena comovente em que Jesus cura um homem que se encontra paralisado pela enfermidade e bloqueado por seus pecados. Encarnando em si mesmo toda a ternura de Deus, Jesus lhe diz as palavras que seu coração precisa ouvir: "Filho, teus pecados estão perdoados".

NÃO FICAR PARALISADOS POR NOSSO PASSADO

Viver reconciliado consigo mesmo é uma das tarefas mais difíceis da vida. De fato, são muitos os que vivem interiormente divididos, revoltando-se continuamente contra seu próprio ser, descontentes consigo mesmos, sem aceitar-se nem amar-se tais como são.

Para estas pessoas torna-se muito difícil comportar-se bem consigo mesmas quando se sentem culpadas. O mais fácil é aborrecer-se, denegrir-se a si mesmo, condenar-se interiormente: "Serei sempre o mesmo, meu problema não tem remédio". Esta é a melhor maneira de paralisar nossa vida.

Estas pessoas não podem sentir o perdão de Deus, porque não sabem perdoar-se a si mesmas. Não podem acolher seu amor, porque não sabem amar-se. Só olhando-me com piedade e misericórdia, como Deus me olha, só acolhendo-me como ele me acolhe, minha vida pode renovar-se e mudar.

De nada adianta condenar-nos e torturar-nos, talvez com a esperança secreta de assim aplacar a Deus. Não precisamos de nenhuma autocondenação para que ele nos acolha. Não é bom afundar ou revoltar-nos. Não é isto o que mais nos aproxima de Deus, mas a compaixão conosco mesmos e com nossa fraqueza.

Como diz o conhecido mestre espiritual Anselm Grün, o chamado de Jesus: "Sede misericordiosos como vosso Pai é misericordioso" inclui a misericórdia para consigo mesmo. Precisamos ser também misericordiosos com os inimigos que todos trazemos dentro de nós.

O relato evangélico de Marcos nos fala da fé dos que levam o paralítico até Jesus, mas nada se nos diz da atitude interior do enfermo. Ao que parece, é um homem paralisado fisicamente e bloqueado interiormente. Jesus o cura com o perdão: "Filho, teus pecados estão perdoados"; podes viver com um passado ambíguo e obscuro; estás perdoado; não permaneças paralisado por teu pecado; Deus te acolhe; levanta-te e toma tua maca, assume tua responsabilidade e vive em paz.

8
VINHO NOVO EM ODRES NOVOS

Naquele tempo, os discípulos de João e os fariseus estavam jejuando. Alguns vieram e perguntaram a Jesus:

– Por que os discípulos de João e os dos fariseus jejuam e os teus não jejuam?

Jesus lhes respondeu:

– Por acaso podem jejuar os amigos do noivo enquanto o noivo está com eles? Enquanto têm o noivo com eles não podem jejuar. Mas virão dias em que o noivo lhes será tirado. Naquele dia, sim, jejuarão.

Ninguém costura um remendo de pano novo numa roupa velha; porque o remendo novo repuxa o pano velho e o rasgão se torna maior.

Ninguém põe vinho novo em odres velhos; porque o vinho rompe os odres e tanto o vinho como os odres se perdem. Para vinho novo, odres novos (Mc 2,18-22).

VINHO NOVO EM ODRES NOVOS

Os escritos das primeiras comunidades cristãs destacam com muita força a novidade que a mensagem e a atuação de Jesus representam para elas. Com ele inicia-se uma "nova aliança" com Deus. Ele introduz no mundo o "mandato novo do amor". É portador de um "espírito novo" e de uma "vida nova". Torna possível a esperança de conhecer um dia um "novo céu" e uma "nova terra". Só ele pode dizer: "Faço novas todas as coisas" (Ap 21,5).

Esta novidade exige novos esquemas mentais, novos modos de atuação, novas formas e estruturas que estejam em sintonia com a vida nova e o espírito novo que Jesus traz consigo: "Ninguém põe vinho novo em odres velhos; porque o vinho rompe os odres e tanto o vinho como os odres se perdem. Para vinho novo, odres novos". Não se deve misturar o novo com o velho numa tentativa equivocada de harmonização. O espírito novo deve impregnar tudo.

Quando Marcião, cativado pelo Deus do perdão e da misericórdia revelado em Jesus, rejeitava toda possibilidade de harmonização com o Deus do Antigo Testamento, estava alertando os cristãos sobre a fácil tentação de misturar tudo, esquecendo a novidade única de Cristo. Marcião foi condenado como herege; mas, como acontece tantas vezes, sua heresia nos lembra uma grande verdade: que devemos assumir sem temor a novidade de Cristo.

No entanto, é fácil constatar que muitos cristãos não têm uma imagem clara de Deus. Sua ideia da divindade é antes um "conglomerado religioso", onde se misturam a ira e o amor, a justiça e o perdão, a vingança e a bondade. Esta imagem confusa, elaborada a partir de elementos heterogêneos, dá origem muitas vezes a formas religiosas que se afastam muito do que foi anunciado por Jesus.

Esta "mistura" de coisas significa quase sempre um distanciamento em relação a Jesus, impede de desenvolver a força salvadora de seu anúncio de Deus e pode causar-nos muito dano. O melhor caminho para purificar a fé é, sem dúvida, conhecer Jesus, captar sua atuação junto aos enfermos, leprosos e pecadores, e crer firmemente em sua palavra: "Quem me viu, viu o Pai" (Jo 14,8).

A CONVERSÃO A JESUS NÃO É UM REMENDO

O que impediu muitos de seus contemporâneos de acolher Jesus foi o medo da novidade revolucionária de sua mensagem e atuação, que punha em questão seus esquemas de vida, suas tradições e até a segurança de sua religião. Jesus foi claro. A conversão que ele prega não consiste em introduzir um pequeno "remendo" no sistema de vida judaico. A novidade que ele traz não pode ser encerrada nos "odres velhos" do judaísmo.

Passaram-se os anos. E o evangelho continua encontrando em nós as mesmas resistências. Pretendemos viver a fé cristã "na casca" ou superfície de nossa existência, como um "remendo" acrescentado à nossa vida.

É a tragédia de nosso cristianismo. Nossa vida configura-se de acordo com os critérios e esquemas de uma sociedade que não está inspirada pelo evangelho. Pretendemos seguir Jesus sem conversão. O evangelho não consegue introduzir uma mudança em nossa maneira de viver.

Dir-se-ia que a fé não tem força para transformar nossa vida pela raiz. Cremos no amor, na conversão, no perdão, na solidariedade, no seguimento de Jesus, mas vivemos instalados no consumismo, na busca egoísta de bem-estar, na indiferença diante do sofrimento alheio.

No entanto, Jesus apresenta o evangelho como uma "revolução", como um "vinho novo" que exige "odres novos". Um espírito novo que exige novos comportamentos, novas reações e novas estruturas.

Johann-Baptist Metz apresenta assim esta conversão: "É como uma sacudida para o homem, penetra profundamente em sua orientação de vida e em seu mundo estabelecido de desejos e necessidades. A conversão fere e atravessa os interesses orientados diretamente para nós mesmos e aponta para uma revisão da prática de vida a que estamos acostumados".

É preciso viver de maneira diferente. Resistir a que tudo continue igual. Ver a vida de maneira nova, a partir dos olhos dos pobres, dos necessitados, dos deserdados de nossa sociedade. Começar a entender nossa existência a partir da solidariedade e do esforço por humanizar este mundo.

Precisamos deixar-nos trabalhar mais pela graça do evangelho em nossas comunidades. Esta graça que é capaz de introduzir uma ruptura em nossa vida, para não continuarmos vivendo como sempre. Não o esqueçamos. Um cristianismo feito de conchavos e acordos, com uma vida superficial e egoísta, não é exigente, mas também não infunde alegria nos corações.

O "VINHO NOVO" DE JESUS

Nem sempre é fácil ter hoje uma ideia clara do que foi a primeira experiência cristã. Durante estes vinte séculos acumularam-se tantas coisas sobre a mensagem de Jesus que às vezes é necessário libertá-la de aderências posteriores se quisermos resgatar a fé cristã em sua verdadeira originalidade. Uma das primeiras tarefas é diferenciar bem Jesus de seu contemporâneo João Batista.

Toda a mensagem do Batista se concentra no anúncio de um juízo terrível de Deus. Ninguém poderá escapar. A única saída é fazer penitência e voltar ao cumprimento da lei para fugir da "ira de Deus". O próprio Batista se converte em símbolo desta mensagem. João se retira ao deserto para fazer penitência e promover um batismo de purificação. Não cura enfermos, não abençoa as crianças, não acolhe os leprosos nem perdoa as prostitutas, não expulsa demônios. O Batista entende a religião, sobretudo, como a espera e preparação de um juízo severo de Deus. O ser humano precisa viver de maneira ascética e penitente, tendo como horizonte esse juízo divino.

A mensagem de Jesus, pelo contrário, se concentra não no juízo de Deus, cuja ira está prestes a explodir, mas na vinda já próxima de um Pai que é salvação e perdão para todos, inclusive para os pecadores e pagãos. Jesus não oculta o risco de rejeitar essa salvação, mas aquele que chega não é um Juiz severo, e sim um Pai que só busca o bem do ser humano. O próprio Jesus se converte em símbolo desse Deus. Não vive jejuando, como o Batista, mas comendo com pecadores. Não se dedica a batizar, mas a curar, acolher, perdoar e libertar do mal. A religião de Jesus não consiste em preparar-se para um juízo divino, mas em acolher já desde agora um Pai que quer tornar nossa vida mais fraterna, mais feliz, mais justa e libertada. O decisivo não é a ascese, mas o amor fraterno que busca o bem de todos.

Infelizmente são muitos os cristãos que só conheceram "a religião do Batista". Deus não foi para eles libertação, força curadora, perdão incondicional, estímulo para viver. Ao relacionar-se com ele só pensam no Juiz severo diante do qual é preciso defender-se. Para Jesus, porém, o importante diante de Deus não é o jejum e a ascese, mas a confiança e o amor. Por isso, enquanto os discípulos de João jejuam, Jesus fala de um "vinho novo" que é preciso descobrir junto a ele.

A ALEGRIA DE VIVER A PARTIR DE JESUS

O chamado à conversão quase sempre nos desagrada e nos incomoda. Consideramo-lo tão antipático que a própria palavra "conversão" foi desaparecendo de nosso vocabulário como algo que é melhor esquecer.

No entanto, é difícil que uma nova corrente de vida e de prazer refresque nossa existência se não começarmos por transformar nossa vida. A conversão é quase sempre o ponto de partida necessário para começar uma vida mais intensa, mais profunda e prazerosa.

De acordo com Jesus, é um equívoco pregar um remendo novo numa roupa velha ou pôr vinho novo em odres velhos. É um erro pregar pequenos remendos numa existência envelhecida e deteriorada. Precisamos renovar nossa vida pela raiz.

Talvez a primeira coisa que todos nós precisamos recordar é que encontrar a maneira certa de viver não é tão simples como às vezes se pensa. Para muitas pessoas, o que chamamos "viver" é simplesmente seguir a corrente, deixar-se arrastar pelos acontecimentos, pelas experiências e pelas sensações do momento. Não se dão conta de que aquilo mesmo que os distrai, diverte ou arrasta, pode ao mesmo tempo roubar-lhes o sentido de sua existência.

Para outros, "viver" é ir tirando da vida o maior proveito possível. O ideal seria obter sempre o máximo prazer com o mínimo de sofrimento. Quando o conseguem, vemo-los eufóricos e otimistas. Quando as coisas lhes vão mal, caem no abatimento e na depressão.

Outros parecem estar vivos quando na realidade estão mortos. Imitam todos os gestos do amor, mas não existe amor em seu coração. Imitam todos os gestos da alegria, mas não existe alegria em seu interior. Parecem buscar cada dia algo novo, mas não fazem senão repetir-se a si mesmos.

A tragédia está em que, quase sem dar-nos conta, podemos levantar uma espécie de muralha que nos impede de entrar em contato com a verdadeira vida que existe em nós. De fato, muitas pessoas se instalam hoje num estilo de vida que necessariamente as impede de chegar com um pouco de profundidade até o fundo de si mesmas.

São pessoas que já não têm ouvidos para ouvir nenhum outro rumor que não seja o que provém de seu mundo de interesses. Não têm olhos para nada que não seja seu bem-estar material, o prazer imediato ou o prestígio social. Não podem nem suspeitar que estão perdendo o melhor da vida, que é a alegria interior, o sabor da fraternidade, a paz e a esperança que brotam do próprio Deus. Não conhecem o "vinho novo" de que fala Jesus.

RECUPERAR A ALEGRIA

Não são poucos os que vivem uma vida na qual morreu a alegria, o prazer, o mistério. Para eles, tudo é cinzento e penoso. O fogo da vida se apagou. Já não aspiram a grandes coisas. Contentam-se com não pensar demais, não esperar demais. Sua vida decorre de maneira trivial e cansada.

Donde provém este cansaço e esta tristeza? Em primeiro lugar, de pequenas causas: insegurança, culpas, solidão, medo da enfermidade, decepções, desejos impossíveis... A vida está cheia de problemas, pequenas frustrações, contrariedades que rompem nossa tranquilidade e nos tiraram a paz. Mas, se procurarmos aprofundar-nos mais na verdadeira raiz dessa tristeza que parece envolver e penetrar muitas vidas, descobriremos em seu interior solidão e vazio.

Quando uma pessoa não tem nada dentro de si, precisa buscar fora algo que a ajude a viver. Quando não vive nada de importante, precisa dar-se importância e, se os outros não lha dão, cai na frustração. Quando não conhece nenhuma experiência prazerosa em seu interior, precisa que alguém a anime a partir de fora e, se não o encontra, fica triste e sem vida.

Quando não se tem vida interior, as coisas entediam, as conversas se transformam em bate-papo fútil, em palavras vazias de conteúdo. Com o tempo, tudo vai se tornando monótono, cinzento, tedioso. A alegria se manifesta quando se vive a vida a partir de dentro. Quando a pessoa se deixa habitar pelo mistério. Quando se abre a chamados que a convidam ao amor, à adoração, à fé dedicada.

Que fé vivemos nós cristãos, se muitas vezes ela aparece diante dos outros como algo triste, tedioso e penoso? Com que confundimos a presença prazerosa de Deus em nossa vida? A que reduzimos nossa adesão ao Senhor ressuscitado?

Jesus nos recorda mais uma vez, com uma imagem expressiva, que a fé precisa ser vivida como experiência de prazer; os amigos do noivo "não podem jejuar enquanto têm o noivo com eles".

9
Em primeiro lugar está a pessoa

Num dia de sábado, Jesus atravessava as plantações de trigo; enquanto andavam, os discípulos iam arrancando espigas. Os fariseus lhe disseram:

– Olha! Por que eles fazem no sábado o que não é permitido?

Jesus lhes respondeu?

– Nunca lestes o que fez Davi quando ele e seus companheiros passaram necessidade e sentiram fome? Ele entrou na casa de Deus, no tempo do sumo sacerdote Abiatar, comeu dos pães da proposição, que só aos sacerdotes é permitido comer, e os deu também a seus companheiros.

E acrescentou:

– O sábado foi feito para o homem e não o homem para o sábado; de modo que o Filho do homem é senhor também do sábado.

Outra vez entrou na sinagoga e havia ali um homem com uma mão paralisada. Eles estavam à espreita, para ver se Jesus curava no sábado, para o acusarem. Jesus disse ao homem que tinha a mão paralisada:

– Levanta-te e põe-te aqui no meio.

E perguntou a eles:

– É permitido no sábado fazer ou bem ou o mal? Salvar a vida de um homem ou deixá-lo morrer?

Eles ficaram calados. Lançando em volta um olhar indignado, e triste com a dureza de seus corações, disse ao homem:

– Estende a mão.

Ele a estendeu e a mão ficou curada.

Enquanto saíam da sinagoga, os fariseus puseram-se a planejar com os herodianos a maneira de acabar com ele (Mc 2,23–3,6).

SALVAR O HOMEM OU DEIXÁ-LO MORRER?

A cena se passa num sábado, dia sagrado em que é proibido qualquer tipo de trabalho. Jesus coloca o paralítico no meio da assembleia e formula claramente o dilema: O que fazemos? Observamos fielmente a lei e abandonamos este homem ou o salvamos infringindo a lei? O que é que se deve fazer: "Salvar a vida de um homem ou deixá-lo morrer?"

Surpreendentemente, os presentes se calam. No fundo de seu coração é mais importante manter o que estabelece a lei do que preocupar-se com aquele pobre homem. Jesus olha para eles entristecido e "com um olhar indignado".

A lei é necessária para a convivência política ou religiosa. Jesus não a despreza. Mas a lei deve estar sempre a serviço da pessoa e da vida. Seria um erro defender a lei acima de tudo, e propugnar a ordem social sem perguntar-nos se realmente está a serviço dos necessitados.

A ordem não basta. Não é suficiente dizer: "Antes de tudo, ordem e respeito à lei", porque a ordem estabelecida num determinado momento numa sociedade pode defender os interesses dos bem-instalados e esquecer os mais desvalidos.

Não se pode fazer passar a lei e a ordem por cima das pessoas. Se um ordenamento legal concreto não está a serviço das pessoas, e em especial das mais fracas e mais necessitadas de proteção, então a lei fica vazia de sentido.

A Igreja deveria ser testemunho claro de como as leis devem estar sempre a serviço das pessoas. Nem sempre foi assim. Às vezes foram absolutizadas algumas normas, considerando-as provenientes de "uma ordem querida por Deus", sem perguntar-nos se realmente ajudam para o bem dos crentes e promovem a vida. Mais ainda. O cristianismo foi praticado não poucas vezes como "uma carga suplementar de práticas e obrigações que vêm tornar mais duro e oneroso o peso, de per si tão pesado, da vida social" (P. Teilhard de Chardin).

Não é suficiente defender a disciplina da Igreja, se esta disciplina não ajuda, de fato, a viver com alegria e generosidade o evangelho. Não é suficiente defender a ordem e a segurança do Estado, se este Estado não oferece, de fato, segurança alguma aos mais fracos.

No nosso meio existem pessoas necessitadas. Continuamos defendendo a ordem, a segurança e a disciplina ou nos preocupamos em "salvar" realmente as pessoas? Se nos calamos, deveríamos sentir sobre nós o olhar duro de Jesus.

QUE RELIGIÃO?

Os investigadores descrevem as crenças religiosas, os ritos, os costumes e instituições sagradas que encontram nos diversos povos. Tudo isto constitui apenas o "lado visível" da religião. No fundo dessas formas religiosas existe uma experiência básica: o reconhecimento, por parte do ser humano, de uma realidade superior e transcendente.

Este reconhecimento aparece definido de maneira diferente nas grandes religiões. Os muçulmanos falam do *islam*, ou seja, da submissão a Deus. No hinduísmo fala-se da *bhakti* ou entrega confiante. E no budismo fala-se do *nirvana*. No judaísmo que Jesus conheceu, a religião concentrava-se no cumprimento fiel da *Torá* ou lei de Deus.

A contribuição mais decisiva de Jesus é fazer ver com firmeza e clareza que a obediência a Deus leva sempre a buscar o bem do ser humano, porque sua vontade consiste em que o homem viva em plenitude. Deus não existe para si mesmo, buscando sua própria glória numa espécie de "egoísmo metafísico", como diria Maurice Blondel. Deus é Amor, e sua glória consiste precisamente no bem de suas criaturas.

Por isso, Jesus coloca a pessoa não diante de uma lei religiosa, mas diante de um Pai cuja preocupação última não é que se cumpra a norma e sim que se busque o bem de todo ser humano. De acordo com o exegeta alemão Josef Blank, na religião de Jesus "o próximo toma o lugar da lei, e suas necessidades determinam o que se deve fazer em cada situação". Obedecemos a Deus quando ouvimos o chamado que ele nos dirige a partir de qualquer necessitado.

O relato de Marcos é significativo. A cena se passa na sinagoga num dia de sábado. Estamos, portanto, num lugar e num dia que devem estar orientados totalmente para Deus. O olhar de Jesus se fixa, porém, num homem que tem uma mão paralisada. De repente lhe diz: "Levanta-te e põe-te no meio". Os fariseus o estão espreitando. Não é uma provocação colocar um enfermo no centro da sinagoga e do sábado? Não é pôr o homem no lugar de Deus?

Jesus desafia a todos: O que se deve fazer? Cumprir a lei ou curar esse homem? Os fariseus se calam, mas Jesus cura o enfermo infringindo a lei do sábado, e deixa clara sua mensagem: a vontade de Deus sempre busca a vida, a criação, a libertação da pessoa. Por isso é falsa a vivência da religião que leva a desinteressar-se do sofrimento humano. "O sábado foi feito para o homem e não o homem para o sábado".

Pensar nos que sofrem

A história destes últimos anos encarregou-se de desmitificar de maneira clara o mito do progresso. O homem moderno aprendeu com amargura que a felicidade sobre a terra não depende sem mais do progresso científico nem do desenvolvimento tecnológico.

As grandes promessas de felicidade semeadas pelo Iluminismo não se cumpriram. O mundo moderno continua coberto de tantos sofrimentos, crueldades e conflitos como nos tempos passados. O "mundo feliz" das sociedades avançadas está fracassando em muitos aspectos.

Entre os muitos dados analisados há um que se acentua cada vez com mais força: "a ameaça dos miseráveis". A sociedade do bem-estar sente-se cada vez mais encurralada pelos excluídos e insatisfeitos.

Rafael Argullol e Enrique Trías nos recordaram, num ensaio sobre o Ocidente, que junto à "sociedade do bem-estar" existe outra "sociedade do mal-estar", que ameaça a suposta felicidade dos satisfeitos a partir de muitas frentes: a partir dos países subdesenvolvidos do Terceiro Mundo e a partir dos setores marginalizados das sociedades desenvolvidas.

A mesma coisa pensa John K. Galbraith. A ameaça mais séria para a "cultura da satisfação" provém daqueles que estamos deixando fora do bem-estar. De acordo com o eminente professor, a situação dos marginalizados é "o problema social mais grave da época, e também a maior ameaça à paz e à convivência civil a longo prazo".

É normal que os excluídos do bem-estar não aceitem alegremente seu destino e que seja previsível o crescimento dos conflitos migratórios, a rebelião dos marginalizados e a explosão dos desesperados. Enquanto isso, a única coisa que os instalados buscam é "a segurança".

Cresce entre as classes privilegiadas uma "mentalidade de acampamento militar" (J.K. Galbraith): contratam-se guardas de segurança, instalam-se sistemas de proteção, pede-se uma repressão mais dura, exigem-se leis e fronteiras mais estritas diante dos estrangeiros.

As bem-aventuranças de Jesus ressoam nesta sociedade como uma condenação radical e absoluta deste "bem-estar". Estamos construindo uma felicidade vazia de humanidade. Aqueles para os quais as coisas correm bem desejam que corram melhor. Os que têm o suficiente desejam ter sempre mais. Os instalados opõem-se a medidas que ponham em perigo seu bem-estar. Não queremos pensar nos que sofrem miséria e mal-estar.

Provavelmente é este um dos maiores desafios que a mensagem de Jesus lança hoje à sociedade do bem-estar. O evangelista Marcos nos lembra suas palavras na sinagoga de Cafarnaum: "É lícito [...] salvar a vida de um homem ou deixá-lo morrer?" De acordo com o relato, todos "ficaram calados". No Ocidente não se quer falar de Deus nem recordar a mensagem evangélica. Este "silêncio", que se diz agnóstico, não será na realidade uma tentativa de evitar a grave interpelação do evangelho?

Passar pela vida fazendo o bem

Quando Pedro teve que falar pela primeira vez de Jesus aos pagãos, saíram-lhe do coração estas palavras: "Ele passou pela vida fazendo o bem e curando todos os oprimidos pelo demônio, porque Deus estava com ele". Pedro, como todos os que foram testemunhas da vida de Jesus, tem a impressão de ter conhecido por fim a vida de um homem incansavelmente bom, no qual se pode ver Deus fazendo o bem.

Nós vivemos geralmente ocupados com muitas coisas. Enchemos nossa vida de muitas experiências e, no entanto, não nos sentimos satisfeitos. Deixamo-nos arrastar por muitas metas, e parece que em nenhuma delas encontramos descanso.

O que falta em nossa vida? O que é preciso fazer para acertar? Ter êxito em tudo? Ganhar muito dinheiro? Chegar a ser um personagem? Na sinagoga de Cafarnaum, Jesus formulou outra pergunta: "Devemos fazer o bem ou o mal? Salvar o homem ou deixá-lo morrer?"

Embora o tenhamos esquecido quase totalmente, nós seres humanos fomos feitos para fazer o bem, para ajudar, para infundir vida nos outros. É esse o desejo mais íntimo e oculto de nosso coração. Criar vida, dar esperança, oferecer ajuda e consolo, estar perto de quem sofre, dar o que outros podem precisar de nós.

Poucas vezes nos perguntamos o que restará, no final, de todos os nossos esforços, trabalhos e lutas, o que permanecerá de consistente, de belo e valioso, de tudo o que tivermos empreendido. A resposta de Jesus é clara. De tudo o que tivermos possuído só ficará o que tivermos sabido dar. De tudo o que tivermos trabalhado só subsistirá o que tivermos vivido animados pelo amor e pela solidariedade.

Às vezes pensamos que fazer o bem e ajudar o irmão é algo que vai contra o nosso próprio ser. Devemos recordar que fazer o bem é precisamente o que nos conduz à plenitude. Um dia nós morreremos com uma pena. A de não ter amado mais, a de não ter sabido infundir mais vida ao nosso redor.

DEUS QUER O MELHOR

Na raiz da modernidade há uma experiência nova que condiciona e configura toda a cultura contemporânea. O homem moderno descobriu na ciência e na tecnologia algumas possibilidades antes desconhecidas para buscar sua própria felicidade de maneira mais autônoma e plena.

De per si, isto não precisava ter alienado o homem desse Deus que se nos manifestou em Jesus como o melhor amigo da vida e o defensor mais firme do ser humano. Mas aconteceram dois fatos que provocaram o mal-entendido fatal que continua afastando a cultura moderna de Deus.

Por um lado, a modernidade, obcecada em salvaguardar o poder autônomo do homem, não sabe ver em Deus um aliado, mas vê nele o maior inimigo de sua felicidade. Por outro, a Igreja, receosa diante do novo poder que o homem moderno vai adquirindo, não sabe apresentar-lhe Deus como o verdadeiro amigo e defensor de sua felicidade.

Infelizmente, o mal-entendido persiste. E é triste ver que, muitas vezes, não só os não crentes, mas também os crentes continuam suspeitando que Deus é alguém que nos torna a vida mais difícil do que ela já é por si.

O homem está aí procurando viver da melhor maneira possível e vem Deus "complicar-lhe" as coisas. Impõe-lhe alguns mandamentos que ele deve cumprir, assinala-lhe alguns limites que ele não deve ultrapassar e lhe prescreve algumas práticas que ele deve obrigatoriamente acrescentar à sua vida ordinária. Por mais que se fale de um Deus salvador, são muitos os que continuam pensando que, sem ele, a vida seria mais livre, espontânea e feliz.

A primeira missão da Igreja hoje não é dar receitas morais, mas ajudar o homem moderno a descobrir que não há um só ponto no qual Deus imponha algo que vai contra nosso ser e nossa felicidade verdadeira.

A posição der Jesus é clara: "O sábado foi feito para o homem e não o homem para o sábado". As leis que procedem de Deus e são retamente aplicadas estão sempre a serviço do bem do ser humano, não a serviço de sua destruição.

Deus não é um estorvo que nos impede de viver prazerosamente. Um peso que sobrecarrega nossa vida e sem o qual respiraríamos todos mais tranquilos. Deus é o melhor que temos para enfrentar a vida com acerto. O verdadeiro crente sabe e sente que Deus se torna presente em sua vida só e exclusivamente para dar-lhe força, sentido e esperança.

10
Não pecar contra o Espírito Santo

Naquele tempo, Jesus voltou para casa. E ajuntou-se de novo tanta gente que eles não podiam nem comer.

Quando os de sua família souberam disso, vieram para levá-lo, porque diziam: "Ele não está em seu perfeito juízo".

E os escribas que haviam descido de Jerusalém diziam:

– Ele tem Belzebu dentro de si e expulsa os demônios pelo poder do chefe dos demônios.

Ele os convidou a aproximar-se e lhes falou em parábolas:

– Como pode satanás expulsar satanás? Um reino em guerra civil não pode subsistir; uma família dividida não pode subsistir. Se satanás se rebela contra si mesmo e se divide, não pode subsistir e está perdido. Ninguém pode entrar na casa de um homem forte e roubar-lhe seus pertences se antes não o amarrar; então poderá saquear a casa. Asseguro-vos que tudo pode ser perdoado aos homens: os pecados e qualquer blasfêmia que disserem. Mas aquele que blasfemar contra o Espírito Santo não terá jamais perdão, carregará seu pecado para sempre.

Referia-se aos que diziam que ele tinha dentro de si um espírito impuro.

Chegaram sua mãe e seus irmãos. Ficaram do lado de fora e mandaram chamá-lo.

As pessoas sentadas ao seu redor lhe disseram:

– Tua mãe e teus irmãos estão lá fora e te procuram.

Ele respondeu-lhes dizendo:

– Quem é minha mãe e meus irmãos?

E, passando os olhos pelos que estava em volta, disse:

– Eis minha mãe e meus irmãos. Aquele que cumpre a vontade de Deus, esse é meu irmão, minha irmã e minha mãe (Mc 3,20-35).

A FORÇA CURADORA DO ESPÍRITO

O homem contemporâneo está se acostumando a viver sem responder à questão mais vital de sua vida: por que e para que viver. A coisa mais grave é que, quando a pessoa perde todo contato com sua própria interioridade e mistério, a vida cai na trivialidade e na falta de sentido.

Vive-se então de impressões, na superfície das coisas e dos acontecimentos, desenvolvendo apenas a aparência da vida. Esta trivialização da vida é provavelmente a raiz mais importante da falta de fé de não poucos.

Quando o ser humano vive sem interioridade, perde o respeito pela vida, pelas pessoas e pelas coisas. Mas, sobretudo, perde a capacidade de "escutar" o mistério que se encerra no mais profundo da existência.

O homem de hoje resiste à profundidade. Não está disposto a cuidar de sua vida interior. Mas começa a sentir-se insatisfeito: intui que precisa de algo que a vida de cada dia não lhe proporciona. Nessa insatisfação pode estar o começo de sua salvação.

O grande teólogo Paul Tillich dizia que só o Espírito pode ajudar-nos a descobrir novamente "o caminho da profundidade". Pelo contrário, pecar contra esse Espírito Santo seria "carregar nosso pecado para sempre".

O Espírito pode despertar em nós o desejo de lutar por algo mais nobre e melhor do que o trivial de cada dia. Pode dar-nos a audácia necessária para iniciar em nós um trabalho interior.

O Espírito pode fazer brotar uma alegria diferente em nosso coração; pode vivificar nossa vida envelhecida; pode acender em nós o amor inclusive para com aqueles pelos quais não sentimos hoje o menor interesse.

O Espírito é "uma força que atua em nós e que não é nossa". É o próprio Deus inspirando e transformando nossa vida. Ninguém pode dizer que não está habitado por esse Espírito. O importante é não apagá-lo, avivar seu fogo, fazer com que arda purificando e renovando nossa vida. Talvez precisemos começar invocando a Deus com o salmista: "Não afastes de mim teu Espírito".

O DEFENSOR DE UMA VIDA SADIA

Não são poucas as pessoas que hoje se sentem indefesas diante dos ataques que sofrem a partir de fora e diante do vazio que as invade a partir de dentro. A sociedade moderna tem tal poder sobre os indivíduos que acaba por submeter muitos, afastando-os do essencial e impedindo-os de cultivar o melhor de si mesmos. Aprisionadas no imediato de cada dia, muitas pessoas vivem demasiadamente agitadas, demasiadamente atordoadas por fora e demasiadamente sozinhas por dentro para poderem deter-se a meditar sobre sua vida e tentar a aventura de serem mais humanas.

A publicidade massiva, o afã consumista, os modelos de vida e as modas dominantes impõem sua ditadura sobre os costumes e as consciências, mascarando sua tirania com promessas de bem-estar. Quase tudo nos arrasta para viver de acordo com um ideal que já está assumido e interiorizado socialmente: trabalhar para ganhar dinheiro, ter dinheiro para adquirir coisas, ter coisas para "viver melhor" e "ser alguém". Não é esta a meta de muitos?

Não é fácil rebelar-se contra esta forma de entender e viver a vida; é preciso uma boa dose de lucidez e coragem para ser diferente. As pessoas terminam quase sempre renunciando a viver algo mais original, nobre ou profundo. Sem projeto de vida e sem mais ideias, os indivíduos se conformam com "viver bem" e "sentir-se seguros". Isso é tudo.

Para reagir diante desta situação, o ser humano precisa penetrar em seu próprio mistério, escutar sua vocação mais profunda, intuir a mentira deste estilo de vida e descobrir outros caminhos para ser mais humano. Precisa dessa "fonte de luz e de vida" que, na opinião do célebre psiquiatra e escritor Ronald Laing, o homem moderno perdeu.

O evangelho de João chama o Espírito Santo com o termo "defensor", aquele que ajuda sempre e em qualquer circunstância, aquele que dá paz e liberdade interior, o "Espírito da verdade", que mantém vivo no crente o espírito, a mensagem e o estilo de vida do próprio Jesus. Se Jesus nos alerta severamente sobre "a blasfêmia contra o Espírito Santo" é porque este pecado consiste precisamente em fechar-se à ação de Deus em nós, ficando nós desamparados, sem ninguém que nos defenda do erro e do mal.

QUAL A COISA MAIS SADIA?

A cultura moderna exalta o valor da saúde física e mental e dedica todo tipo de esforços para prevenir e combater as doenças. Mas, ao mesmo tempo, estamos construindo em toda parte uma sociedade na qual não é fácil viver de modo sadio.

Nunca a vida esteve tão ameaçada pelo desequilíbrio ecológico, pela contaminação, pelo estresse ou pela depressão. Por outro lado, viemos fomentando um estilo de vida no qual a falta de sentido, a carência de valores, um certo tipo de consumismo, a trivialização do sexo, a incomunicação e tantas outras frustrações impedem as pessoas de crescer de maneira sadia.

Já Sigmund Freud, em sua obra *O mal-estar na cultura*, considerou a possibilidade de uma sociedade estar enferma em seu conjunto e poder sofrer neuroses coletivas das quais talvez poucos indivíduos tenham consciência. Pode inclusive acontecer que, dentro de uma sociedade enferma, se considere enfermos precisamente aqueles que são mais sadios.

Algo disto acontece com Jesus, de quem seus familiares pensam que "não está em seu perfeito juízo", e os escribas e as classes intelectuais de Jerusalém consideram que "tem Belzebu dentro de si".

Seja como for, precisamos afirmar que uma sociedade é sadia na medida em que favorece o desenvolvimento sadio das pessoas. Quando, pelo contrário, as leva à fragmentação, coisificação ou deterioração, devemos dizer que essa sociedade é, pelo menos em parte, patógena. Por isso, precisamos ser suficientemente lúcidos para perguntar-nos se não estamos caindo em neuroses coletivas e condutas pouco sadias, quase sem termos consciência disso.

O que é mais sadio: deixar-se arrastar por uma vida de conforto, comodidade e excesso, que entorpece o espírito e a criatividade da pessoa, ou viver de modo sóbrio e moderado, sem cair na "patologia da abundância"?

O que é mais sadio: continuar andando pela vida sem sentido, reduzindo-a a um "sistema de desejos e satisfações", ou construir a existência dia a dia, dando-lhe um sentido último a partir do seguimento de Jesus? O célebre psiquiatra suíço Carl Gustav Jung atreveu-se a considerar a neurose como "o sofrimento da alma que não encontrou seu sentido".

O que é mais sadio: encher a vida de coisas ou cuidar das necessidades mais profundas e íntimas do ser humano na relação do casal, no lar e na convivência social? Viver acumulando ou compartilhando?

O que é mais sadio: reprimir a dimensão religiosa, esvaziando de transcendência nossa vida, ou viver a partir de uma atitude de confiança nesse Deus revelado em Jesus como "amigo da vida", que quer e busca a plenitude do ser humano?

UMA FÉ SADIA E REALISTA

A fé não é uma reação automática, mas uma decisão pessoal que cada indivíduo deve amadurecer. Por isso, cada crente precisa fazer seu próprio percurso. Não existem duas formas iguais de viver diante do mistério de Deus.

Existem pessoas intuitivas que não precisam refletir muito nem deter-se em análises complexas para captar o essencial da fé; sabem que todos nós caminhamos no meio de trevas e vislumbram que o importante é confiar em Deus. Outros, pelo contrário, precisam raciocinar sobre tudo, discutir tudo, comprovar a racionabilidade do ato de fé. Só então se abrirão ao seu mistério.

Existem pessoas mais espontâneas e vitalistas, que reagem com rapidez diante de uma mensagem esperançosa: ouvem o evangelho e rapidamente desperta em seu coração uma resposta confiante. Outros, porém, precisam amadurecer mais lentamente suas decisões: ouvem a mensagem cristã, mas precisam aprofundar-se devagar em seu conteúdo e em suas exigências antes de assumi-la como princípio inspirador de sua vida.

Existem pessoas pessimistas que sublinham sempre os aspectos negativos das coisas. Sua fé estará provavelmente tingida de pessimismo: "Estamos perdendo a religião", "a Igreja não reage", "por que permite Deus tanto pecado e tanta imoralidade?" Há também pessoas otimistas que tendem a ver o lado positivo da vida e vivem sua fé com expressão confiante: "Esta crise purificará o cristianismo", "o Espírito de Deus continua agindo também hoje", "o futuro está nas mãos de Deus".

Existem pessoas de índole contemplativa, com grande capacidade de "vida interior". Não lhes é tão difícil fazer silêncio, escutar a Deus no fundo de seu ser e abrir-se à ação do Espírito. Mas há também pessoas de temperamento mais ativo. Para estas, a fé é sobretudo compromisso prático, amor concreto ao irmão, luta por um mundo mais humano.

Existem pessoas de mentalidade conservadora que tendem a viver a fé como uma longa tradição recebida de seus pais; preocupam-se sobretudo em conservar fielmente os costumes e guardar as tradições e crenças religiosas. Outras, pelo contrário, têm o olhar fixado no futuro. Para elas a fé deve ser princípio renovador, uma fonte permanente de criatividade e de busca de caminhos novos para o reino de Deus inaugurado por Jesus.

O temperamento e a trajetória de cada um condicionam a maneira de crer da pessoa. Cada um tem seu estilo de crer. No entanto, todos nós precisamos saber que Jesus dá importância decisiva a uma coisa: é necessário "fazer a vontade de Deus". Assim diz ele às pessoas: "Aquele que cumpre a vontade de Deus, esse é meu irmão, minha irmã e minha mãe". A busca fiel da vontade de Deus caracteriza sempre o verdadeiro seguidor de Jesus.

Não só para eleitos

Não poucos cristãos pensam que Deus se preocupa realmente só com a salvação de alguns eleitos. Já nos tempos bíblicos, Deus escolheu o povo de Israel e, deixando de lado os demais povos, só se ocupou com os israelitas. Hoje Deus continua sendo o mesmo: só garante com segurança a salvação dos que estão na Igreja católica, "esquecendo" praticamente os que estão fora, ou seja, a imensa maioria de homens e mulheres que viveram, vivem ou viverão sobre a Terra.

No entanto, nada mais longe da realidade de Deus do que este estranho "favoritismo". Como é possível manter, por um instante sequer, a imagem cruel de um Deus que, tendo "gerado" tantos filhos e filhas ao longo dos tempos, os deixa depois praticamente abandonados para "dedicar-se" aos seus eleitos?

Não pensa assim o Concílio Vaticano II nem a teologia contemporânea. Onde existe um homem ou uma mulher, ali está Deus suscitando sua salvação, esteja dentro ou fora da Igreja. Deus cria todos por amor; sustenta e acompanha todos com amor; para todos busca a felicidade eterna. Nunca houve, em nenhum canto do mundo, um ser humano que não tenha nascido, vivido e morrido amparado, acolhido e abençoado pelo grande amor de Deus.

Não devemos apequenar a Deus, vivendo a fé a partir de um "particularismo provinciano". A Igreja é lugar de salvação, mas não o único lugar. Deus tem seus caminhos para encontrar-se com cada ser humano, e esses caminhos não passam necessariamente pela Igreja. Precisamos recuperar o sentido profundo e originário do termo "católico" (de *kat'holon*), ou seja, a abertura ao total, ao universal. Ser católico é louvar, celebrar e dar graças a Deus pela salvação universal que ele oferece a todos, dentro e fora da Igreja.

Jesus vive tudo a partir deste horizonte amplo onde cabem todos. De acordo com o relato de Marcos, quando lhe falam de sua mãe e seus irmãos, Jesus responde estendendo seu olhar para todos os que vivem fielmente perante Deus: "Todo aquele que cumpre a vontade de Deus, esse é meu irmão, minha irmã e minha mãe".

11
Semear

Naquele tempo Jesus dizia à multidão:
– O reino de Deus é como um homem que lança a semente na terra. Ele dorme de noite e se levanta de manhã; a semente germina e vai crescendo sem que ele saiba como. Por si mesma a terra vai produzindo a colheita: primeiro os caules, depois a espiga, depois o grão. Quando o grão está maduro, mete-se a foice, porque chegou o tempo da ceifa.
Disse também:
– Com que poderemos comparar o reino de Deus? Que parábola usaremos? É como um grão de mostarda: ao ser semeado na terra é a menor de todas as sementes; mas depois brota, se torna a mais alta de todas as hortaliças e deita ramos tão grandes que as aves do céu podem abrigar-se à sua sombra.
Com muitas parábolas parecidas expunha-lhes a palavra, acomodando-se ao seu entender. Expunha tudo em parábolas, mas a seus discípulos explicava tudo em particular (Mc 4,26-34).

Nem tudo é trabalhar

Poucas parábolas podem provocar maior rejeição em nossa cultura do rendimento, da produtividade e da eficácia do que esta pequena parábola, na qual Jesus compara o reino de Deus com esse misterioso crescimento da semente, que acontece sem a intervenção do semeador.

Esta parábola, tão esquecida hoje, ressalta o contraste entre a espera paciente do semeador e o crescimento irresistível da semente. Enquanto o semeador dorme, a semente vai germinando e crescendo "sozinha", sem a intervenção do agricultor e "sem que ele saiba como".

Acostumados a valorizar quase exclusivamente a eficácia e o rendimento, esquecemos que o evangelho fala de fecundidade, não de esforço, porque Jesus entende que a lei fundamental do crescimento humano não é o trabalho, mas a acolhida da vida que vamos recebendo de Deus.

A sociedade atual nos empurra com tanta força para o trabalho, a atividade e o rendimento que já não percebemos até que ponto nos empobrecemos quando tudo se reduz a trabalhar e ser eficazes.

De fato, a "lógica da eficácia" está levando o homem contemporâneo a uma existência tensa e sufocante, a uma deterioração crescente de suas relações com o mundo e com as pessoas, a um esvaziamento interior e a essa "síndrome de imanência" (José María Rovira Belloso), onde Deus desaparece pouco a pouco do horizonte da pessoa.

A vida não é só trabalho e produtividade, mas presente de Deus que devemos acolher e desfrutar com coração agradecido. Para ser humana, a pessoa precisa aprender a estar na vida não só a partir de uma atitude produtiva, mas também contemplativa. A vida adquire uma dimensão nova e mais profunda quando conseguimos viver a experiência do amor gratuito, criativo e dinamizador de Deus.

Precisamos aprender a viver mais atentos a tudo o que há de dádiva na existência; despertar em nosso interior o agradecimento e o louvor; libertar-nos da pesada "lógica da eficácia" e abrir em nossa vida espaços para o gratuito.

Precisamos agradecer a tantas pessoas que alegram nossa vida, e não passar ao largo de tantas paisagens feitas unicamente para serem contempladas. Saboreia a vida como graça aquele que se deixa amar, aquele que se deixa surpreender pelo que há de bom em cada dia, aquele que se deixa agraciar e abençoar por Deus.

A VIDA COMO DÁDIVA

Quase tudo nos convida hoje a viver sob o signo da atividade, da programação e do rendimento. Nisto, tem havido poucas diferenças entre o capitalismo e o socialismo. Na hora de avaliar a pessoa, sempre se termina medindo-a por sua capacidade de produção.

Pode-se dizer que a sociedade moderna chegou à convicção prática de que, para dar à vida seu verdadeiro sentido e seu conteúdo mais pleno, a única coisa importante é tirar dela o máximo rendimento por meio do esforço e da atividade.

Por isso se nos torna tão estranha e embaraçosa esta pequena parábola, recolhida pelo evangelista Marcos, na qual Jesus compara o "reino de Deus" a uma semente que cresce por si só, sem que o agricultor lhe proporcione a força para germinar e crescer. Sem dúvida é importante o trabalho de semeadura que o agricultor realiza, mas na semente existe algo que não foi colocado por ele: uma força vital que não se deve ao seu esforço.

Experimentar a vida como dádiva é provavelmente uma das coisas que pode fazer com que nós, homens e mulheres de hoje, vivamos de maneira nova, mais atentos não só ao que conseguimos com nosso trabalho, mas também ao que vamos recebendo de maneira gratuita.

Embora talvez não o percebamos assim, nossa maior "desgraça" é viver somente de nosso esforço, sem deixar-nos agraciar e abençoar por Deus, e sem desfrutar o que nos vai sendo dado constantemente. Passar pela vida sem deixar-nos surpreender pela "novidade" de cada dia.

Todos nós precisamos hoje aprender a viver de maneira mais aberta e acolhedora, em atitude mais contemplativa e agradecida. Alguém disse que há problemas que não se "resolvem" na base de esforço, mas que se "dissolvem" quando sabemos acolher a graça de Deus em nós. Esquecemos que, em suma, como dizia Georges Bernanos, "tudo é graça", porque tudo, absolutamente tudo, está sustentado e penetrado pelo mistério desse

Deus que é graça, perdão e acolhida para todas as suas criaturas. Assim Jesus no-lo revela.

SEMEAR

Nem sempre estamos conscientes das profundas mudanças que estão se produzindo na consciência do homem contemporâneo. De acordo com diversos observadores, estamos passando pouco a pouco de uma "sociedade de crenças", na qual os indivíduos agiam movidos por alguma fé que lhes proporcionava sentido, critérios e normas de vida, para uma "sociedade de opiniões", na qual cada um tem sua própria opinião sobre a vida, sem necessidade de fundamentá-la em nenhuma tradição nem sistema religioso.

As religiões vão perdendo a autoridade que tiveram durante séculos. São postos em questão os sistemas de valores que orientavam o comportamento das pessoas. Pouco a pouco vão sendo abandonadas as antigas "razões de viver". Estamos vivendo uma situação inédita: os antigos pontos de referência não parecem servir para muita coisa e os novos ainda não estão delineados.

Não é fácil medir as consequências de tudo isto. Esquecidas as grandes tradições religiosas, cada indivíduo se vê obrigado a buscar, por sua conta, razões para viver e dar sentido à sua breve passagem por este mundo. É inevitável a pergunta: Em que se crê quando se deixa de crer? A partir de onde orienta sua vida aquele que abandona as antigas "razões de viver"?

O resultado não parece muito lisonjeiro. Existem, sem dúvida, pessoas que conseguem orientar sua vida de maneira nobre e digna. A maioria, porém, vai deslizando para a indiferença, o ceticismo e a vida medíocre. A crise atual está levando não poucos para o desinteresse, o esquecimento ou o abandono de uma fé que um dia teve um significado em sua vida. Já não interessam as grandes questões, menos ainda os ideais um pouco nobres. Basta viver bem.

100

Jesus fala de uma semeadura misteriosa da Palavra de Deus no coração humano. Pode parecer que existem pessoas em cujo interior ninguém pode semear hoje semente alguma: as pessoas já não escutam os pregadores; as novas gerações não creem nas tradições. No entanto, Deus continua semeando nas consciências inquietude, esperança e desejos de vida mais digna. Ele o faz não tanto a partir dos pregadores, mestres e teólogos, mas sobretudo a partir das testemunhas que vivem sua fé em Deus de maneira atraente e até invejável.

Pequenas sementes

Vivemos sufocados pelas más notícias. Emissoras de rádio e televisão, noticiários e reportagens descarregam sobre nós uma avalanche de notícias de ódios, guerras, fomes e violências, escândalos grandes e pequenos. Os "vendedores de sensacionalismo" parecem não encontrar outra coisa mais notável em nosso planeta.

A incrível velocidade com que as notícias se difundem nos deixa aturdidos e desconcertados. O que pode fazer alguém diante de tanto sofrimento? Estamos cada vez melhor informados do mal que assola a humanidade inteira, e nos sentimos cada vez mais impotentes para enfrentá-lo.

A ciência quis convencer-nos de que os problemas podem ser resolvidos com mais poder tecnológico e nos lançou a todos numa gigantesca organização e racionalização da vida. Mas este poder organizado já não está nas mãos das pessoas, e sim nas estruturas. Transformou-se num "poder invisível" que se situa além do alcance de cada indivíduo.

É grande então a tentação de abster-nos. O que posso fazer eu para melhorar esta sociedade? Não são os dirigentes políticos e religiosos os que devem promover as mudanças necessárias para avançar rumo a uma convivência mais digna, mais humana e feliz?

As coisas não são assim. Existe no evangelho um chamado dirigido a todos e que consiste em semear pequenas sementes de uma nova humanidade. Jesus não fala de coisas grandes. O reino de Deus é algo muito humilde e modesto em suas origens. Algo que pode passar tão inadvertido como a semente mais pequena, mas que está chamado a crescer e frutificar de maneira insuspeitada.

Talvez precisemos aprender novamente a valorizar as coisas pequenas e os pequenos gestos. Não nos sentimos chamados a ser heróis nem mártires cada dia, mas todos nós somos convidados a viver pondo um pouco de dignidade em cada canto de nosso pequeno mundo. Um gesto amigável a quem vive desconcertado, um sorriso acolhedor a quem está só, um sinal de proximidade a quem começa a desesperar, um raio de pequena alegria num coração agoniado... não são coisas grandiosas. São pequenas sementes do reino de Deus que todos nós podemos semear numa sociedade complicada e triste, que esqueceu o encanto das coisas simples e boas.

SEMEIAM HUMANIDADE

Chama a atenção com que força os estudos recentes destacam o caráter individualista e insolidário do homem contemporâneo. De acordo com diferentes análises, o europeu vai se tornando cada vez mais narcisista. Vive ocupado com os seus interesses e esquecido quase completamente dos vínculos que o unem aos outros homens.

C.B. Macpherson fala do "individualismo possessivo" que impregna quase tudo. Cada um busca seu bem-estar, segurança ou prazer. O que não o afeta não lhe interessa. L. Lies chega a afirmar que o "solteiro" (*single*), livre de obrigações e dependências, representa cada vez mais o ideal de liberdade e autonomia do homem moderno.

Por trás de todos os dados e sondagens parece apontar uma realidade aterradora. O ser humano está perdendo a capacidade de sentir e de expressar amor. Não consegue sentir solicitude, cuidado e responsabilidade por outros seres humanos que não entram no campo dos seus interesses. Vive "ensimesmado" em suas coisas, numa atitude narcisista que já Sigmund Freud considerou como um estado inferior no desenvolvimento da pessoa.

No entanto, dentro desta sociedade individualista existe um grupo admirável que nos recorda também hoje a grandeza que se encerra no ser humano. São os voluntários. Esses homens e mulheres que sabem aproximar-se dos que sofrem, movidos unicamente por sua vontade de servir. No meio de nosso mundo competitivo e pragmático, eles são portadores de uma "cultura da gratuidade".

Não trabalham para ganhar dinheiro. Sua vocação é fazer o bem gratuitamente. Podemos encontrá-los acompanhando jovens toxicômanos, cuidando de anciãos solitários, atendendo vagabundos, ouvindo pessoas desesperadas, protegendo crianças semiabandonadas ou trabalhando em diferentes serviços sociais.

Não são seres vulgares, porque seu trabalho é movido apenas pelo amor. Por isso não é qualquer um que pode ser um verdadeiro voluntário. Recordava-o belamente Leão Tolstoi com estas palavras: "Pode-se cortar árvores, fabricar tijolos e forjar ferro sem amor. Mas é preciso tratar com amor os seres humanos... Se não sentes afeto pelos homens, ocupa-te com qualquer coisa, mas não com eles".

No final não seremos julgados por nossas belas teorias, mas pelo amor concreto aos necessitados. São estas as palavras de Jesus: "Vinde, benditos de meu Pai... porque tive fome e me destes de comer, tive sede e me destes de beber". Aqui está a verdade última de nossa vida. Semeando humanidade, estamos abrindo caminhos para o reino de Deus.

12

POR QUE TANTO MEDO?

Certo dia, ao cair da tarde, disse Jesus a seus discípulos:
– Vamos para a outra margem.
Despedindo a multidão, levaram-no no barco do modo como estava.
Outros barcos o acompanhavam. Levantou-se uma grande tempestade com
ventania e as ondas se arremessavam contra o barco até quase enchê-lo
de água. Jesus estava na popa, dormindo sobre um travesseiro. Desperta-
ram-no dizendo:
– Mestre, não te importa que afundemos?
Ele se pôs de pé, repreendeu o vento e disse ao lago:
– Silêncio! Cala-te!
E o vento cessou e veio uma grande calma. E disse aos discípulos:
– Por que sois tão covardes? Ainda não tendes fé?
Eles ficaram espantados e diziam uns aos ouros:
– Quem é este? Até o vento e o mar lhe obedecem! (Mc 4,35-41).

POR QUE SOIS TÃO COVARDES?

O episódio da tempestade acalmada por Jesus no meio do lago da Galileia sempre encontrou grande eco entre os cristãos. Já não é possível conhecer seu núcleo histórico original. Marcos trabalhou o relato para convidar sua comunidade, ameaçada pela perseguição e pela hostilidade, a confiar em Jesus.

A cena é impressionante. O barco encontra-se no meio do mar. Começa a cair a escuridão da noite. De repente levanta-se uma grande tempestade. As ondas arremessam-se contra o barco. A água o vai enchendo inteiramente. O grupo de Jesus está em perigo.

Dentro do barco, os discípulos estão angustiados: a qualquer momento podem afundar. Enquanto isso, Jesus "dorme" na parte traseira, talvez no lugar do qual se dá o rumo à embarcação. Não se sente ameaçado. Seu sono tranquilo indica que em nenhum momento perdeu a paz.

Os discípulos o despertam: "Não te importa que afundemos?" O medo os impede de confiar em Jesus. Só veem o perigo. Duvidam de Jesus. Repreendem-lhe sua indiferença: Por que se desinteressa? Já não se preocupa com seus seguidores? São perguntas que brotam na comunidade cristã nos momentos de crise.

A resposta de Jesus é dupla: "Por que sois tão covardes?" Por que tanto medo? Aos discípulos falta confiança, eles não têm ânimo para correr riscos junto a Jesus. "Ainda não tendes fé?" Os discípulos vivem a tempestade como se estivessem sozinhos, abandonados à sua sorte; como se Jesus não estivesse no barco.

Nosso maior pecado numa Igreja em crise é cultivar o medo. O medo agiganta os problemas e desperta a saudade do poder do passado. Leva-nos a culpabilizar o mundo, não a amá-lo. Produz controle e sufoca a alegria. Endurece a disciplina e faz desaparecer a fraternidade. Onde começa o medo termina a fé.

Em momentos de crise precisamos de reflexão corajosa e lúcida sobre a situação, de autocrítica serena de nossos medos e covardias, de diálogo sincero e colaboração confiante. O que trago eu para a Igreja? Medo ou fé? Pessimismo ou confiança? Perturbação ou paz?

MEDO DE CRER

Nós homens preferimos quase sempre o que é fácil e passamos a vida procurando fugir do que exige verdadeiro risco e sacrifício. Retrocedemos ou nos encerramos na passividade quando descobrimos as exigências e lutas que o viver com certa profundidade traz consigo.

Provoca-nos medo levar a sério nossa vida, assumindo nossa própria existência com responsabilidade total. É mais fácil "instalar-se" e "ir levando", sem atrever-nos a enfrentar o sentido último de nossa vida diária.

Quantos homens e mulheres vivem sem saber como, por que, nem para onde! Simplesmente estão aí. A vida continua; mas, por enquanto, que ninguém os incomode. Estão ocupados com seu trabalho, ao entardecer os espera seu programa de televisão, as férias já estão próximas. O que mais se poderia buscar?

Vivemos tempos difíceis e de alguma forma é preciso defender-se. E então cada um vai procurando, com maior ou menor esforço, o tranquilizante que mais lhe convém, embora dentro de nós vá se abrindo um vazio cada vez mais imenso de falta de sentido e de covardia para viver nossa existência em toda a sua profundidade.

Por isso, nós, que facilmente nos chamamos crentes, deveríamos escutar com sinceridade as palavras de Jesus: "Por que sois tão covardes? Ainda não tendes fé?" Nosso maior pecado contra a fé, o que mais gravemente bloqueia nossa acolhida do evangelho, talvez seja a covardia. Digamo-lo com sinceridade. Não nos atrevemos a levar a sério tudo o que o evangelho significa. Provoca-nos medo ouvir os chamados de Jesus.

Trata-se frequentemente de uma covardia oculta, quase inconsciente. Alguém falou da "heresia disfarçada" (Maurice Bellet) dos que defendem o cristianismo, inclusive com agressividade, mas não se abrem nunca às exigências mais fundamentais do evangelho.

Então o cristianismo corre o risco de transformar-se num tranquilizante a mais. Um conglomerado de coisas nas quais é preciso crer, coisas que é preciso praticar e defender. Coisas que, "tomadas em seu modo certo", fazem bem e ajudam a viver.

Mas então tudo pode ficar falseado. Alguém pode estar vivendo sua "própria religião tranquilizante", não muito afastada do paganismo vulgar, que se alimenta de conforto, dinheiro e sexo, evitando de mil maneiras o "perigo supremo" de encontrar-nos com o Deus vivo de Jesus, que nos chama à justiça, à fraternidade e à proximidade com os pobres.

ELIMINAR MEDOS

A ninguém causa surpresa que uma pessoa sinta medo diante de um perigo real. A vida é uma aventura não isenta de riscos e ameaças. Por isso, o medo é sadio, nos põe em estado de alerta e nos permite reagir para orientar nossa vida com maior sentido e segurança.

O que resulta estranho é que continue crescendo na sociedade moderna o número de pessoas que vivem com sensação de medo sem motivo aparente. Indivíduos aprisionados pela insegurança, ameaçados por riscos e perigos não formulados, habitados por um medo difuso, difícil de explicar.

Este medo causa dano. Paralisa a pessoa, detém seu crescimento, impede de viver amando. É um medo que anula nossa energia interior, sufoca a criatividade, nos faz viver de maneira rígida, numa atitude de autodefesa. Essa inquietude não resolvida impede de enfrentar a vida pacificamente.

Sem dúvida, a origem deste medo insano pode ser diferente e requer em cada caso uma atenção específica adequada. Mas não é exagerado dizer que, em muitas pessoas, tem muito a ver com uma existência vazia, com uma esmagadora falta de sentido e uma ausência quase total de vida interior.

A exegese atual está destacando, na atuação histórica de Jesus, seu empenho por libertar as pessoas do medo que pode aninhar-se no coração humano. Os evangelhos repetem continuamente suas palavras: "Não tenhais medo dos homens"; "não tenhais medo dos que matam o corpo"; "não se perturbe o vosso coração"; "não sejais covardes"; "não tenhais medo, vós valeis mais do que os pardais". B. Hanssler chega a dizer que

Jesus é "o único fundador religioso que eliminou da religião o elemento do temor".

A fé cristã não é uma receita psicológica para combater os medos, mas a confiança radical num Deus Pai e a experiência de seu amor incondicional podem oferecer ao ser humano a melhor base espiritual para enfrentar a vida pacificamente. Já o fundador da psicanálise afirmava que "amar e ser amado é o principal remédio contra todas as neuroses". Por isso nos faz bem escutar as palavras de Jesus a seus discípulos no meio da tempestade: "Por que sois tão covardes? Ainda não tendes fé?"

CONFIAR

Quase não se ouve falar hoje da "providência de Deus". É uma linguagem que foi caindo em desuso ou que se transformou numa forma piedosa de considerar certos acontecimentos. No entanto, crer no amor providente de Deus é um traço básico do cristão.

Tudo brota de uma convicção radical. Deus não abandona suas criaturas nem se desinteressa delas, mas sustenta sua vida com amor fiel, vigilante e criador. Não estamos à mercê do azar, do caos ou da fatalidade. No interior da realidade está Deus, conduzindo nosso ser para o bem.

Esta fé não liberta de penas e trabalhos, mas arraiga o crente numa confiança total em Deus, que expulsa o medo de cair definitivamente sob as forças do mal. Deus é o Senhor último de nossa vida. Daí o convite da primeira carta de são Pedro: "Descarregai em Deus toda a vossa preocupação, porque a ele interessa o vosso bem" (1Pd 5,7).

Isto não quer dizer que Deus "intervenha" em nossa vida como intervêm outras pessoas ou fatores. A fé na Providência caiu às vezes em descrédito precisamente porque foi entendida em sentido intervencionista, como se Deus se intrometesse em nossas coisas, forçando os acontecimentos ou eliminando a liberdade humana. Não é assim. Deus respeita totalmente as decisões das pessoas e a marcha da história.

Por isso não se deve dizer propriamente que Deus "guia" nossa vida, mas que oferece sua graça e sua força para que nós a orientemos e guiemos para o nosso bem. Assim, a presença providente de Deus não leva à passividade ou à inibição, mas à iniciativa e à criatividade.

Por outro lado, não devemos esquecer que, embora possamos captar sinais do amor providente de Deus em experiências concretas de nossa vida, sua ação permanece sempre inescrutável. O que a nós hoje nos parece mau pode ser amanhã fonte de bem. Nós somos incapazes de abranger a totalidade de nossa existência; o sentido final das coisas nos escapa; não podemos compreender os acontecimentos em suas últimas consequências. Tudo permanece sob o signo do amor de Deus, que não esquece nenhuma de suas criaturas.

A partir desta perspectiva, adquire toda a sua profundidade a cena do lago de Tiberíades. No meio da tormenta, os discípulos veem Jesus dormindo confiantemente no barco. De seu coração cheio de medo brota um grito: "Mestre, não te importa que afundemos?" Jesus, depois de transmitir sua própria calma ao mar e ao vento, lhes diz: "Por que sois tão covardes? Ainda não tendes fé?"

DEUS NÃO QUER QUE AFUNDEMOS

Existem maneiras de entender a religião que, embora sejam muito difundidas, são falsas e desfiguram substancialmente a realidade de Deus e a experiência religiosa. Não são coisas secundárias, mas de fundo.

Vejamos um exemplo. São muitos os que vivem sua religião a partir do seguinte marco. De um lado estão os interesses de Deus; a ele interessa sua glória, ou seja, que as pessoas creiam nele, que o louvem e cumpram sua vontade divina. De outro lado estão os interesses dos humanos, que nos esforçamos para viver da melhor maneira possível e ser felizes.

A Deus, evidentemente, interessa "o que é dele" e ele procura pôr o homem a seu serviço. Impõe seus dez mandamentos (como podia ter imposto outros ou nenhum) e está atento à maneira como os homens lhe respondem. Se lhe obedecem, recompensa-os com um prêmio; caso contrário, castiga-os. Como Senhor que é, também concede favores; a uns mais que a outros; às vezes gratuitamente, às vezes em troca de alguma coisa.

Os homens, por sua vez, buscam seus próprios interesses e procuram pôr Deus de seu lado. Eles lhe "pedem ajuda" para que as coisas lhes corram bem; lhe "dão graças" por determinados favores; inclusive lhe "oferecem sacrifícios" e "cumprem promessas" para forçá-lo a interessar-se por seus assuntos.

Na realidade, as coisas são de maneira muito diferente. A única coisa que interessa a Deus somos nós. Ele nos cria unicamente por amor e busca sempre o nosso bem. Não é preciso convencê-lo de nada. Dele só brota amor para com o ser humano. Ele não busca contrapartidas. A única coisa que lhe interessa é o bem e a felicidade das pessoas. O que lhe dá verdadeira glória é que os homens e mulheres vivam em plenitude.

Se ele quer que cumpramos essas obrigações morais que trazemos no coração pelo simples fato de sermos humanos, é porque esse cumprimento é bom para nós. Deus está sempre contra o mal, porque este vai contra a felicidade do ser humano. Ele não "envia" nem "permite" a desgraça. Não está na enfermidade, e sim no enfermo. Não está no acidente, e sim com o acidentado. Está naquilo que contribui agora mesmo para o bem das pessoas. E, apesar dos fracassos e desgraças inevitáveis desta vida finita, está orientando tudo para a salvação definitiva.

No relato evangélico de Marcos, os discípulos, agitados pela tempestade, gritam assustados: "Mestre, não te importa que afundemos?" Jesus acalma o mar (símbolo do poder do mal) e lhes diz: "Ainda não tendes fé?" A Deus o que importa é precisamente que não afundemos. É o que nos ensina Jesus.

13

CONTRA A DOMINAÇÃO MASCULINA

Naquele tempo, quando Jesus atravessou novamente de barco para a outra margem, reuniu-se uma grande multidão ao seu redor e ele permaneceu junto ao lago. Aproximou-se um chefe da sinagoga, chamado Jairo, e, ao vê-lo, lançou-se a seus pés, pedindo-lhe com insistência:

– Minha filhinha está nas últimas. Vem e põe as mãos sobre ela para que se cure e viva.

Jesus foi com ele, acompanhado de grande multidão que o comprimia. Havia uma mulher que há doze anos sofria de um fluxo de sangue. Muitos médicos a haviam submetido a todo tipo de tratamentos e ela havia gasto nisto toda sua fortuna; mas, em vez de melhorar, havia piorado. Tendo ouvido falar de Jesus, aproximou-se por trás, pelo meio da multidão, e tocou-lhe o manto, pois dizia para si mesma: "Se ao menos tocar suas vestes ficarei curada". Imediatamente secou a fonte de suas hemorragias e ela notou que seu corpo estava curado. Jesus, notando que havia saído dele uma força, voltou-se imediatamente, no meio da multidão, perguntando:

– Quem tocou minhas vestes?

Os discípulos responderam:

– Vês como a multidão te comprime e perguntas: "Quem me tocou?"

Jesus continuou olhando ao redor para ver quem havia sido. A mulher se aproximou assustada e trêmula; compreendendo o que lhe acontecera, lançou-se a seus pés e confessou tudo. Ele lhe disse:

– Filha, a tua fé te curou. Vai em paz e com saúde.

Jesus estava ainda falando quando chegaram alguns da casa do chefe da sinagoga, dizendo:

– *Tua filha morreu. Para que continuar perturbando o Mestre?*

Jesus ouviu o que falavam e disse ao chefe da sinagoga:

– *Não temas. Basta que tenhas fé.*

Não permitiu que ninguém o acompanhasse, a não ser Pedro, Tiago e João, o irmão de Tiago. Chegaram à casa do chefe da sinagoga e Jesus viu o alvoroço dos que choravam e se lamentavam em voz alta. Ele entrou e lhes disse:

– *Por que todo esse alvoroço e este choro? A menina não está morta, mas dorme.*

E riam-se dele. Mas ele fez sair todos e, com o pai e a mãe da menina e seus acompanhantes, entrou onde ela estava, tomou-a pela mão e lhe disse:

– Talitá kúmi *(que significa: "Menina, eu te ordeno: Levanta-te").*

A menina se pôs de pé imediatamente e começou a andar, pois tinha doze anos. E eles ficaram extremamente espantados.

Recomendou-lhes muito que ninguém viesse a saber do que tinha acontecido; e mandou que dessem de comer à menina (Mc 5,21-43).

UM ESPAÇO SEM DOMINAÇÃO MASCULINA

Uma mulher envergonhada e temerosa aproxima-se de Jesus secretamente, com a confiança de ficar curada de uma enfermidade que a humilha há muito tempo. Arruinada pelos médicos, sozinha e sem futuro, vem a Jesus com uma grande fé. Só busca uma vida mais digna e mais sadia.

No pano de fundo do relato prevê-se um grave problema. A mulher sofre perdas de sangue: uma enfermidade que a obriga a viver num estado de impureza ritual e discriminação. As leis religiosas a obrigam a evitar o contato com Jesus e, no entanto, é precisamente esse contato que a poderia curar.

A cura acontece quando aquela mulher, educada em algumas categorias religiosas que a condenam à discriminação, consegue libertar-se da lei para confiar em Jesus. Naquele profeta, enviado de Deus, existe uma força capaz de salvá-la. Ela "notou que seu corpo estava curado"; Jesus "notou a força salvadora que havia saído dele".

Este episódio, aparentemente insignificante, é mais um expoente daquilo que se recolhe constantemente nas fontes evangélicas: a atuação salvadora de Jesus, comprometido sempre em libertar a mulher da exclusão social, da opressão do varão na família patriarcal e da dominação religiosa no interior do povo de Deus.

Seria anacrônico apresentar Jesus como um feminista de nossos dias, comprometido na luta pela igualdade de direitos entre mulher e varão. Sua mensagem é mais radical: a superioridade do varão e a submissão da mulher não vêm de Deus. Por isso, entre seus seguidores devem desaparecer. Jesus concebe seu movimento como um espaço sem dominação masculina.

A relação entre varões e mulheres continua enferma, inclusive no interior da Igreja. As mulheres não podem notar com transparência "a força salvadora" que sai de Jesus. Este é um dos nossos grandes pecados. O caminho da cura é claro: suprimir as leis, costumes, estruturas e práticas que geram discriminação da mulher, para fazer da Igreja um espaço sem dominação masculina.

MULHERES FRUSTRADAS

A protagonista do relato evangélico é uma mulher enferma nas próprias raízes de sua feminilidade. Aquelas perdas de sangue que ela vem padecendo há doze anos a excluem da intimidade e do amor conjugal.

De acordo com as normas do Levítico, ela é impura aos seus próprios olhos e diante dos outros. Uma mulher frustrada que fica excluída da convivência normal com o varão. Seu ser mais íntimo de mulher está ferido. Seu sangue se derrama inutilmente. Sua vida se desgasta na esterilidade.

O evangelista a descreve como uma mulher desamparada, envergonhada de si mesma, perdida no anonimato da multidão. A cura desta mulher se produz quando Jesus se deixa tocar por ela e a olha com amor e ternura desconhecidos: "Filha [...] vai em paz e com saúde".

A psicanalista católica Françoise Dolto, ao comentar esta cura, assinala que "uma mulher só se sabe e se sente feminina quando um homem crê nela. É nos olhos de um homem, em sua atitude, que uma mulher se sabe feminina". Para aquela mulher enferma, esse homem foi Jesus.

Em nossa sociedade está despertando pouco a pouco a sensibilidade coletiva diante da violência e das agressões que a mulher sofre. Crescem as denúncias, agiliza-se o código penal, abrem-se centros para mulheres maltratadas.

Mas temos ainda pouca consciência do sofrimento oculto e da tragédia de tantas mulheres frustradas em seu ser mais íntimo de mulher. Mulheres perdidas no anonimato dos lares e nos trabalhos caseiros, cuja dedicação e entrega quase ninguém valoriza.

Mulheres inseguras de si mesmas, atemorizadas por seu próprio esposo, que vivem culpabilizando-se de seus desacertos e depressões, porque não encontram o apoio e a compreensão de que necessitam.

Mulheres vencidas pela solidão, cansadas já de lutar e sofrer em silêncio, que não amam nem são amadas com a ternura que seu ser de mulher está pedindo.

Mulheres desgastadas e tornadas feias pela dureza da vida, que descuidam de seu corpo e de sua feminilidade porque faz muito tempo que ninguém as olha nem as beija com amor.

Mulheres que recuperariam seu ser autêntico de mulher se encontrassem o olhar acolhedor e curador de um esposo ou de um verdadeiro amigo.

UMA "REVOLUÇÃO IGNORADA"

Jesus adotou, diante das mulheres, uma atitude tão surpreendente que desconcertou inclusive seus próprios discípulos. Naquela sociedade judaica, dominada pelos varões, não era fácil entender a nova postura de Jesus, acolhendo sem discriminações homens e mulheres em sua comunidade de seguidores. Se algo pode ser deduzido com clareza de sua atuação é que, para ele, homens e mulheres têm igual dignidade pessoal, sem que a mulher precise ser objeto do domínio do varão.

No entanto, nós cristãos ainda não fomos capazes de extrair todas as consequências que se seguem da atitude de nosso Mestre. O teólogo francês René Laurentin chegou a dizer que se trata de "uma revolução ignorada" pela Igreja.

De modo geral, nós varões continuamos suspeitando de todo movimento feminista e reagimos secretamente contra qualquer concepção que possa pôr em perigo nossa situação privilegiada sobre a mulher.

Numa Igreja dirigida por varões não fomos capazes de descobrir todo o pecado que se encerra no domínio que nós homens exercemos, de muitas maneiras, sobre as mulheres. E é certo que, a partir da hierarquia, não se ouvem vozes que, em nome de Cristo, exijam dos varões uma profunda conversão.

Nós, seguidores de Jesus, precisamos tomar consciência de que o atual domínio dos varões sobre as mulheres não é "algo natural", mas um comportamento profundamente viciado pelo egoísmo e pela imposição injusta de nosso poder machista.

É possível superar este domínio masculino? A revolução urgida por Jesus não será levada a cabo despertando a agressividade mútua e promovendo uma guerra entre os sexos. Jesus chama a uma conversão que nos faça viver de outra maneira as relações que unem homens e mulheres.

As diferenças entre os sexos, além de sua função na origem de uma nova vida, devem ser encaminhadas para a cooperação, o apoio e o crescimento mútuos. E, para isso, nós varões precisamos escutar com muito mais lucidez e sinceridade a interpelação daquele de quem, segundo o relato evangélico, "saiu uma força" para curar a mulher.

FERIDAS SECRETAS

Não conhecemos o nome dessa mulher. É uma mulher insignificante, perdida no meio da multidão que segue Jesus. Não se atreve a falar com ele, como fez Jairo, o chefe da sinagoga, que conseguiu que Jesus se dirigisse à sua casa. Ela não poderá nunca ter essa sorte.

Ninguém sabe que é uma mulher marcada por uma enfermidade secreta. Os mestres da lei lhe ensinaram a olhar-se a si mesma como uma mulher "impura" enquanto tiver perdas de sangue. Passou muitos anos procurando um curador, mas ninguém conseguiu curá-la. Onde poderá encontrar a saúde de que necessita para viver com dignidade?

Muitas pessoas vivem entre nós experiências parecidas. Humilhadas por feridas secretas que ninguém conhece, sem forças para confiar a alguém sua "enfermidade", buscam ajuda, paz e consolo sem saber onde encontrá-los. Sentem-se culpadas, quando muitas vezes são apenas vítimas.

Pessoas boas que se sentem indignas de aproximar-se para receber Cristo na comunhão; cristãos piedosos que viveram sofrendo de maneira insana porque foram ensinados a ver como sujo, humilhante e pecaminoso tudo aquilo que se relaciona com o sexo; crentes que, no final de sua vida, não sabem como romper a cadeia de confissões e comunhões supostamente sacrílegas... Não poderão nunca conhecer a paz?

De acordo com o relato, a mulher enferma "ouve falar de Jesus" e intui que está diante de alguém que pode arrancar a "impureza" de seu corpo e de sua vida inteira. Jesus não fala de dignidade ou indignidade. Seus olhos olham com amor. Sua pessoa irradia força curadora.

A mulher busca seu próprio caminho para encontrar-se com Jesus. Não se sente com forças para olhá-lo nos olhos: aproximar-se-á por trás. Sente vergonha de falar-lhe de sua enfermidade: agirá silenciosamente. Não pode tocá-lo fisicamente: tocar-lhe-á apenas o manto. Não importa. Não importa nada. Para sentir-se limpa basta essa confiança grande em Jesus.

Ele mesmo o diz. Esta mulher não precisa envergonhar-se diante de ninguém. O que ela fez não é mau. É um gesto de fé. Jesus tem seus caminhos para curar feridas secretas e dizer aos que o buscam: "Filha, filho, tua fé te curou. Vai em paz e com saúde".

DEUS QUER A VIDA

O ser humano sente-se mal diante do mistério da morte. Sentimos medo do desconhecido. Aterroriza-nos despedir-nos para sempre de nossos entes queridos para entrar, na solidão mais absoluta, num mundo oculto, no qual não sabemos exatamente o que é que nos espera.

Por outro lado, inclusive nestes tempos de indiferença e incredulidade, a morte continua envolta numa atmosfera religiosa. Diante do fim, desperta em não poucos a lembrança de Deus ou as imagens que cada um de nós fazemos dele. De alguma forma, a morte revela nossa secreta relação com o Criador, seja relação de abandono confiante, de inquietude diante do possível encontro com seu mistério ou de aberta rejeição a toda transcendência.

É curioso observar que são muitos os que associam a morte com Deus, como se esta fosse algo projetado por ele para assustar-nos ou para fazer-nos cair um dia em suas mãos. Deus seria um personagem sinistro que nos deixa em liberdade por alguns anos, mas que por fim nos espera na obscuridade dessa morte tão temida.

No entanto, a tradição bíblica insiste continuamente em que Deus não quer a morte. O ser humano, fruto do amor infinito de Deus, não foi pensado nem criado para terminar no nada. A morte não pode ser a intenção última do projeto de Deus para o homem.

Desde as culturas mais primitivas até as filosofias mais elaboradas sobre a imortalidade da alma, o ser humano rebelou-se sempre contra a morte. Sabe que morrer é algo natural dentro do processo biológico do ser vivente; mas, ao mesmo tempo, recusa-se a aceitar que essa morte possa ser seu último destino.

A esperança numa vida eterna foi se gestando lentamente na tradição bíblica, não por razões filosóficas ou considerações sobre a imortalidade da alma, mas pela confiança total na fidelidade de Deus. Se esperamos a vida eterna, é apenas porque Deus é fiel a si mesmo e fiel a seu projeto. Como disse Jesus numa frase inesquecível: "Deus não é Deus de mortos, mas de vivos, porque para ele todos estão vivos" (Lc 20,38).

Deus quer a vida do ser humano. Seu projeto vai além da morte biológica. A fé do cristão, iluminada pela ressurreição de Cristo, está bem expressa pelo salmista: "Não me entregarás à morte nem deixarás teu amigo conhecer a corrupção" (Sl 16,10). A atuação de Jesus agarrando com sua mão a jovem morta para resgatá-la da morte é encarnação e sinal visível da ação de Deus, disposto a salvar da destruição o ser humano.

14
SÁBIO E CURADOR

Naquele tempo, Jesus foi para sua terra em companhia de seus discípulos. Chegado o sábado, começou a ensinar na sinagoga. A multidão que o ouvia perguntava-se admirada:

– Donde lhe vem tudo isso? E que sabedoria é esta que lhe foi dada? E estes milagres feitos por suas mãos? Não é este o carpinteiro, o filho de Maria, irmão de Tiago, de José, de Judas e de Simão? E suas irmãs não vivem aqui entre nós?

E escandalizavam-se dele. Jesus, porém, lhes dizia:

– Um profeta só é desprezado em sua terra, entre seus parentes e em sua própria casa.

Não pôde fazer ali nenhum milagre. Apenas curou alguns enfermos, impondo-lhes as mãos. E admirou-se da falta de fé deles (Mc 6,1-6).

SÁBIO E CURADOR

Jesus não tinha poder cultural como os escribas. Não era um intelectual com estudos. Tampouco possuía o poder sagrado dos sacerdotes do templo. Não era membro de uma família respeitável nem pertencia às elites urbanas de Séforis ou Tiberíades. Jesus era um operário da construção de uma aldeia desconhecida da Baixa Galileia.

Não havia estudado em nenhuma escola rabínica. Não se dedicava a explicar a lei. Não o preocupavam as discussões doutrinais. Não se interessou nunca pelos ritos do templo. As pessoas o viam como um mestre que ensinava a entender e viver a vida de maneira diferente.

De acordo com Marcos, quando Jesus chega a Nazaré acompanhado por seus discípulos, seus concidadãos ficam maravilhados por duas coisas: a sabedoria de seu coração e a força de suas mãos. Era o que mais atraía as pessoas. Jesus não é um pensador que explica uma doutrina, mas um sábio que comunica sua experiência de Deus e ensina a viver sob o signo do amor. Não é um líder autoritário que impõe seu poder, mas um curador que transmite saúde e alivia o sofrimento. Mas as pessoas de Nazaré não o aceitam. Neutralizam sua presença com todo tipo de perguntas, suspeitas e receios. Não se deixam ensinar por ele nem se abrem à sua força curadora. Jesus não consegue aproximá--los de Deus nem curar a todos, como teria desejado.

Jesus não pode ser entendido a partir de fora. É preciso entrar em contato com ele. Deixar que nos ensine coisas tão decisivas como a alegria de viver, a compaixão ou a vontade de criar um mundo mais justo. Deixar que nos ajude a viver na presença amistosa e próxima de Deus. Quando alguém se aproxima de Jesus, não se sente atraído por uma doutrina, mas convidado a viver de maneira nova.

Por outro lado, para experimentar sua força salvadora é necessário deixar-nos curar por ele: recuperar pouco a pouco a liberdade interior, libertar-nos de medos que nos paralisam, atrever-nos a sair da mediocridade. Jesus continua hoje "impondo suas mãos". Só se curam os que creem nele.

NÃO DESPREZAR O PROFETA

O relato não deixa de ser surpreendente. Jesus foi rejeitado precisamente em sua própria terra, entre aqueles que acreditavam conhecê-lo melhor do que ninguém. Chega a Nazaré e ninguém sai ao seu encontro, como acontece às vezes em outros lugares. Tampouco lhe apresentam os enfermos da aldeia para que os cure.

Sua presença só desperta neles admiração e espanto. Não sabem quem pôde ensinar-lhe uma mensagem tão cheia de sabedoria. Tampouco conseguem explicar donde vem a força curadora de suas mãos. A única coisa que sabem é que Jesus é um trabalhador nascido numa família de sua aldeia. Todo o resto "lhes resulta escandaloso".

Jesus se sente "desprezado": os seus não o aceitam como portador da mensagem e da salvação de Deus. Fizeram uma ideia de seu concidadão Jesus e se recusam a abrir-se ao mistério que se encerra em sua pessoa. Jesus lhes lembra um provérbio que, provavelmente, todos conhecem: "Um profeta só é desprezado em sua terra, entre seus parentes e em sua própria casa".

Ao mesmo tempo "admirou-se da falta de fé deles". É a primeira vez que experimenta uma rejeição coletiva, não dos dirigentes religiosos, mas de seu povo. Não esperava isto dos seus. A incredulidade deles chega inclusive a bloquear sua capacidade de curar: "Não pôde fazer ali nenhum milagre. Apenas curou alguns enfermos".

Marcos não narra este episódio para satisfazer a curiosidade de seus leitores, mas para advertir as comunidades cristãs que Jesus pode ser rejeitado precisamente por aqueles que acreditam conhecê-lo melhor: os que se fecham em suas ideias preconcebidas, sem abrir-se nem à novidade de sua mensagem nem ao mistério de sua pessoa.

Como nós, que acreditamos ser "seus", estamos acolhendo a Jesus? Não vivemos demasiadamente indiferentes à novidade revolucionária de sua mensagem? Não é estranha nossa falta de fé em sua força transformadora? Não corremos o risco de apagar seu Espírito e de desprezar sua profecia?

Não precisamos de uma sabedoria diferente?

Os estudos que vêm sendo publicados nestes últimos anos sobre o futuro da humanidade não são nada animadores. Repetem-se sempre de novo as mesmas palavras e preocupações: crise da cultura moderna, decadência da sociedade ocidental, ocaso de valores, dissolução da identidade humana, ameaça de aniquilação mundial...

Muitos continuam pensando que o homem poderá superar esta crise por meio de algum dos sistemas existentes (capitalismo, socialismo, democracia...) ou talvez por meio de algum sistema novo que possamos descobrir. Outros esperam tudo do desenvolvimento tecnológico, de uma revolução econômica profunda ou de uma reformulação das relações internacionais. Sem dúvida, tudo isso pode ser necessário. Mas a crise atual do ser humano não é só um problema ideológico, tecnológico ou econômico. É o próprio homem que está enfermo e precisa ser curado em sua raiz.

O homem moderno empobreceu sua existência acreditando que o pensamento racional é o único válido e definitivo, e foi ficando interiormente cego para captar o mais essencial. Desenvolveu de maneira insuspeitada suas técnicas de observação e análise da realidade, mas perdeu o sentido do transcendente.

Cresceram cada vez mais suas possibilidades de comunicação, mas ele não consegue encontrar-se consigo mesmo e com seu eu mais profundo. Conhece um número cada vez maior de coisas, mas sabe cada vez menos sobre o sentido de sua vida. Resolve múltiplos problemas, mas não sabe resolver o problema de sua liberdade interior.

Não é de estranhar que se eleve um número cada vez maior de vozes apontando para a necessidade de uma revolução mais profunda do que a que podem trazer os sistemas ideológicos. O homem está se aproximando de um "ponto crucial" (F. Capra), no qual, se quiser sobreviver, precisa aprender a viver de maneira nova. A humanidade precisa reencontrar sua "pátria religiosa" (Enomiya Lasalle). É urgente uma "transformação da consciência" (Sri Aurobindo).

Não estamos precisando uma vez mais de Jesus, para redescobrir a sabedoria e a arte de viver de maneira mais humana? Hoje no Ocidente despreza-se a sabedoria do Profeta da Galileia, como o fizeram seus próprios concidadãos. No entanto, não será esta precisamente a sabedoria de que estamos precisando?

APRENDER DE JESUS A VIVER

A vida de um cristão começa a mudar no dia em que ele descobre que Jesus é alguém que pode ensinar-lhe a viver. Os relatos evangélicos não se cansam de apresentar-nos Jesus como Mestre. Alguém que pode ensinar uma "sabedoria única". Essa sabedoria que tanto surpreende seus conterrâneos de Nazaré.

De fato, os primeiros que se encontraram com ele chamaram-se "discípulos", alunos, ou seja, homens e mulheres dispostos a aprender de seu Mestre Jesus.

Nós, cristãos de hoje, precisamos perguntar-nos se não esquecemos que ser cristãos é simplesmente "viver aprendendo" de Jesus. Ir descobrindo a partir dele qual é a maneira mais humana, mais autêntica e mais prazerosa de enfrentar a vida.

Quantos esforços não se fazem hoje para aprender a triunfar na vida: métodos para obter o êxito no trabalho profissional, técnicas para conquistar amigos, artimanhas para sair triunfantes nas relações sociais! Mas, onde aprender a ser simplesmente humanos?

São muitos os cristãos para os quais Jesus não é de modo algum o inspirador de sua vida. Não conseguem ver que relação possa existir entre Jesus e o que eles vivem diariamente. Jesus transformou-se num personagem que eles acreditam conhecer desde crianças, quando na realidade continua sendo para muitos o "grande desconhecido". Um Jesus sem consistência real, incapaz de animar sua existência diária.

E, no entanto, esse Jesus, melhor conhecido e mais fielmente seguido, poderia transformar nossa vida. Não como o mestre longínquo que deixou um legado de sabedoria admirável para a humanidade, mas como alguém vivo, que, do fundo de nosso próprio ser, nos acompanha com paciência, compreensão e ternura.

Ele pode ser nosso mestre de vida. Pode nos ensinar a viver, não para manipular os outros, mas para servir. Pode nos revelar que é melhor viver dando do que açambarcando. Escutando sua mensagem e seguindo seus passos, podemos aprender a viver de maneira mais solidária e menos egoísta, a arriscar-nos mais por tudo o que é bom e justo, a amar as pessoas como ele as amava, a confiar no Pai como ele confiava.

A FÉ PODE CURAR

Durante muito tempo, o Ocidente ignorou quase totalmente o papel do espírito na cura da pessoa. Hoje, pelo contrário, reconhece-se abertamente que grande parte das doenças modernas é de origem psicossomática.

Muitas pessoas ignoram que sua verdadeira enfermidade encontra-se num nível mais profundo do que o estresse, a tensão arterial ou a depressão. Não se dão conta de que a deterioração de sua saúde começa a gestar-se em sua vida absurda e sem sentido, na carência de amor verdadeiro, na culpabilidade vivida sem a experiência do perdão, no desejo centrado egoisticamente sobre si mesmo ou em tantas outras "doenças" que impedem o desenvolvimento de uma vida saudável.

Seria, sem dúvida, degradar a fé cristã utilizá-la como um entre tantos remédios para ter boa saúde física ou psíquica; a razão última do seguimento de Jesus não é a saúde, mas a acolhida do Amor salvador de Deus. Mas, uma vez estabelecido isto, precisamos afirmar que a fé possui força curadora e que acolher a Deus com confiança ajuda as pessoas a viver de maneira mais sadia.

A razão é simples. O eu mais profundo do ser humano pede sentido, esperança e, sobretudo, amor. Muitas pessoas começam a ficar doentes por falta de amor. Por isso a experiência de saber-nos amados incondicionalmente por Deus nos pode curar. Os problemas não desaparecem. Mas saber, no nível mais profundo de meu ser, que sou amado sempre e em qualquer circunstância, e não porque sou bom e santo, mas porque Deus é bom e me ama, é uma experiência que gera estabilidade e paz interior.

A partir desta experiência básica, o crente pode ir curando feridas de seu passado. É bem sabido que grande parte das neuroses e alterações psicofísicas está vinculada a essa capacidade humana de gravar tudo e armazenar tudo. O amor de Deus acolhido com fé pode ajudar-nos a olhar em paz erros e pecados, pode libertar-nos das vozes inquietantes do passado e afugentar espíritos malignos que às vezes povoam nossa memória. Tudo fica entregue confiantemente ao amor de Deus.

Por outro lado, esta experiência do amor de Deus pode sanar nosso viver diário. Na vida tudo é graça para quem vive aberto a Deus; pode-se trabalhar com sentido apesar de não obter resultados; a experiência mais negativa e dolorosa pode ser vivida de maneira esperançosa; tudo pode ser unificado e integrado a partir do amor.

O evangelista Marcos recorda em seu relato que Jesus não pôde curar muitos porque lhes faltava fé. Esse pode ser também o nosso caso. Não vivemos a fé em Jesus com suficiente profundidade para experimentar seu poder curador. Não o seguimos de perto e ele não pode impor suas mãos curadoras sobre nossas vidas enfermas.

15
ENVIADOS A EVANGELIZAR

Naquele tempo, Jesus chamou os Doze e começou a enviá-los dois a dois, dando-lhes autoridade sobre os espíritos impuros. Recomendou-lhes que levassem para a viagem um bastão apenas e nada mais; nem pão, nem alforje, nem dinheiro no cinto. Que calçassem sandálias, mas não túnica de reserva. E acrescentou:

– Quando entrardes numa casa, permanecei nela até vos retirardes do lugar. E se algum lugar não vos receber nem vos escutar, ao sairdes de lá sacudi o pó dos vossos pés em testemunho contra eles.

Eles partiram e pregaram a conversão. Expulsavam muitos demônios, ungiam com óleo muitos enfermos e os curavam (Mc 6,7-13).

ESTILO DE VIDA DO EVANGELIZADOR

Jesus não envia seus discípulos de qualquer maneira. Para colaborar em seu projeto do reino de Deus e prolongar sua missão, eles deverão cuidar de seu estilo de vida. Caso contrário, poderão fazer muitas coisas, mas não introduzirão no mundo o espírito de Jesus. Marcos nos recorda algumas de suas recomendações.

Em primeiro lugar, quem são eles para agir em nome de Jesus? Qual é sua autoridade? De acordo com Marcos, ao enviá-los, Jesus "lhes dá autoridade sobre os espíritos impuros". Não lhes dá poder sobre as pessoas que irão encontrando em seu caminho. Ele lhes dá autoridade para libertá-las do mal.

Como sempre, Jesus está pensando num mundo mais sadio, libertado das forças malignas que escravizam e desumanizam o ser humano. Seus discípulos introduzirão entre as pessoas sua força curadora. Eles abrirão caminho na sociedade não utilizando um poder dominador, mas humanizando a vida, aliviando o sofrimento e fazendo crescer a liberdade e a fraternidade.

Só levarão "bastão" e "sandálias". Jesus os imagina como caminhantes. Nunca instalados. Sempre a caminho. Não presos a nada nem a ninguém. Apenas com o imprescindível. Com essa agilidade que Jesus tinha para fazer-se presente onde alguém precisava dele. O báculo de Jesus não é para mandar, mas para caminhar.

Não levarão "nem pão, nem alforje, nem dinheiro". Não devem viver obcecados por sua própria segurança. Levam consigo algo mais importante: o Espírito de Jesus, sua Palavra e sua Autoridade para humanizar a vida das pessoas. Curiosamente, Jesus não está pensando no que devem levar para serem eficazes, mas no que não devem levar. Para não acontecer que um dia se esqueçam dos pobres e vivam fechados em seu próprio bem-estar.

Também não levarão "túnica de reserva". Vestir-se-ão com a simplicidade dos pobres. Não trarão vestes sagradas, como os sacerdotes do templo. Também não se vestirão como o Batista na solidão do deserto. Serão profetas no meio das pessoas. Sua vida será sinal de que Deus está próximo de todos, sobretudo dos mais necessitados.

Atrever-nos-emos algum dia a fazer, no interior da Igreja, um exame coletivo para deixar-nos iluminar por Jesus e ver como fomos nos afastando de seu espírito quase sem dar-nos conta?

O QUE NÃO DEVEMOS LEVAR

Nós cristãos nos preocupamos muito que a Igreja conte com meios adequados para cumprir eficazmente sua tarefa: recursos econômicos, poder social, plataformas eficientes. Parece-nos o mais normal. No entanto, quando Jesus envia seus discípulos para prolongar sua missão, ele não pensa no que devem levar consigo, mas precisamente no contrário: o que não devem levar.

O estilo de vida que Jesus lhes propõe é tão desafiador e provocativo que logo as gerações cristãs o suavizaram. O que devemos fazer nós com estas palavras de Jesus? Apagá-las do evangelho? Esquecê-las para sempre? Tratar de ser também hoje fiéis ao seu espírito?

Jesus pede a seus discípulos que não levem consigo dinheiro nem provisões. O "mundo novo" que ele busca não se constrói com dinheiro. Quem levará adiante seu projeto não serão os ricos, mas pessoas simples que saibam viver com poucas coisas, porque descobriram o essencial: o reino de Deus e sua justiça.

Não levarão nem sequer surrão, ao estilo dos filósofos cínicos, que levavam pendurada ao ombro uma bolsa onde guardavam as esmolas para assegurar-se o futuro. A obsessão pela segurança não é boa. A partir da tranquilidade do próprio bem-estar não é fácil criar o reino de Deus como um espaço de vida digna para todos.

Os seguidores de Jesus andarão descalços, como as classes mais oprimidas da Galileia. Não levarão sandálias. Tampouco túnica de reserva para proteger-se do frio da noite. As pessoas devem vê-los identificados com os últimos. Se se afastarem dos pobres, não poderão anunciar a Boa Notícia de Deus, o Pai dos esquecidos.

Para os seguidores de Jesus não é ruim perder o poder, a segurança e o prestígio social que tivemos quando a Igreja dominava tudo. Essa perda pode ser uma bênção se nos levar a uma vida mais fiel a Jesus. O poder não transforma os corações; a segurança do bem-estar nos afasta dos pobres; o prestígio nos enche de nós mesmos.

Jesus imagina seus seguidores de outra maneira: livres de ataduras, identificados com os últimos, com a confiança posta totalmente em Deus, curando os que sofrem, buscando a paz para todos. Só assim se introduz no mundo o seu projeto.

SEM PODER

Não será fácil para a Igreja aprender a "viver em minoria", no meio de uma sociedade secularizada e pluralista. Depois de ter sido a religião oficial do Império romano e ter exercido durante séculos um poder hegemônico, não consegue caminhar sem o apoio de algum "poder" que lhe permita atuar a partir de um nível de superioridade ou privilégio.

No entanto, é bom para a Igreja ir perdendo poder econômico e político, porque esse despojamento vai aproximando-a novamente do espírito do movimento que Jesus pôs em marcha, quando enviou seus discípulos sem alforjes, sem dinheiro nem túnica de reserva, e com uma única missão: "pregar a conversão".

A intenção original de Jesus é clara. Ele não precisa de ricos que sustentem seu projeto. Bastam pessoas simples que sabem viver com poucas coisas, porque descobriram o essencial: a importância de construir uma sociedade mais humana e digna, acolhendo a Deus, Pai de todos.

Jesus não quis deixar o evangelho nas mãos do dinheiro. Seus seguidores não devem "acumular tesouros na terra". Cedo ou tarde, o dinheiro se transforma em sinal de poder, de segurança, de ambição e domínio sobre os outros. O dinheiro subtrai credibilidade ao evangelho. A partir do poder econômico não é possível pregar a conversão de que nossa sociedade necessita nem criar um espaço de solidariedade para todos.

Jesus não precisa de poderosos que protejam a missão de seus discípulos. Não crê no poder como força transformadora. O poder costuma ir acompanhado de autoritarismo impositivo e não é capaz de mudar os corações. Jesus crê no serviço humilde dos que buscam uma sociedade melhor para todos.

Por isso, não quis deixar o evangelho nas mãos do poder. Ele próprio não se impõe nunca pela força, não governa, não controla, não vigia. Em sua comunidade, "quem quiser ser o maior deve fazer-se servo". Jesus não exalta seus discípulos dando-lhes poder sobre os outros. A partir do poder não se pode impulsionar a transformação evangélica de que precisamos na Igreja.

COM POUCAS COISAS

O que pode ter acontecido para nos distanciarmos tanto daquele projeto inicial de Jesus? Onde ficou o encargo do Mestre? Quem continua ouvindo hoje suas recomendações?

Poucos relatos evangélicos nos mostram melhor a intenção original de Jesus do que este que nos apresenta Jesus enviando seus discípulos dois a dois, sem alforjes, sem dinheiro nem túnica de reserva.

Basta um amigo, um bastão e umas sandálias para adentrar-se pelos caminhos da vida, anunciando a todos essa mudança de que precisamos para descobrir o segredo último da vida e o caminho para a verdadeira libertação.

Não desvirtuemos levianamente a missão confiada por Jesus. Não pensemos que se trata de uma utopia ingênua, própria talvez de uma sociedade seminômade já superada, mas impossível num mundo como o nosso.

Aqui existe algo de que não podemos fugir. O evangelho é anunciado por aqueles que sabem viver com simplicidade. Homens e mulheres livres, que conhecem o prazer de caminhar pela vida sem sentir-se escravos das coisas. Não são os poderosos, os financistas, os tecnocratas, os grandes estrategistas da política que vão construir um mundo mais humano.

Esta sociedade precisa descobrir que é preciso voltar a uma vida simples e sóbria. Não basta aumentar a produção e alcançar um nível superior de vida. Não é suficiente ganhar sempre mais, comprar cada vez mais coisas, desfrutar maior bem-estar.

Esta sociedade precisa como nunca do impacto de homens e mulheres que saibam viver com poucas coisas. Crentes capazes de mostrar que a felicidade não está em acumular bens. Seguidores de Jesus que nos lembrem que não somos ricos quando possuímos muitas coisas, mas quando sabemos desfrutá-las com simplicidade e compartilhá-las com generosidade. Os que vivem uma vida simples e uma solidariedade generosa são os que melhor pregam hoje a conversão de que mais necessita a nossa sociedade.

SEM APOIO SOCIAL?

Como poderia a Igreja recuperar seu prestígio social e exercer novamente aquela influência que teve em nossa sociedade há alguns anos apenas? Talvez sem confessá-lo em voz alta, são muitos os que sentem saudades daqueles tempos em que a Igreja podia anunciar sua mensagem a partir de plataformas privilegiadas que contavam com o apoio do poder político.

Não precisamos lutar por recuperar novamente esse poder perdido que nos permita fazer uma "propaganda" religiosa e moral eficaz, capaz de superar outras ideologias e correntes de opinião que vão se impondo entre nós?

Não precisamos desenvolver algumas estruturas religiosas mais poderosas, fortalecer nossos organismos e fazer da Igreja uma "empresa mais competitiva e rentável"?

Sem dúvida, no pano de fundo desta inquietude existe uma vontade sincera de levar o evangelho aos homens e mulheres de nosso tempo, mas é esse o caminho a seguir? As palavras de Jesus, ao enviar seus discípulos sem pão nem alforje, sem dinheiro nem túnica de reserva, insistem antes em "caminhar" pobremente, com liberdade, rapidez e disponibilidade total.

O importante não é um equipamento que nos dê segurança, mas a própria força do evangelho vivido com sinceridade, porque o evangelho penetra na sociedade não tanto através de meios eficazes de propaganda, mas por meio de testemunhas que vivem fielmente o seguimento de Jesus Cristo.

São necessárias na Igreja a organização e as estruturas, mas somente para sustentar a vida evangélica dos crentes. Uma Igreja sobrecarregada de excesso de bagagem corre o risco de tornar-se sedentária e conservadora. Com o tempo ela se preocupará mais em abastecer-se a si mesma do que em caminhar livremente ao serviço do reino de Deus.

Uma Igreja mais desguarnecida, mais desprovida de privilégios e mais pobre de poder sociopolítico será uma Igreja mais livre e mais capaz de oferecer o evangelho em sua verdade mais autêntica.

16

OVELHAS SEM PASTOR

Naquele tempo, os apóstolos voltaram a reunir-se com Jesus e lhe contaram tudo o que haviam feito e ensinado. Ele lhes disse:
– Vinde vós, sozinhos, para um lugar deserto a fim de descansar um pouco.
Porque eram tantos os que iam e vinham que eles não encontravam tempo nem para comer.
Partiram de barco para um lugar deserto e afastado. Muitos os viram partir e os reconheceram. Então, de todas as aldeias foram a pé para aquele lugar e chegaram antes deles. Ao desembarcar, Jesus viu uma grande multidão e sentiu compaixão deles, porque eram como ovelhas sem pastor. E pôs-se a ensinar-lhes muitas coisas (Mc 6,30-34).

COMO OVELHAS SEM PASTOR

Jesus via tudo a partir da compaixão. Era sua maneira de ser, sua primeira reação diante das pessoas. Não sabia olhar ninguém com indiferença. Não suportava ver as pessoas sofrendo. Era algo superior às suas forças. Assim ele foi recordado pelas primeiras gerações cristãs.

Mas os evangelistas dizem algo mais. Quem comove Jesus não são só as pessoas concretas que ele encontra em seu caminho: os enfermos que o procuram, os indesejáveis que se aproximam dele, as crianças que ninguém abraça. Ele sente compaixão pela multidão de pessoas que vivem desorientadas e não têm quem as guie e alimente.

O evangelista Marcos descreve o que aconteceu em certa ocasião junto ao lago da Galileia. De todas as aldeias chegaram pessoas correndo ao lugar em que Jesus ia desembarcar. Ao ver toda aquela multidão, Jesus reage como sempre. "Sentiu compaixão, porque eram como ovelhas sem pastor". Jesus parece estar recordando as palavras pronunciadas pelo profeta Ezequiel seis séculos antes: no povo de Deus existem ovelhas que vivem sem pastor: ovelhas "fracas" que ninguém conforta; ovelhas "enfermas" que ninguém cura; ovelhas "feridas" que ninguém enfaixa. Existem também ovelhas "desgarradas" das quais ninguém se aproxima e ovelhas "perdidas" que ninguém procura (Ez 34).

Enquanto nós analisamos as causas da deterioração social e da crise eclesial, enquanto discutimos sobre a posição que a Igreja deve tomar numa sociedade secularizada, enquanto nos desqualificamos uns aos outros, existem entre nós muitas, muitíssimas "ovelhas sem pastor".

Pessoas sozinhas que ninguém tem tempo de ouvir. Esposas e esposos que sofrem impotentes e sem ajuda alguma o desmoronamento de seu amor. Jovens que abortam pressionadas pelo medo e pela insegurança, sem o apoio e a compreensão de ninguém. Pessoas que sofrem secretamente sua incapacidade de sair de uma vida indigna. Pessoas afastadas que desejam reavivar sua fé e não sabem a quem recorrer. Quem despertará entre nós a compaixão? Quem dará à Igreja um rosto mais parecido com o de Jesus? Quem nos ensinará a olhar como ele olhava?

OLHAR AS PESSOAS COMO JESUS AS OLHAVA

Os discípulos, enviados por Jesus para anunciar seu evangelho, voltam entusiasmados. Falta-lhes tempo para contar a seu Mestre tudo o que haviam feito e ensinado. Ao que parece, Jesus quer escutá-los com calma e os convida a retirar-se "sozinhos para um lugar deserto a fim de descansar um pouco".

As pessoas estragam esse plano. De todas as aldeias correm à sua procura. Já não é possível aquela reunião tranquila que Jesus havia planejado a sós com seus discípulos mais próximos. Quando chegam ao lugar, a multidão o havia invadido todo. Como reagirá Jesus?

O evangelista descreve com detalhes sua atitude. As pessoas nunca incomodam Jesus. Ele fixa seu olhar na multidão. Sabe olhar não só as pessoas concretas e próximas, mas também essa massa de gente formada por homens e mulheres sem voz, sem rosto e sem importância especial. Imediatamente desperta nele a compaixão. Não a pode evitar. "Sentiu compaixão deles". Traz a todos bem dentro de seu coração.

Jesus nunca os abandonará. Ele os vê "como ovelhas sem pastor": pessoas sem guias para descobrir o caminho, sem profetas para ouvir a voz de Deus. Por isso, "pôs-se a ensinar-lhes muitas coisas", com calma, dedicando-lhes tempo e atenção para alimentá-los com sua palavra curadora.

Um dia teremos que revisar diante de Jesus, nosso único Senhor, a maneira como olhamos e tratamos essas multidões que estão abandonando silenciosamente a Igreja, talvez porque não podem ouvir entre nós seu evangelho ou porque já não lhes dizem nada nossos discursos, comunicados e declarações.

Pessoas simples e boas que estamos decepcionando porque não veem em nós a compaixão de Jesus. Crentes que não sabem a quem recorrer nem que caminhos seguir para encontrar-se com um Deus mais humano do que aquele que percebem entre nós. Cristãos que se calam porque sabem que sua palavra não será levada em conta por ninguém importante na Igreja.

Um dia o rosto desta Igreja mudará. Ela aprenderá a agir com mais compaixão; esquecer-se-á de seus próprios discursos e pôr-se-á a ouvir o sofrimento das pessoas. Jesus tem força para transformar nossos corações e renovar nossas comunidades. Precisamos voltar para ele.

Rezar juntos e rir em comum

A cena está carregada de ternura. Chegam os discípulos cansados do trabalho realizado. A atividade é tão intensa que já "não encontravam tempo nem para comer". E então Jesus lhes faz esse convite: "Vinde para um lugar deserto a fim de descansar".

Nós cristãos esquecemos hoje com demasiada frequência que um grupo de seguidores de Jesus não é só uma comunidade de oração, reflexão e trabalho, mas também uma comunidade de descanso e desfrute.

Nem sempre foi assim. O texto que segue não é de nenhum teólogo progressista. Foi redigido lá pelo século IV por aquele grande bispo pouco suspeito de frivolidades que foi Agostinho de Hipona.

"Um grupo de cristãos é um grupo de pessoas que rezam juntas, mas também conversam juntas. Riem em comum e trocam favores entre si. Gracejam juntas e juntas levam coisas a sério. Às vezes estão em desacordo, mas sem animosidade, como às vezes se está consigo mesmo, utilizando esse desacordo para reforçar sempre o acordo habitual.

Aprendem algo uns dos outros ou o ensinam uns aos outros. Sentem saudade, com pena, dos ausentes. Acolhem com alegria os que chegam. Fazem manifestações deste ou de outro tipo: chamas do coração dos que se amam, expressas no rosto, na língua, nos olhos, em mil gestos de ternura".

O que mais nos surpreende hoje neste texto talvez seja esta faceta de cristãos que sabem rezar, mas sabem também rir. Sabem estar sérios e sabem gracejar. A Igreja atual aparece quase sempre grave e solene. Parece como se nós cristãos tivéssemos medo do riso, como se o riso fosse sinal de frivolidade ou de irresponsabilidade.

Existe, porém, um humor e um saber rir que é antes sinal de maturidade e sabedoria. É o riso do crente que sabe relativizar o que é relativo, sem dramatizar desnecessariamente os problemas.

É um riso que nasce da confiança última nesse Deus que nos olha a todos com piedade e ternura. Um riso que distende, liberta e dá forças para continuar caminhando. Este riso une. Os que riem juntos não se atacam nem se causam dano, porque o riso verdadeiramente humano nasce de um coração que sabe compreender e amar.

DESCANSO RENOVADOR

É prazeroso para um crente encontrar-se com um Jesus que sabe compreender as necessidades mais profundas do ser humano. Por isso nossa alma se enche de alegria ao escutar o convite que ele dirige a seus discípulos: "Vinde para um lugar deserto a fim de descansar um pouco".

Nós homens precisamos "fazer festa". E hoje talvez mais do que nunca. Submetidos a um ritmo de trabalho inflexível, escravos de ocupações e tarefas às vezes exaustivas, precisamos desse descanso que nos ajude a libertar-nos da tensão, do desgaste e da fadiga acumulada ao longo do tempo.

O homem contemporâneo acabou com frequência por ser um escravo da produtividade. Tanto nos países socialistas como nos capitalistas, o valor da vida foi, na prática, reduzido a produção, eficácia e rendimento trabalhista.

De acordo com H. Cox, o homem atual "comprou a prosperidade ao preço de um vertiginoso empobrecimento em seus elementos vitais". O certo é que todos nós corremos o risco de esquecer o valor último da vida para afogar-nos no ativismo, no trabalho e na produção.

A sociedade industrial nos fez mais laboriosos, mais bem organizados, mais eficazes; mas, enquanto isso, são muitos os que têm a impressão de que a vida lhes escapa tristemente das mãos.

Por isso o descanso não pode ser apenas a "pausa" necessária para repor nossas energias esgotadas ou a "válvula de escape" que nos liberta das tensões acumuladas, para voltarmos com novas forças ao trabalho de sempre.

O descanso deveria nos ajudar a regenerar todo o nosso ser, revelando-nos dimensões novas de nossa existência. A festa nos deve recordar que a vida não é só esforço e trabalho exaustivo. O ser humano foi feito também para usufruir, para brincar, para desfrutar a amizade, para rezar, para agradecer, para adorar... Não devemos esquecer que, acima de lutas e rivalidades, todos nós somos chamados já desde agora a desfrutar como irmãos uma festa que um dia será definitiva.

Precisamos aprender a "tirar férias" de outra maneira. Não se trata de ter obsessão por "passar bem" a todo custo, mas de saber apreciar com simplicidade e agradecimento os amigos, a família, a natureza, o silêncio, a brincadeira, a música, o amor, a beleza, a convivência.

Não se trata de esvaziar-nos na superficialidade de alguns dias vividos de maneira adoidada, mas de recuperar a harmonia interior, de cuidar mais das raízes de nossa vida, de encontrar-nos conosco mesmos, de desfrutar a amizade e o amor das pessoas, de "gozar de Deus" através da criação inteira.

E não esqueçamos uma coisa importante. Só teremos direito ao descanso e à festa se nos cansarmos diariamente no esforço por construir uma sociedade mais humana e feliz para todos.

UM DESCANSO DIFERENTE

De acordo com o dicionário, descansar é "interromper o trabalho ou uma atividade, repousar para recuperar as forças". No entanto, nem todos os que interrompem seus trabalhos durante as férias voltam descansados.

Existe um cansaço mais profundo do que a mera fadiga causada pela atividade de cada dia. Um cansaço que pode instalar-se de maneira insidiosa em nossa vida e que não desaparece pelo simples fato de "tirar umas férias".

Antes de mais nada, existe esse cansaço que provém de nossa tendência a dar uma importância excessiva e desproporcionada àquilo que nos vai acontecendo. Às vezes revestimos de valor absoluto aquilo que nos preocupa num determinado momento. Parece que não existe nada mais no mundo.

Para descansar é necessário situar novamente as coisas em sua verdadeira dimensão e perspectiva. É necessário aprender a "relativizar", o que não significa suprimir a importância dos fatos, mas colocá-los em relação com o que é importante e essencial na vida. O crente sabe fazê-lo a partir

142

da fé. Como mudam as angústias, as tensões e os conflitos quando a pessoa os situa no horizonte total da vida e os vive a partir da grandeza e do perdão de Deus.

Existe um outro cansaço que nasce da dispersão. Quando alguém vive dividido interiormente, arrastado por todo tipo de contradições e sem coerência pessoal, logo experimenta o desassossego, a insegurança e o esgotamento. A vida se torna difícil, as relações se crispam, a saúde se deteriora.

Para descansar é necessário então recuperar a unidade interior e ser fiel à própria consciência. A pessoa que se sente integrada volta a experimentar a força interior e a paz. Para o crente, Deus é esse Mistério último da vida, que o convida a unificar tudo a partir do amor.

Outra fonte de cansaço é o tédio e a rotina. A vida é, em grande parte, repetição e, se a pessoa não vive a partir do interior, corre o risco de cair na rotina: as coisas perdem a novidade, tudo é igual, nada vale a pena, o casal que um dia viveu enamorado hoje se entedia até nos momentos de maior intimidade.

Para recuperar novamente a vida não basta então visitar novos países, descobrir paisagens desconhecidas ou iniciar novas amizades. A novidade deve vir de dentro para fora, não de fora para dentro. Para o crente, a vida é uma dádiva de Deus que é preciso agradecer, usufruir e compartilhar intensamente cada dia.

O evangelho nos recorda o convite de Jesus: "Vinde para um lugar deserto a fim de descansar um pouco". Talvez a Igreja de hoje precise repetir o mesmo convite ao homem contemporâneo, às vezes tão angustiado, disperso, entediado ou estressado, e ensiná-lo a encontrar descanso interior no encontro com esse Deus amigo da vida, revelado em Jesus.

17

COM O CORAÇÃO LONGE DE DEUS

Naquele tempo, aproximaram-se de Jesus os fariseus e alguns escribas de Jerusalém. E viram que alguns dos discípulos comiam com as mãos impuras, ou seja, sem as lavar. (Os fariseus, como os demais judeus, não comem sem antes lavar as mãos, esfregando-as cuidadosamente, apegando-se à tradição dos antigos; e, ao voltar da praça, não comem sem antes lavar-se e se aferram a muitas outras tradições como lavar copos, jarros e panelas.) Por isso, os fariseus e os escribas perguntaram a Jesus:

– Por que teus discípulos comem com mãos impuras e não seguem a tradição dos antigos?

Ele lhes respondeu:

– Hipócritas, bem profetizou a vosso respeito Isaías, como está escrito: "Este povo me honra com os lábios, mas seu coração está longe de mim. O culto que me prestam está vazio, porque ensinam doutrinas que são preceitos humanos". Deixais de lado o mandamento de Deus, para aferrar-vos à tradição dos homens.

Em outra ocasião chamou a multidão e lhes disse:

– Ouvi-me todos e entendei: nada que entra de fora pode tornar o homem impuro; o que sai de dentro é que torna o homem impuro. Porque de dentro do coração do homem saem os maus propósitos, as fornicações, os roubos, os homicídios, os adultérios, as cobiças, as injustiças, as fraudes, a devassidão, a inveja, a difamação, o orgulho, a insensatez. Todas estas maldades saem de dentro e tornam o homem impuro (Mc 7,1-8.14-15.21-23).

Uma religião vazia de Deus

Os cristãos da primeira e da segunda geração recordavam Jesus não tanto como um homem religioso, mas como um profeta que denunciava com audácia os perigos e armadilhas de toda religião. Sua especialidade não era a observância piedosa acima de tudo, mas a busca apaixonada da vontade de Deus.

Marcos, o evangelho mais antigo e direto, apresenta Jesus em conflito com os setores mais piedosos da sociedade judaica. Entre suas críticas mais radicais devemos destacar duas: o escândalo de uma religião vazia de Deus e o pecado de substituir sua vontade por "tradições humanas" a serviço de outros interesses.

Jesus cita o profeta Isaías: "Este povo me honra com os lábios, mas seu coração está longe de mim. O culto que me prestam está vazio, porque ensinam doutrinas que são preceitos humanos". Depois denuncia em termos claros onde está a armadilha: "Deixais de lado o mandamento de Deus, para aferrar-vos à tradição dos homens".

É este o grande pecado. Uma vez que estabelecemos nossas normas e tradições, nós as colocamos no lugar que só Deus deve ocupar. Nós as colocamos, inclusive, acima de sua vontade: não se deve passar por alto a mínima prescrição, mesmo que vá contra o amor e cause dano às pessoas.

Nessa religião, o que importa não é Deus, mas outro tipo de interesses. Honra-se a Deus com os lábios, mas o coração esta longe dele; pronuncia-se um credo obrigatório, mas se crê no que convém; cumprem-se ritos, mas não existe obediência a Deus, e sim aos homens.

Pouco a pouco esquecemos a Deus e depois esquecemos que o esquecemos. Apequenamos o evangelho para não precisar converter-nos demais. Orientamos a vontade de Deus para o que nos interessa e esquecemos sua exigência absoluta de amor.

Pode ser este hoje o nosso pecado. Agarrar-nos, como que por instinto, a uma religião desgastada e sem força para transformar nossa vida.

Continuar honrando a Deus só com os lábios. Recusar-nos à conversão e viver esquecidos do projeto de Jesus: a construção de um mundo novo segundo o coração de Deus.

Com o coração longe de Deus

Embora se fale muito de secularização e de perda de fé, as pessoas continuam sendo em geral bastante religiosas. Certamente muito mais religiosas do que se pensa. Basta observar como continuam batizando seus filhos, enterrando seus mortos ou inclusive celebrando seus casamentos.

Não é fácil saber por quê. Mas o fato está aí. A força do costume é grande. Os convencionalismos sociais impõem-se. E, por outro lado, busca-se de alguma forma estar de bem com Deus e contar com sua proteção divina.

Mas, de fato, estas celebrações não são, muitas vezes, um encontro sincero com Deus. Muitos casamentos, batizados e primeiras comunhões ficam reduzidos a uma reunião de caráter social, a um ato imposto pelo costume ou a um rito que se faz sem entender muito bem o que significa, e sem que, evidentemente, implique algum compromisso para a vida.

E quando na comunidade cristã se dão orientações para celebrar uma liturgia mais verdadeira, ou quando o sacerdote procura ajudar a viver a celebração de maneira mais responsável, pedem-lhe que não incomode muito, que termine quanto antes sua pregação e que continue administrando os sacramentos como sempre se fez. O que realmente importa é o vestido da menina, a foto dos noivos, as flores do altar ou vídeo da cerimônia. Que tudo saia "muito bonito e emocionante".

Seria necessário repetir, no meio destas celebrações, as palavras de Isaías citadas por Jesus para criticar o culto celebrado de maneira rotineira e vazia na sociedade judaica: "Este povo me honra com os lábios, mas seu coração está longe de mim. O culto que me prestam está vazio".

Nestas celebrações há cantos e música, cumprem-se os ritos, observam-se as normas das cerimônias; mas, quando se honra a Deus com os

147

lábios, onde está o coração? Este culto cheio de convencionalismo e interesses diversos, não está demasiadamente vazio de Deus?

O culto agrada a Deus quando se produz um verdadeiro encontro com ele, quando se experimenta com alegria e prazer seu amor salvador e quando se ouve seu chamado a viver uma vida mais fiel ao evangelho de Jesus e ao seu projeto do reino de Deus.

Está certo preparar os detalhes do casamento ou da primeira comunhão. É bom preparar cuidadosamente a reunião festiva da família; mas, se se quer celebrar algo a partir da fé, a primeira coisa é preparar o coração para o encontro com Deus. Sem esse encontro sincero com ele, tudo fica reduzido a culto vazio, no qual, como diria Jesus, deixamos de lado a Deus para aferrar-nos a tradições de homens.

INDIFERENÇA PROGRESSIVA

A crise religiosa vai descambando pouco a pouco para a indiferença. De modo geral não se pode falar propriamente de ateísmo, nem sequer de agnosticismo. O que melhor define a postura de muitos é uma indiferença religiosa, na qual já não há perguntas nem dúvidas nem crises.

Não é fácil descrever esta indiferença. A primeira coisa que se observa é uma ausência de inquietude religiosa. Deus não interessa. A pessoa vive na despreocupação, sem nostalgias nem horizonte religioso algum. Não se trata de uma ideologia. É, antes, uma "atmosfera envolvente", onde a relação com Deus fica diluída.

Existem diversos tipos de indiferença. Alguns vivem nestes momentos um afastamento progressivo; são pessoas que vão se distanciando cada vez mais da fé, cortam laços com o religioso, afastam-se da prática; pouco a pouco Deus vai se apagando em suas consciências. Outros vivem simplesmente absorvidos pelas coisas de cada dia; nunca se interessaram muito por Deus; provavelmente receberam uma educação religiosa fraca e deficiente; hoje vivem esquecidos de tudo.

Em alguns a indiferença é fruto de um conflito religioso vivido às vezes em segredo; sofreram medos ou experiências frustrantes; não guardam boa recordação do que viveram quando crianças ou adolescentes; não querem ouvir falar de Deus, porque lhes causa dano; defendem-se esquecendo-o.

A indiferença de outros é, antes, resultado de circunstâncias diversas. Saíram de seu pequeno povoado e hoje vivem de maneira diferente num ambiente urbano; casaram-se com alguém pouco sensível ao religioso e mudaram de costumes; separaram-se de seu primeiro cônjuge e vivem uma situação de casal não "abençoado" pela Igreja. Não é que estas pessoas tenham tomado a decisão de abandonar a Deus, mas de fato sua vida vai se afastando dele.

Há ainda outro tipo de indiferença encoberta pela piedade religiosa. É a indiferença dos que se acostumaram a viver a religião como uma "prática externa" ou uma "tradição rotineira". Todos nós precisamos ouvir a queixa de Deus. Jesus no-la recorda com palavras tomadas do profeta Isaías: "Este povo me honra com os lábios, mas seu coração está longe de mim".

NÃO APEGAR-NOS A TRADIÇÕES HUMANAS

Não sabemos quando nem onde ocorreu o enfrentamento. A Marcos só interessa evocar a atmosfera na qual Jesus se move, rodeado de mestres da lei, observantes escrupulosos das tradições, que recusam cegamente a novidade que o Profeta do amor quer introduzir em suas vidas.

Os fariseus observam indignados que os discípulos de Jesus comem com mãos impuras. Não podem tolerar isso: "Por que teus discípulos não seguem as tradições dos antigos?" Embora falem dos discípulos, o ataque é dirigido a Jesus. Eles têm razão. É Jesus quem está rompendo essa obediência cega às tradições, ao criar ao seu redor um "espaço de liberdade" onde o decisivo é o amor.

Aquele grupo de mestres religiosos não entende a Boa Notícia de Deus que Jesus lhes está anunciando. Em seu coração não reina Deus. Continua reinando a lei, a norma, o costume estabelecido pelas tradições. Para eles o importante é observar o que foi ensinado pelos "antigos". Não pensam no bem das pessoas. Não se preocupam em "buscar o reino de Deus e sua justiça".

O erro é grave. Por isso Jesus lhes responde com palavras duras: "Deixais de lado o mandamento de Deus, para aferrar-vos à tradição dos homens". Os doutores falam com veneração de "tradição dos antigos" e lhe atribuem autoridade divina. Mas Jesus a qualifica de "tradição humana". Não se deve confundir a vontade de Deus com o que é fruto dos homens.

Seria também hoje um grave erro se a Igreja ficasse prisioneira de tradições humanas de nossos antepassados, quando tudo nos está chamando a uma conversão profunda a Jesus, nosso único Mestre e Senhor. O que nos deve preocupar não é conservar intacto o passado, mas tornar possível o nascimento de uma Igreja e de comunidades cristãs capazes de reproduzir com fidelidade o evangelho e de atualizar o projeto do reino de Deus na sociedade contemporânea.

Nossa responsabilidade primeira não é repetir o passado, mas tornar possível em nossos dias a acolhida de Jesus Cristo, sem ocultá-lo nem obscurecê-lo com tradições humanas, por mais veneráveis que nos possam parecer.

A VERDADEIRA TRADIÇÃO

São muitos os cristãos que têm a sensação de já não saber exatamente o que se deve crer, o que se deve cumprir e o que se deve celebrar. O que fazer diante da maré de insegurança e confusão que ameaça invadir tudo? Como reagir diante dessa onda de incredulidade que parece penetrar cada vez mais nas consciências?

É explicável que muitos busquem refúgio numa "ortodoxia reforçada": um corpo doutrinal seguro, um código de conduta bem definido, uma organização religiosa forte. Diante da anarquia de posições busca-se a segurança da tradição. Diante da irrupção de tantas novidades, a solidez do passado. Existe, sem dúvida, uma intuição acertada nessa postura. Não é bom pretender interpretar o acontecimento cristão exclusivamente a partir de nosso presente, saltando por cima da tradição cristã e prescindindo da experiência de fé que animou os seguidores de Jesus durante vinte séculos.

O cristão que pretende reler o evangelho sem recorrer à tradição corre o risco de empobrecer grandemente sua leitura, desconhecendo toda a riqueza e possibilidades que esse evangelho já manifestou nestes séculos.

Mas, ao recorrer à tradição é necessário evitar um grave risco. A fé não é algo que se vai transmitindo, como um objeto que se passa de mão em mão. A fé é uma vida que não pode ser comunicada senão na própria vida. E a única maneira de viver o mesmo num contexto cultural novo consiste em vivê-lo de maneira nova.

Uma transmissão que seja apenas transmissão de algumas fórmulas ortodoxas ou de algumas rubricas litúrgicas levará sempre a uma asfixia mortal. No coração da verdadeira tradição está sempre viva a busca do evangelho e do seguimento fiel de Jesus.

É bom que todos nós escutemos sinceramente a advertência de Jesus: "Deixais de lado o mandamento de Deus, para aferrar-vos à tradição dos homens". Nem progressistas nem tradicionalistas têm direito de sentir-se um grupo mais cristão do que o outro. Todos nós precisamos deixar-nos julgar pela palavra de Jesus, que nos chama sempre a buscar, a partir do amor, a conversão ao reino de Deus.

18

CURAR NOSSA SURDEZ

Naquele tempo, deixando novamente o território de Tiro, Jesus passou por Sidônia, a caminho do lago da Galileia, atravessando a Decápole. E apresentaram-lhe um surdo e mudo; e lhe pediram que impusesse as mãos sobre ele. Levando-o à parte, longe da multidão, Jesus colocou-lhe os dedos nos ouvidos e tocou-lhe a língua com saliva. E, olhando para o céu, suspirou e lhe disse:

– Effatá (isto é, "abre-te").

Imediatamente os ouvidos dele se abriram, a língua soltou-se e ele falava sem dificuldade. Jesus mandou que não o dissessem a ninguém. Mas, quanto mais o mandava, com mais insistência proclamavam o fato. E no cúmulo da admiração diziam:

– Ele fez tudo bem: fez os surdos ouvir e os mudos falar (Mc 7,31-37).

DEIXAR-NOS CURAR DA SURDEZ

Os profetas de Israel usavam com frequência a "surdez" como uma metáfora provocativa para falar do fechamento e da resistência do povo a seu Deus. Israel "tem ouvidos, mas não ouve" o que Deus lhe está dizendo. Por isso, um profeta chama todos à conversão com estas palavras: "Surdos, escutai e ouvi".

Neste quadro, as curas de surdos narradas pelos evangelistas podem ser lidas como "relatos de conversão", que nos convidam a deixar-nos curar por Jesus de surdezes e resistências que nos impedem de ouvir seu chamado ao seguimento. Concretamente, Marcos oferece em seu relato matizes muito sugestivas para trabalhar esta conversão nas comunidades cristãs.

O surdo vive alheio a todos. Não parece ter consciência de seu estado. Não faz nada para aproximar-se de quem o pode curar. Para sua sorte, alguns amigos se interessam por ele e o levam até Jesus. Assim deve ser a comunidade cristã: um grupo de irmãos e irmãs que se ajudam mutuamente para viver em torno de Jesus, deixando-se curar por ele.

A cura da surdez não é fácil. Jesus toma o enfermo consigo, retira-se à parte e se concentra nele. É necessário o recolhimento e a relação pessoal. Precisamos, em nossos grupos cristãos, de um clima que permita um contato mais pessoal e vital dos crentes com Jesus. A fé em Jesus Cristo nasce e cresce nessa relação com ele.

Jesus trabalha intensamente os ouvidos e a língua do enfermo, mas isto não basta. É necessário que o surdo colabore. Por isso, depois de levantar os olhos para o céu, procurando fazer com que o Pai se associe ao seu trabalho curador, Jesus grita ao enfermo a primeira palavra que deve ouvir quem vive surdo a Jesus e ao seu evangelho: "Abre-te".

É urgente que nós cristãos ouçamos também hoje este chamado de Jesus. Não são momentos fáceis para sua Igreja. O que se nos pede é agir com lucidez e responsabilidade. Seria funesto viver hoje surdos ao seu chamado: não ouvir suas palavras de vida, não escutar sua Boa Notícia, não captar os sinais dos tempos, viver fechados em nossa surdez. A força curadora de Jesus pode nos curar.

ABRIR-NOS A JESUS

A cena é conhecida. Apresentam a Jesus um surdo que, em consequência de sua surdez, quase não consegue falar. Sua vida é uma desgraça. Só ouve a si mesmo. Não pode ouvir seus familiares e vizinhos. Não pode conversar com seus amigos. Também não pode ouvir as parábolas de Jesus nem entender sua mensagem. Vive fechado em sua própria solidão.

Jesus o toma consigo e se concentra em seu trabalho curador. Introduz os dedos nos ouvidos dele e procura vencer essa resistência que não o deixa ouvir ninguém. Com sua saliva umedece aquela língua paralisada para dar fluidez à sua palavra. Não é fácil. O surdo-mudo não colabora e Jesus faz um último esforço. Respira profundamente, lança um forte suspiro olhando para o céu em busca da força de Deus e, depois, grita para o enfermo: "Abre-te".

Aquele homem sai de seu isolamento e, pela primeira vez, descobre o que é viver ouvindo os outros e conversando abertamente com todos. As pessoas ficam admiradas: Jesus faz tudo bem, como o Criador, "faz os surdos ouvir e os mudos falar".

Não é por acaso que os evangelhos narram tantas curas de cegos e surdos. Estes relatos são um convite a deixar-se trabalhar por Jesus, a fim de abrir bem os olhos e os ouvidos à sua pessoa e à sua palavra. Discípulos "surdos" à sua mensagem serão como "tartamudos" ao anunciar o evangelho.

Viver na Igreja com mentalidade "aberta" ou "fechada" pode ser uma questão de atitude mental ou de posição prática, quase sempre fruto da própria estrutura psicológica ou da formação recebida. Mas, quando se trata de "abrir-se" ou "fechar-se" ao evangelho, o assunto é de importância decisiva.

Se vivermos surdos à mensagem de Jesus, se não entendermos seu projeto, se não captarmos seu amor aos que sofrem, nos fecharemos em nossos problemas e não escutaremos os das pessoas. Mas então não saberemos anunciar a Boa Notícia de Jesus. Deformaremos sua mensagem. Para muitos se tornará difícil entender nosso "evangelho". Não precisamos abrir-nos a Jesus para deixar-nos curar de nossa surdez?

NÃO FECHAR-NOS AO MISTÉRIO DA VIDA

A. Camus descreveu como poucos o vazio da vida monótona de cada dia. Escreve assim em *O mito de Sísifo*: "Acontece que todos os cenários vêm abaixo. Levantar-se, o bonde, quatro horas de repartição pública ou escritório, almoço, bonde, quatro horas de trabalho, descanso, dormir, e a segunda-terça-quarta-quinta-sexta-sábado, sempre o mesmo ritmo, seguindo o mesmo caminho de sempre. Um dia surge o 'porquê' e tudo volta a começar no meio desse cansaço tingido de admiração".

Não é difícil sintonizar com os sentimentos do escritor francês. Às vezes é a vida monótona de cada dia que nos formula, em toda a sua rudeza, as interrogações mais profundas de nosso ser: "Tudo isto para quê? Para que vivo? Vale a pena viver assim? Tem sentido esta vida?

O risco é sempre a fuga. Enclausurar-nos sem mais na ocupação de cada dia. Viver sem interioridade. Caminhar sem bússola. Não refletir. Perder, inclusive, o desejo de viver com mais profundidade.

Não é tão difícil viver assim. Basta fazer o que quase todos fazem. Seguir a corrente. Viver de maneira mecânica. Substituir as exigências mais radicais do coração por todo tipo de "necessidades" supérfluas. Não escutar nenhuma outra voz. Permanecer surdos a qualquer chamado profundo.

O relato da cura do surdo-mudo é um chamado à abertura e à comunicação. Aquele homem surdo e mudo, fechado em si mesmo, incapaz de sair de seu isolamento, precisa deixar que Jesus trabalhe seus ouvidos e sua língua. A palavra de Jesus ressoa também hoje como um imperativo para cada um: "Abre-te".

Quando não escuta os anseios mais humanos de seu coração, quando não se abre ao amor, quando, em suma, se fecha ao Mistério último que nós crentes chamamos "Deus", a pessoa se separa da vida, se fecha à graça e tapa as fontes que a poderiam fazer viver.

SAIR DO ISOLAMENTO

A solidão se transformou numa das pragas mais graves de nossa sociedade. Os homens constroem pontes e autoestradas para comunicar-se com maior rapidez. Lançam satélites para transmitir todo tipo de ondas entre os continentes. Desenvolve-se a telefonia móvel e a comunicação pela internet. Mas muitas pessoas estão cada vez mais sozinhas.

O contato humano esfriou em muitos âmbitos de nossa sociedade. As pessoas quase não se sentem responsáveis pelos outros. Cada um vive fechado em seu mundo. Não é fácil o prazer da verdadeira amizade.

Há os que perderam a capacidade de chegar a um encontro caloroso, cordial, sincero. Já não são capazes de acolher e amar sinceramente a ninguém, e não se sentem compreendidos nem amados por ninguém. Relacionam-se cada dia com muitas pessoas, mas na realidade não se encontram com ninguém. Vivem com o coração bloqueado. Fechados a Deus e fechados aos demais.

De acordo com o relato evangélico, para libertar o surdo-mudo de sua enfermidade, Jesus lhe pede sua colaboração: "Abre-te". Não é este o convite que precisamos ouvir também hoje para resgatar nosso coração do isolamento?

Sem dúvida, as causas desta falta de comunicação são muito diversas; mas, com frequência, têm sua raiz em nosso pecado. Quando agimos egoisticamente, nos afastamos dos outros, nos separamos da vida e nos fechamos em nós mesmos. Querendo defender nossa própria liberdade e independência, corremos o risco de viver cada vez mais sozinhos.

Sem dúvida, é bom aprender novas técnicas de comunicação, mas precisamos aprender, antes de mais nada, a abrir-nos à amizade e ao amor verdadeiro. O egoísmo, a desconfiança e a falta de solidariedade são também hoje o que mais nos separa e isola uns dos outros. Por isso, a conversão ao amor é caminho indispensável para escapar da solidão. Quem se abre ao amor ao Pai e aos irmãos não está só. Vive de maneira solidária.

CHAMADO À COMUNICAÇÃO

Existem muitos tipos de solidão. Alguns vivem forçosamente sozinhos. Outros buscam a solidão porque desejam "independência" e não querem estar "amarrados" por nada nem por ninguém. Outros se sentem marginalizados, não têm a quem confiar sua vida, ninguém espera nada deles. Alguns vivem em companhia de muitas pessoas, mas se sentem sozinhos e incompreendidos. Ouros vivem metidos em mil atividades, sem tempo para experimentar a solidão em que se encontram.

Mas a solidão mais profunda ocorre quando falta a comunicação: quando a pessoa já não consegue comunicar-se; quando quase nada une uma família; quando as pessoas só se falam superficialmente; quando o indivíduo se isola e evita todo encontro verdadeiro com os outros.

A falta de comunicação pode dever-se a muitas causas. Mas existe, sobretudo, uma atitude que impede pela raiz toda comunicação, porque mergulha a pessoa no isolamento. É o medo de confiar nos outros, o retraimento, o ir-se distanciando pouco a pouco dos demais para fechar-se em si mesmo.

Este retraimento impede o crescimento. A pessoa "se afasta" da vida. Vive como que "encolhida". Não toma parte na vida porque se nega à comunicação. Seu ser fica como que congelado, sem expandir-se, sem desenvolver suas verdadeiras possibilidades.

A pessoa retraída não consegue aprofundar-se na vida, não consegue tampouco saboreá-la. Não conhece o prazer do encontro nem o desfrute compartilhado. Tenta "fazer sua vida", uma vida que nem é sua nem é vida.

Quanto mais fomenta a solidão, a pessoa vai se isolando em níveis cada vez mais profundos, incapacitando-se interiormente para todo encontro. Chega um momento em que não consegue comunicar-se consigo mesma nem com Deus. Não tem acesso a seu mundo interior, nem sabe abrir-se confiantemente ao amor. Sua vida se povoa de fantasmas e problemas irreais.

158

A fé cristã está sempre chamada à comunicação e à abertura. O retraimento e a incomunicação impedem seu crescimento. É significativa a insistência dos evangelhos em destacar a atividade curadora de Jesus, que fazia "os surdos ouvir e os mudos falar", abrindo as pessoas à comunicação fraterna e à confiança no Pai de todos.

O primeiro passo que precisamos dar para reavivar nossa vida e despertar nossa fé é abrir-nos com mais confiança a Deus e aos outros. Ouvir interiormente as palavras de Jesus ao surdo-mudo: "*Effatá*", isto é: "Abre-te".

19
QUEM DIZEIS QUE EU SOU?

Naquele tempo, Jesus e seus discípulos dirigiram-se às aldeias de Cesareia de Filipe. Pelo caminho ele perguntou a seus discípulos:
– Quem dizem as pessoas que eu sou?
Eles lhe responderam:
– Alguns dizem que és João Batista; outros, que és Elias; e outros, ainda, que és um dos profetas.
Jesus lhes perguntou:
– E vós, quem dizeis que eu sou?
Pedro respondeu:
– Tu és o Messias.
Ele proibiu-lhes terminantemente de falar a alguém a seu respeito. E começou a ensinar-lhes:
– O Filho do homem precisa sofrer muito, ser condenado pelos anciãos, pelos sumos sacerdotes e pelos escribas, ser executado e ressuscitar depois de três dias.
E falava isto abertamente. Então Pedro levou-o para um lado e se pôs a repreendê-lo. Mas Jesus voltou-se e, de frente para os discípulos, repreendeu a Pedro, dizendo:
– Afasta-te de mim, Satanás! Tu pensas como os homens, não como Deus.
Depois chamou a multidão e seus discípulos e lhes disse:
– Quem quiser vir após mim, negue-se a si mesmo, carregue sua cruz e me siga. Pois quem quer salvar a sua vida, vai perdê-la; mas quem perder sua vida por causa de mim e do evangelho, há de salvá-la (Mc 8,27-35).

QUESTÃO VITAL

O episódio ocupa um lugar central e decisivo no evangelho de Marcos. Os discípulos já estão convivendo com Jesus há algum tempo. Chegou o momento em que precisam se pronunciar com clareza. A quem estão seguindo? O que é que descobrem em Jesus? O que captam em sua vida, em sua mensagem e em seu projeto?

Provavelmente, desde que se uniram a ele vivem interrogando-se sobre sua identidade. O que mais os surpreende é a autoridade com que ele fala, a força com que cura os enfermos e o amor com que oferece o perdão de Deus aos pecadores. Quem é este homem, em quem sentem a Deus tão presente e próximo, como Amigo da vida e do perdão?

Entre as pessoas que não conviveram com ele, corre todo tipo de boatos, mas o que interessa a Jesus é a posição de seus discípulos: "E vós, quem dizeis que eu sou?" Não basta que haja entre eles opiniões diferentes mais ou menos acertadas. É necessário que os que se comprometeram com sua causa reconheçam o mistério que se encerra nele. Se não for assim, quem manterá viva sua mensagem? O que será de seu projeto do reino de Deus? Em que terminará aquele grupo que ele está procurando pôr em movimento?

A questão é vital para seus discípulos. Afeta-os radicalmente. Não é possível seguir Jesus de maneira inconsciente e superficial. Eles precisam conhecê-lo cada vez mais profundamente. Pedro, recolhendo as experiências que viveram junto com ele até esse momento, lhe responde em nome de todos: "Tu és o Messias".

A confissão de Pedro ainda é limitada. Os discípulos ainda não conhecem a crucifixão de Jesus nas mãos de seus adversários. Não podem nem suspeitar que ele será ressuscitado pelo Pai como Filho amado. Não conhecem ainda experiências que lhes permitirão captar melhor o que se encerra em Jesus. Só seguindo-o de perto é que irão descobrindo-o com fé crescente.

Para os cristãos é vital reconhecer e confessar cada vez mais profundamente o mistério de Jesus, o Cristo. Se ignora a Cristo, a Igreja vive ignorando-se a si mesma. Se não o conhece, não pode conhecer o mais essencial e decisivo de sua tarefa e missão. Mas, para conhecer e confessar Jesus Cristo, não basta encher nossa boca com títulos cristológicos admiráveis. É necessário segui-lo de perto e colaborar com ele dia a dia. É esta a principal tarefa que precisamos promover nos grupos e comunidades cristãs.

QUEM É JESUS PARA NÓS?

De acordo com o evangelho, Jesus dirigiu a pergunta a seus discípulos enquanto percorria as aldeias de Cesareia de Filipe; mas, depois de vinte séculos, ele continua nos interpelando a todos nós que nos dizemos cristãos: "E vós, quem dizeis que eu sou?"

Na realidade, quem é Jesus para nós? Sua pessoa nos chegou através de imagens, fórmulas, devoções, explicações teológicas e interpretações culturais que vão revelando, e às vezes também velando, seu mistério.

Para responder à pergunta de Jesus podemos recorrer ao que disseram os Concílios, ouvir o Magistério da Igreja, ler as elaborações dos teólogos ou repetir coisas que ouvimos de outros, mas não se está pedindo de nós uma resposta mais pessoal e comprometida?

Afirmamos rapidamente que "Jesus é Deus", mas depois não sabemos o que fazer com sua "divindade". Amamos Jesus acima de todas as coisas ou nosso coração está ocupado por outros deuses nos quais buscamos segurança, bem-estar ou prestígio? Para que serve confessar a "divindade" de Jesus, se depois ele não significa quase nada em nossas vidas?

Dizemos também que "Jesus é o Senhor", mas é ele quem dirige nossa vida? Dobramos distraidamente o joelho ao passar diante do sacrário, mas lhe entregamos alguma vez nosso ser? De que nos serve chamá-lo tantas vezes "Senhor, Senhor", se não nos preocupamos em seguir seus passos?

Confessamos que "Jesus é o Cristo", ou seja, o Messias enviado por Deus para salvar o ser humano, mas o que fazemos para construir um mundo mais humano seguindo seus passos? Chamamo-nos "cristãos" ou "messianistas", mas o que fazemos para semear liberdade, dignidade e esperança para os últimos da Terra?

Proclamamos que "Jesus é a Palavra de Deus feita carne", ou seja, Deus falando-nos nos gestos, nas palavras e na vida inteira de Jesus. Se é assim, por que dedicamos tão pouco tempo a ler, meditar e praticar o evangelho? Por que ouvimos tantas mensagens, instruções e magistérios antes que sua palavra simples e inconfundível?

O QUE JESUS NOS PODE TRAZER?

"Quem dizeis que eu sou?" Não sei exatamente como responderão a esta pergunta os cristãos de hoje, mas talvez possamos intuir um pouco o que pode ser para nós nestes momentos se conseguirmos encontrar-nos com ele com mais profundidade e verdade.

Jesus pode nos ajudar, antes de mais nada, a conhecer-nos melhor. Seu evangelho leva a pensar e nos obriga a colocar-nos as perguntas mais importantes e decisivas da vida. Sua maneira de sentir e de viver a existência, seu modo de reagir diante do sofrimento humano, sua confiança indestrutível num Deus amigo da vida é o que a história humana produziu de melhor.

Jesus pode ensinar-nos, sobretudo, um novo estilo de vida. Quem se aproxima dele não se sente tanto atraído por uma nova doutrina quanto convidado a viver de uma maneira diferente, mais arraigado na verdade e com um horizonte mais digno e mais esperançoso.

Jesus pode nos libertar também de formas pouco sadias de viver a religião: fanatismos cegos, desvios legalistas, medos egoístas. Pode, sobretudo, introduzir em nossas vidas algo tão importante como a alegria de viver, o olhar compassivo para as pessoas, a criatividade de quem vive amando.

Jesus pode nos redimir de imagens doentias de Deus que vamos arrastando sem medir os efeitos daninhos que exercem sobre nós. Pode nos ensinar a viver Deus como uma presença próxima e amistosa, fonte inesgotável de vida e ternura. Deixar-nos conduzir por ele nos levará a encontrar-nos com um Deus diferente, maior e mais humano do que todas as nossas teorias. Isso sim. Para encontrar-nos com Jesus num nível um pouco autêntico precisamos atrever-nos a sair da inércia e do imobilismo, recuperar a liberdade interior e estar dispostos a "nascer de novo", deixando para trás a observância rotineira e tediosa de uma religião convencional.

Sei que Jesus pode ser o curador e libertador de não poucas pessoas que vivem presas na indiferença, distraídas pela vida moderna, paralisadas por uma religião vazia ou seduzidas pelo bem-estar material, mas sem caminho, sem verdade e sem vida.

O QUE SE DISSE DE JESUS

Acostumados desde crianças à sua figura, são muitos os cristãos que não suspeitam o eco que a pessoa de Jesus encontrou ao longo dos séculos no coração dos homens. Há vinte séculos, Jesus lançou uma pergunta provocadora: "Quem dizem as pessoas que eu sou?" Pensadores, poetas e cientistas de todo tipo responderam à questão de formas diferentes. É interessante conhecer alguns testemunhos.

A filósofa francesa Simone Weil expressa assim sua convicção: "Antes de ser Cristo, Jesus é a verdade. Se nos desviamos dele para ir à verdade, não andaremos um grande trecho sem cair em seus braços". Mahatma Gandhi viveu impressionado pelas bem-aventuranças: "A mensagem de Jesus, tal como a entendo, está contida no sermão da montanha. O espírito deste sermão exerce sobre mim quase o mesmo fascínio que a *Bhagavadgita*. Esse sermão é a origem de meu afeto por Jesus".

O cientista Albert Einstein avaliava assim a mensagem judeu-cristã: "Se se separam do judaísmo os profetas, e do cristianismo, tal como o ensinou Jesus Cristo, todos os acréscimos posteriores, em especial os do clero, ficaríamos com uma doutrina capaz de curar a humanidade de todos os males".

André Gide passou para a história da literatura como protótipo do renegado que rejeita seu batismo cristão. No entanto, em seus escritos podemos encontrar orações como esta: "Eu volto a ti, Senhor Jesus, como ao Deus do qual tu és forma viva. Estou cansado de mentir para o meu coração. Em todas as partes te encontro, quando acreditava fugir de ti... Sei que não existe ninguém capaz, mais do que tu, de aplacar meu coração exigente".

Para G.W.F. Hegel, "Jesus Cristo foi o eixo principal da história". F. Mauriac confessa: "Se eu não tivesse conhecido a Cristo, Deus teria sido para mim uma palavra inútil". Outros, como o poeta argentino agnóstico Jorge Luis Borges, o buscam com paixão: "Não o vejo e continuarei buscando-o até o último dia dos meus passos pela terra".

No filósofo Søren Kierkegaard podemos ler esta preciosa oração: "Senhor Jesus, tu não vieste para ser servido, nem tampouco para ser admirado ou, simplesmente, adorado. Desejaste, somente, imitadores. Por isso, desperta-nos se estamos adormecidos nesta ilusão de querer admirar-te ou adorar-te, em vez de imitar-te e parecer-nos contigo".

O QUE ALGUNS DIZEM HOJE

Também no novo milênio continua ressoando a pergunta de Jesus: "E vós, quem dizeis que eu sou?" Não é para levar a cabo uma sondagem de opinião. É uma pergunta que nos situa, a cada um de nós, num nível mais profundo: Quem é hoje Cristo para mim? Que sentido tem ele realmente em minha vida? As respostas podem ser muito diversas:

"Não me interessa. Simplesmente assim. Não me diz nada; não conto com ele; sei que há alguns aos quais continua interessando; eu me interesso por coisas mais práticas e imediatas". Cristo desapareceu do horizonte real destas pessoas.

"Não tenho tempo para isso. Já é muito para mim enfrentar os problemas de cada dia: vivo ocupado, com pouco tempo e humor para pensar em muito mais". Nestas pessoas não existe um espaço para Cristo. Não chegam a imaginar o estímulo e a força que ele poderia trazer para suas vidas.

"Resulta-me demasiadamente exigente. Não quero complicar minha vida. Torna-se incômodo para mim pensar em Cristo. E, além disso, depois vem todo esse negócio de evitar o pecado, exigir de mim uma vida virtuosa, as práticas religiosas. É demais". Estas pessoas desconhecem a Cristo; não sabem que ele poderia introduzir uma nova liberdade em sua existência.

"Sinto-o muito distante. Tudo o que se refere a Deus e à religião se me torna teórico e longínquo; são coisas das quais não se pode saber nada com segurança; além disso, o que posso fazer para conhecê-lo melhor e entender como são as coisas?" Estas pessoas precisam encontrar um caminho que as leve a uma adesão mais viva a Cristo.

Este tipo de reações não é algo "inventado": eu mesmo as escutei em mais de uma ocasião. Conheço também respostas aparentemente mais firmes: "sou agnóstico"; "adoto sempre posturas progressistas"; "só creio na ciência". Estas afirmações me soam inevitavelmente artificiais, quando não são resultado de uma busca pessoal e sincera.

Jesus continua sendo um desconhecido. Muitos já não conseguem intuir o que é entender e viver a vida a partir dele. Enquanto isso, o que estamos fazendo nós, seus seguidores? Falamos a alguém a respeito de Jesus? Tornamo-lo crível por meio de nossa vida? Deixamos de ser suas testemunhas?

20
Escutar Jesus

Naquele tempo, Jesus tomou consigo Pedro, Tiago e João e os levou para um monte alto e ali se transfigurou diante deles. Suas vestes ficaram tão brilhantes e brancas como nenhum lavadeiro do mundo as poderia branquear. Apareceram-lhes Elias e Moisés conversando com Jesus.

Então Pedro tomou a palavra e disse a Jesus:

– Mestre, como é bom estarmos aqui! Vamos levantar três tendas: uma para ti, outra para Moisés e outra para Elias.

Estavam atemorizados e ele não sabia o que estava dizendo. Formou-se uma nuvem que os cobriu. E da nuvem fez-se ouvir uma voz:

– Este é meu Filho amado: escutai-o!

De repente, olhando ao redor, não viram mais ninguém, a não ser Jesus sozinho com eles.

Quando desceram do monte, Jesus lhes ordenou:

– Não conteis a ninguém sobre o que vistes até que o Filho do homem ressuscite dos mortos.

Eles guardaram a recomendação, mas discutiam entre si sobre o que significaria "ressuscitar dos mortos" (Mc 9,2-10).

Escutar Jesus

Temos cada vez menos tempo para escutar. Não sabemos aproximar-nos, com calma e sem preconceitos, do coração do outro. Não conseguimos acolher a mensagem que todo ser humano nos pode comunicar. Fechados em nossos próprios problemas, passamos pelas pessoas quase sem deter-nos para escutar realmente alguém. Estamos esquecendo a arte de escutar.

Por isso, também não é tão estranho que nós cristãos tenhamos esquecido, em boa parte, que ser crente é viver escutando Jesus. No entanto, somente a partir desta escuta nasce a verdadeira fé cristã.

De acordo com o evangelista Marcos, quando no "monte da transfiguração" os discípulos se assustam ao sentir-se envoltos pelas sombras de uma nuvem, só escutam estas palavras: "Este é meu Filho amado: escutai-o!"

A experiência de escutar Jesus até o fundo pode ser dolorosa, mas é apaixonante. Ele não é aquele que nós havíamos imaginado a partir de nossos esquemas e tópicos. Seu mistério nos escapa. Quase sem dar-nos conta, ele nos vai arrancando de seguranças que nos são muito queridas, para atrair-nos a uma vida mais autêntica.

Encontramo-nos, por fim, com alguém que diz a verdade última. Alguém que sabe para que viver e por que morrer. Alguma coisa nos diz, a partir de dentro de nós, que ele tem razão. Em sua vida e em sua mensagem existe verdade.

Se perseverarmos numa escuta paciente e sincera, nossa vida começa a iluminar-se com uma nova luz. Começamos a ver tudo com mais clareza. Vamos descobrindo qual a maneira mais humana de enfrentar os problemas da vida e o mistério da morte. Damo-nos conta dos grandes erros que nós seres humanos podemos cometer e das grandes infidelidades dos cristãos.

Precisamos, em nossas comunidades cristãs, empenhar-nos mais na escuta fiel de Jesus. Escutar Jesus pode nos curar de cegueiras seculares, pode libertar-nos de desalentos e covardias quase inevitáveis, pode infundir novo vigor à nossa fé.

Não confundir Jesus com ninguém

De acordo com o evangelista, Jesus toma consigo Pedro, Tiago e João, leva-os para um monte à parte e ali "se transfigura diante deles". São os três discípulos que oferecem talvez maior resistência a Jesus quando lhes fala de seu destino doloroso de crucificação.

Pedro tentou, inclusive, tirar-lhe da cabeça essas ideias absurdas. Os irmãos Tiago e João andam pedindo-lhe os primeiros lugares no reino do Messias. Diante deles precisamente Jesus se transfigurará. Eles precisam disso mais do que ninguém.

A cena, recriada com diversos recursos simbólicos, é grandiosa. Jesus apresenta-se diante deles "transfigurado". Ao mesmo tempo, Elias e Moisés, que segundo a tradição foram arrebatados à morte e vivem junto a Deus, aparecem conversando com ele. Tudo convida a intuir a condição divina de Jesus, crucificado por seus adversários, mas ressuscitado por Deus.

Pedro reage com espontaneidade: "Mestre, como é bom estarmos aqui! Se quiseres, farei três tendas: uma para ti, outra para Moisés e outra para Elias". Pedro não entendeu nada. Por um lado, coloca Jesus no mesmo plano e no mesmo nível de Elias e Moisés: a cada um sua tenda. Por outro lado, continua resistindo à dureza do caminho de Jesus; quer retê-lo na glória do Tabor, longe da paixão e da cruz do Calvário.

O próprio Deus vai corrigi-lo de maneira solene: "Este é meu Filho amado". Não se deve confundi-lo com ninguém. "Escutai-o", inclusive quando vos fala de um caminho de cruz, que termina em ressurreição.

Só Jesus irradia luz. Todos os outros, profetas e mestres, teólogos e hierarcas, doutores e pregadores, temos o rosto apagado. Não devemos confundir ninguém com Jesus. Só ele é o Filho amado. Sua Palavra é a única que devemos escutar. As demais devem levar-nos a ele.

E devemos escutá-la também hoje, quando nos fala de "carregar a cruz" destes tempos. O êxito nos causa dano a nós cristãos. Levou-nos, inclusive, a pensar que era possível uma Igreja fiel a Jesus e ao seu projeto do reino sem conflitos, sem rejeição e sem cruz. Hoje se nos oferecem mais possibilidades de viver como cristãos "crucificados". Isso nos fará bem. Ajudar-nos-á a recuperar nossa identidade cristã.

NOVA IDENTIDADE CRISTÃ

Para ser cristão, o mais decisivo não é em que coisas uma pessoa crê, mas que relação ela vive com Jesus. As crenças, de modo geral, não mudam nossa vida. Alguém pode crer que Deus existe, que Jesus ressuscitou e muitas outras coisas, mas não ser um bom cristão. O que nos pode transformar é a adesão a Jesus e o contato com ele.

Nos evangelhos pode-se ler uma cena que, tradicionalmente, veio a ser chamada a "transfiguração" de Jesus. Já não é possível reconstruir a experiência histórica que deu origem ao relato. Só sabemos que era um texto muito querido entre os primeiros cristãos, porque, entre outras coisas, os animava a crer somente em Jesus.

A cena acontece num "monte alto". Jesus está acompanhado de dois personagens legendários na história judaica: Moisés, representante da Lei, e Elias, o profeta mais querido na Galileia. Só Jesus aparece com o rosto transfigurado. Do interior de uma nuvem escuta-se uma voz: "Este é meu Filho querido. Escutai-o".

O importante não é crer em Moisés nem em Elias, mas escutar Jesus e ouvir sua voz, a voz do Filho amado. O mais decisivo não é crer na tradição nem nas instituições, mas centrar nossa vida em Jesus. Viver uma relação consciente e cada vez mais comprometida com Jesus Cristo. Só então é possível escutar sua voz no meio da vida, na tradição cristã e na Igreja.

Somente esta comunhão crescente com Jesus vai transformando nossa identidade e nossos critérios, vai mudando para melhor nossa maneira de ver a vida, vai nos libertando de escravidões, vai fazendo crescer nossa responsabilidade evangélica.

A partir de Jesus podemos viver de maneira diferente. As pessoas já não são simplesmente atraentes ou desagradáveis, interessantes ou sem interesse. Os problemas não são assunto de cada um. O mundo não é um campo de batalha onde cada um se defende como pode. Começamos a sentir pena do sofrimento dos mais indefesos. Atrevemo-nos a trabalhar por um mundo um pouco mais humano. Podemos parecer-nos mais com Jesus.

O GOSTO DE CRER

Durante muitos séculos, o medo foi um dos fatores que com mais força motivaram e sustentaram a religiosidade de muitas pessoas. Mais de um aceitava a doutrina da Igreja só por medo da condenação eterna.

Hoje, porém, no contexto sociológico atual tornou-se cada vez mais difícil crer apenas por temor, por obediência à Igreja ou por seguir a tradição. Para sentir-se crente e viver a fé com verdadeira convicção é necessário ter a experiência de que a fé faz bem. Do contrário, cedo ou tarde a pessoa prescinde da religião e abandona tudo.

E é normal que seja assim. Para uma pessoa só é vital aquilo que a faz viver. A mesma coisa acontece com a fé. É algo vital quando o crente pode experimentar que essa fé o faz viver de maneira mais sadia, acertada e prazerosa.

Na realidade, vamos tornando-nos crentes na medida em que vamos experimentando que a adesão a Cristo nos faz viver com uma confiança mais plena, que nos dá luz e força para enfrentar nossa vida diária, que faz crescer nossa capacidade de amar e de alimentar uma esperança última.

Esta experiência pessoal não pode ser comunicada a outros com raciocínios e demonstrações, nem será facilmente admitida por quem não a viveu. Mas é a que sustenta secretamente a fé do crente, inclusive quando, nos momentos de escuridão, deve caminhar "sem outra luz e guia senão a que no coração ardia" (São João da Cruz).

No relato da transfiguração nos é lembrada a reação espontânea de Pedro, que, ao experimentar Jesus de maneira nova, exclama: "Como é bom estarmos aqui!" Não é de estranhar que, anos mais tarde, a primeira carta de Pedro convide seus leitores a crescer na fé "se provastes que o Senhor é bom" (1Pd 2,3).

Ch. A. Bernard chamou a atenção para a escassa consideração que a teologia contemporânea reservou ao "afeto" e ao "gosto de crer em Deus", ignorando assim uma antiga e rica tradição que chega até são Boaventura. No entanto, não devemos esquecer que cada um adere àquilo que experimenta como bom e verdadeiro, e se inclina a viver de acordo com aquilo que o faz sentir-se bem e à vontade na vida.

Uma das tarefas mais urgentes da Igreja hoje talvez seja a de despertar "o gosto de crer". Deveríamos cuidar de maneira mais afetuosa das celebrações litúrgicas, saborear melhor a Palavra de Deus, degustar com mais profundidade a eucaristia, comungar prazerosamente com Cristo, alimentar nossa paz interior no silêncio e na comunicação amorosa com Deus. Aprenderíamos a ficar bem com Deus.

FIDELIDADE A DEUS E À TERRA

Foi dito que a maior tragédia da humanidade é que "os que rezam não fazem a revolução e os que fazem a revolução não rezam". O certo é que existem pessoas que buscam a Deus sem preocupar-se em buscar um mundo melhor e mais humano. E existem pessoas que se esforçam por construir uma terra nova sem Deus.

Uns buscam a Deus sem mundo. Outros buscam o mundo sem Deus. Uns acreditam que podem ser fiéis a Deus sem preocupar-se com a terra. Outros acreditam que podem ser fiéis à terra sem abrir-se para Deus.

Em Jesus esta dissociação não é possível. Ele nunca fala de Deus sem preocupar-se com o mundo, e nunca fala do mundo sem o horizonte de Deus. Jesus fala do "reino de Deus no mundo". Nas cartas que Dietrich Bonhoeffer escreveu do cárcere descobrimos a postura verdadeira do crente: "Só pode crer no reino de Deus quem ama a terra e a Deus com o mesmo vigor".

A "cena da transfiguração" é particularmente significativa e nos revela algo que é uma constante no evangelho. "Cristo não leva o homem à fuga religiosa do mundo, mas o devolve à terra como seu filho fiel" (Jürgen Moltmann).

Jesus leva seus discípulos a um "monte alto", lugar por excelência de encontro com Deus segundo a mentalidade semita. Ali viverão uma experiência religiosa que os mergulhará no mistério de Jesus. A reação de Pedro é explicável: "Como é bom estarmos aqui! Façamos três tendas..." Pedro quer deter o tempo, instalar-se comodamente na experiência do religioso, fugir da terra.

Mas Jesus os descerá do monte para as tarefas diárias da vida. E os discípulos precisarão compreender que a abertura ao Deus transcendente não pode nunca ser fuga do mundo.

Quem se abre intensamente a Deus ama intensamente a terra. Quem se encontra com o Deus encarnado em Jesus sente com mais força a injustiça, o desamparo e a autodestruição dos homens.

O *slogan* de Taizé, que ano após ano atrai tantos jovens, está apontando para algo que todos nós precisamos descobrir hoje: "Luta e contemplação". A fidelidade à terra não nos deve afastar do mistério de Deus. A fidelidade a Deus não nos deve afastar da luta por uma terra mais justa, solidária e fraterna.

21

IMPORTANTES

Naquele tempo, Jesus ensinava aos seus discípulos e lhes dizia:
– O Filho do homem será entregue nas mãos dos homens e estes o mata-
rão; mas, três dias depois, ele ressuscitará.
Mas eles não entendiam aquilo e tinham medo de lhe perguntar. Chega-
ram a Cafarnaum. Em casa, ele perguntou-lhes:
– Sobre o que discutíeis pelo caminho?
Eles não responderam, porque pelo caminho haviam discutido quem era
o mais importante. Jesus sentou-se, chamou os Doze e lhes disse:
– Quem quiser ser o primeiro, seja o último de todos e o servo de todos.
E, tomando uma criança, colocou-a no meio deles, abraçou-a e lhes disse:
– Quem acolhe uma criança como esta em meu nome, é a mim que aco-
lhe; e quem me acolhe, não é a mim que acolhe, mas aquele que me enviou
(Mc 9,31-37).

SOBRE O QUE DISCUTIMOS PELO CAMINHO?

De acordo com o relato de Marcos, Jesus insiste por três vezes, a caminho de Jerusalém, sobre o destino que o espera. Sua entrega ao projeto de Deus não terminará no êxito triunfal que seus discípulos imaginam. No final haverá "ressurreição"; mas, embora pareça incrível, Jesus "será crucificado". Seus seguidores precisam saber disso.

No entanto, os discípulos não entendem Jesus. Têm medo até de perguntar-lhe. Continuam pensando que Jesus lhes trará glória, poder e honra. Não pensam em outra coisa. Ao chegar à sua casa de Cafarnaum, Jesus lhes faz uma única pergunta: "Sobre o que discutíeis pelo caminho?" Sobre o que falaram pelas costas, nessa conversa em que Jesus esteve ausente?

Os discípulos guardam silêncio. Sentem vergonha de dizer-lhe a verdade. Enquanto Jesus lhes fala de entrega e fidelidade, eles estão pensando em quem será o mais importante. Não acreditam na igualdade fraterna que Jesus procura. Na realidade, o que os move é a ambição e a vaidade: ser superiores aos outros.

De costas para Jesus e sem que seu Espírito esteja presente, será que não continuamos discutindo sobre coisas parecidas: Precisa a Igreja renunciar a privilégios multisseculares ou deve buscar "poder social"? A que congregações e movimentos é preciso dar mais importância e quais devem ser deixados de lado? Que teólogos merecem a honra de ser considerados "ortodoxos" e quais devem ser silenciados como marginais?

Diante do silêncio de seus discípulos, Jesus senta-se e os chama. Ele tem grande interesse em ser ouvido. O que ele vai dizer não deve ser esquecido: "Quem quiser ser o primeiro, seja o último de todos e o servo de todos". Em seu movimento não se deve olhar tanto para os que ocupam os primeiros lugares e têm renome, títulos e honras. Importantes são os que, sem pensar muito em seu prestígio ou reputação pessoal, se dedicam, sem ambições e com total liberdade, a servir, colaborar e contribuir para o projeto de Jesus. Não devemos esquecer isso: o importante não é ficar bem, mas fazer o bem seguindo a Jesus.

DUAS ATITUDES MUITO TÍPICAS DE JESUS

O grupo de Jesus atravessa a Galileia a caminho de Jerusalém. Fazem-no de maneira discreta, sem ninguém tomar conhecimento. Jesus quer dedicar-se inteiramente a instruir seus discípulos. É muito importante o que ele quer gravar em seus corações: seu caminho não é um caminho de glória, êxito e poder. É o contrário: leva à crucificação e à rejeição, embora termine em ressurreição.

Não entra na cabeça dos discípulos o que Jesus lhes diz. Eles não querem pensar na crucificação. Esta não entra em seus planos nem em suas expectativas. Enquanto Jesus lhes fala de entrega e de cruz, eles falam de suas ambições: Quem será o mais importante no grupo? Quem ocupará o posto mais elevado? Quem receberá mais honras?

Jesus "se senta". Quer ensinar-lhes algo que eles nunca deverão esquecer. Chama os Doze, os que estão mais estreitamente associados à sua missão, e os convida a se aproximarem, porque os vê muito distanciados. Para seguir seus passos e parecer-se com ele precisarão aprender duas atitudes fundamentais.

Primeira atitude: "Quem quiser ser o primeiro, seja o último de todos e o servo de todos". O discípulo de Jesus deve renunciar a ambições, dignidades, honras e vaidades. Em seu grupo ninguém deve pretender estar acima dos demais. Pelo contrário, deverá ocupar o último lugar, pôr-se no nível dos que não têm poder nem ostentam dignidade alguma. E, a partir dali, ser como Jesus: "servo de todos".

A segunda atitude é tão importante que Jesus a ilustra com um gesto simbólico afetuoso. Coloca uma criança no meio dos Doze, no centro do grupo, para que aqueles homens ambiciosos se esqueçam de honras e grandezas e fixem seus olhos nos pequenos, nos fracos, nos mais necessitados de defesa e cuidado.

Depois abraça a criança e lhes diz: "Quem acolhe uma criança como esta em meu nome, é a mim que acolhe". Quem acolhe um "pequeno" está acolhendo o "grande", o maior, Jesus. E quem acolhe Jesus está acolhendo o Pai que o enviou. Uma Igreja que acolhe os pequenos e indefesos está ensinando a acolher a Deus. Uma Igreja que olha para os grandes e se associa aos poderosos da terra está pervertendo a Boa Notícia de Deus anunciada por Jesus.

IMPORTANTES

Sem dúvida, nossos critérios não coincidem com os de Jesus. A quem de nós ocorre pensar que os homens e mulheres mais importantes são aqueles que vivem ao serviço dos outros?

Para nós, importante é o homem de prestígio, seguro de si mesmo, que alcançou o êxito em algum campo da vida, que conseguiu sobressair aos demais e ser aplaudido pelas pessoas. Estes indivíduos cujo rosto podemos ver constantemente na televisão: líderes políticos, "prêmios Nobel", cantores da moda, desportistas excepcionais... Quem pode ser mais importante do que eles?

De acordo com o critério de Jesus, simplesmente esses milhares e milhares de homens e mulheres anônimos, de rosto desconhecido, a quem ninguém prestará homenagem alguma, mas que se desvelam no serviço desinteressado aos demais. Pessoas que não vivem para seu êxito pessoal. Pessoas que não pensam só em satisfazer egoisticamente seus desejos, mas que se preocupam com a felicidade de outros.

De acordo com Jesus, existe uma grandeza na vida destas pessoas que não conseguem ser felizes sem a felicidade dos outros. Sua vida é um mistério de entrega e desinteresse. Sabem colocar sua vida à disposição de outros. Agem movidos por sua bondade. A solidariedade anima seu trabalho, suas tarefas diárias, suas relações, sua convivência.

Não vivem só para trabalhar nem para desfrutar. Sua vida não se reduz a cumprir suas obrigações profissionais ou executar diligentemente suas tarefas. Sua vida encerra algo mais. Vivem de maneira criativa. Cada pessoa que encontram em seu caminho, cada dor que percebem ao seu redor, cada problema que surge próximo a eles, é um chamado que os convida a agir, servir e ajudar.

Podem parecer os "últimos", mas sua vida é verdadeiramente grande. Todos nós sabemos que uma vida de amor e serviço desinteressado vale a pena, mesmo que não nos atrevamos a vivê-la. Talvez precisemos rezar humildemente como fazia Teilhard de Chardin: "Senhor, responderei à tua inspiração profunda que me ordena existir, tendo cuidado de não sufocar, nem desviar nem desperdiçar minha força de amar e fazer o bem".

ACOLHER A CRIANÇA EM NOME DE JESUS

As primeiras vítimas da deterioração e dos erros de uma sociedade são quase sempre os mais fracos e desamparados: as crianças. Estes seres que dependem totalmente do cuidado de seus pais ou da ajuda dos adultos. Basta abrir os olhos e observar o que acontece entre nós.

A crise da família e a instabilidade do casal estão provocando em alguns filhos efeitos difíceis de medir em toda a sua profundidade. Crianças pouco amadas, privadas do carinho e da atenção de seus pais, de olhar apagado e ânimo abalado, que se defendem como podem da dureza da vida sem saber onde encontrar refúgio seguro.

O bem-estar material maquia às vezes a situação, ocultando de maneira sutil a "solidão" da criança. Aí estão estes filhos, cheios de coisas, que recebem de seus pais todo aquilo que lhes apetece, mas que não encontram neles a atenção, o carinho e a acolhida de que necessitam para abrir-se à vida com prazer.

E os educadores? Seu trabalho não é fácil. Peças de um sistema de ensino que, de modo geral, fomenta mais a transmissão de dados do que o acompanhamento humano, correm o risco de transformar-se mais em "processadores de informação" do que em "mestres de vida". Por outro lado, muitos deles precisam enfrentar cada manhã alunos desmotivados e indolentes, sabendo que quase não encontrarão em seus pais colaboração para sua tarefa.

Não se trata de culpabilizar ninguém. É toda a sociedade que precisa tomar consciência de que um povo progride quando sabe acolher, cuidar e educar bem as novas gerações. É um erro planejar o futuro descuidando da educação integral de crianças e jovens. É necessário apoiar mais a família, valorizar melhor os educadores, saber que a tarefa mais importante para o futuro é melhorar a qualidade humana dos que um dia serão seus protagonistas.

"Quem acolhe uma criança como esta em meu nome, é a mim que acolhe." Estas palavras de Jesus, recolhidas em diversas tradições evangélicas, são um chamado à responsabilidade. Nas primeiras comunidades cristãs não se protege a criança apenas por razões jurídicas ou legais. A razão é mais profunda. Nós crentes precisamos sentir-nos responsáveis, diante do próprio Cristo, por acolher essas crianças que, sem o cuidado e a ajuda dos adultos, não poderão abrir-se a uma vida digna e feliz. A vida que Deus quer para elas.

COMO APROXIMAR-NOS DAS CRIANÇAS?

Não é nada fácil a arte de educar. As ciências da pedagogia nos falam hoje de muitos fatores que tornam esta tarefa árdua e complexa. Mas a primeira dificuldade talvez seja a de encontrar-nos realmente com a criança.

Não é fácil para um homem ou uma mulher, integrados numa sociedade como a nossa, aproximar-se de verdade das crianças. Os olhares e os gestos espontâneos das crianças nos desarmam. Não podemos falar-lhes de nossos lucros nem de nossas contas-correntes. Elas não entendem nossos cálculos e nossas hipocrisias. Para aproximar-nos delas teríamos que voltar a apreciar as coisas simples da vida, aprender novamente a ser felizes sem possuir muitas coisas, amar com entusiasmo a vida e tudo o que está vivo.

Por isso é mais fácil tratar a criança como um pequeno computador que alimentamos de dados do que aproximar-nos dela para abrir-lhe os olhos e o coração para tudo o que é bom, belo, nobre. É mais cômodo sobrecarregá-la de atividades escolares e extraescolares do que acompanhá-la no descobrimento da vida.

Somente homens e mulheres respeitosos, que sabem escutar as perguntas importantes da criança para apresentar-lhe com humildade as próprias convicções, podem ajudá-la a crescer como pessoa. Somente educadores que sabem intuir a solidão de tantas crianças, para oferecer-lhes sua acolhida carinhosa e firme, podem despertar nelas o verdadeiro amor à vida.

Como dizia A. de Saint-Exupéry, e talvez hoje mais do que nunca, "as crianças precisam ter muita paciência com os adultos", porque elas não encontram em nós a compreensão, o respeito, a amizade e a acolhida que buscam.

Embora a sociedade não saiba valorizar e agradecer devidamente a tarefa silenciosa de tantos educadores que desgastam sua vida, suas forças e seus nervos junto às crianças, eles precisam saber que seu trabalho, quando realizado responsavelmente, é um dos mais importantes para a construção de um povo. E os que o fazem a partir de uma atitude cristã devem recordar que "quem acolhe uma criança em nome de Jesus, é a Jesus que acolhe".

22
SÃO AMIGOS, NÃO ADVERSÁRIOS

Naquele tempo, João disse a Jesus:
– Mestre, vimos alguém expulsando demônios em teu nome e o proibimos, porque não é dos nossos.
Jesus respondeu:
– Não o proibais, porque alguém que faz milagres em meu nome não pode depois falar mal de mim. Quem não está contra nós está a nosso favor. E quem vos der de beber um copo de água porque seguis o Messias, asseguro-vos, não ficará sem recompensa. E quem escandalizar um destes pequeninos que creem, melhor seria se lhe atassem ao pescoço uma pedra de moinho e o lançassem ao mar. Se tua mão te escandalizar, corta-a: é melhor entrar na vida sem uma das mãos do que com as duas mãos ir para o abismo, para o fogo que não se apaga. E se teu pé te escandalizar, corta-o: é melhor entrar coxo na vida do que com os dois pés ser lançado ao abismo. E se teu olho te escandalizar, arranca-o: é melhor entrar zarolho no reino de Deus do que com os dois olhos ser lançado ao abismo, onde o verme não morre e o fogo não se apaga (Mc 9,38-43.45.47-48).

SÃO AMIGOS, NÃO ADVERSÁRIOS

Apesar dos esforços de Jesus por ensinar-lhes a viver como ele, ao serviço do reino de Deus, tornando a vida das pessoas mais humana, digna e feliz, os discípulos acabam não entendendo o Espírito que o anima, seu grande amor aos mais necessitados e a orientação profunda de sua vida.

O relato de Marcos é muito iluminador. Os discípulos informam Jesus de um fato que os incomodou muito. Viram um desconhecido "expulsando demônios". Ele está atuando "em nome de Jesus" e seguindo a mesma linha que ele: dedica-se a libertar as pessoas do mal que as impede de viver de maneira humana e em paz. No entanto, seu trabalho libertador não agrada aos discípulos. Eles não pensam na alegria dos que são curados por aquele homem. A atuação dele parece-lhes uma intrusão com a qual é preciso acabar.

Eles expõem a Jesus sua reação: "nós o proibimos, porque não é dos nossos". Aquele estranho não deve continuar curando porque não é membro do grupo. Os discípulos não se preocupam com a saúde das pessoas, mas com seu prestígio de grupo. Pretendem monopolizar a ação salvadora de Jesus: ninguém deve curar em seu nome se não aderir ao grupo.

Jesus reprova a atitude de seus discípulos e se coloca numa lógica radicalmente diferente. Ele vê as coisas de outra maneira. A primeira coisa e a mais importante não é o crescimento de seu pequeno grupo, mas que a salvação de Deus chegue a todo ser humano, inclusive através de pessoas que não pertencem ao grupo: "Quem não está contra nós está a nosso favor". Quem torna presente no mundo a força curadora e libertadora de Jesus está a favor de seu grupo.

Jesus rejeita a postura sectária e excludente de seus discípulos, que só pensam em seu prestígio e crescimento, e adota uma atitude aberta e inclusiva, na qual a primeira coisa a fazer é libertar o ser humano daquilo que o escraviza e destrói. É este o Espírito que deve animar sempre seus verdadeiros seguidores.

Fora da Igreja católica existe no mundo um número incontável de homens e mulheres que fazem o bem e vivem trabalhando por uma humanidade mais digna, mais justa e mais libertada. Neles está vivo o Espírito de Jesus. Precisamos vê-los como amigos e aliados, não como adversários. Eles não estão contra nós, pois estão a favor do ser humano, como Jesus estava.

São dos nossos

O evangelista Marcos descreve um episódio na qual Jesus corrige de maneira contundente uma atitude equivocada dos Doze. Não deveríamos escutar também hoje sua advertência?

Os Doze procuram impedir a atividade de um homem que "expulsa demônios", ou seja, alguém dedicado a libertar as pessoas do mal que as escraviza, devolvendo-lhes sua liberdade e dignidade. É um homem preocupado em fazer o bem às pessoas. Inclusive, atua "em nome de Jesus". Mas os Doze observam algo que, em sua opinião, é muito grave: "Não é dos nossos".

Os Doze não toleram a atividade libertadora de alguém que não está com eles. Parece-lhes inadmissível. Só através da adesão ao seu grupo deve-se levar a cabo a salvação que Jesus oferece. Não se fixam no bem que aquele homem faz. Preocupa-os o fato de esse homem não estar com eles.

Jesus, pelo contrário, reprova de maneira categórica a atitude de seus discípulos. Quem desenvolve uma atividade humanizadora já está, de alguma maneira, vinculado a Jesus e ao seu projeto de salvação. Seus seguidores não devem monopolizar a salvação de Deus.

Os Doze querem exercer um controle sobre a atividade de quem não pertence a seu grupo, porque veem nele um rival. Jesus, que só busca o bem do ser humano, vê nele um aliado e um amigo: "Quem não está contra nós está a nosso favor".

A crise pela qual passa hoje a Igreja é uma oportunidade para que nós, os seguidores de Jesus, recordemos que nossa primeira tarefa não é organizar e desenvolver com êxito nossa própria religião, mas ser fermento de uma humanidade nova.

Por isso não devemos viver receosos, condenando posições ou iniciativas que não se ajustam aos nossos desejos ou esquemas religiosos. Não é muito próprio da Igreja de Jesus estar sempre vendo inimigos por toda parte. Jesus nos convida, antes, a alegrar-nos com aquilo que pessoas e instituições alheias à Igreja possam estar fazendo para um desenvolvimento mais humano da vida. Essas pessoas e instituições "são dos nossos", porque lutam pela mesma causa: um ser humano mais digno de sua condição de filho de Deus.

LUTAMOS PELA MESMA CAUSA

Frequentemente, nós cristãos não superamos uma mentalidade de religião privilegiada, que nos impede de apreciar todo o bem que se promove em âmbitos afastados da fé. Quase inconscientemente tendemos a pensar que nós somos os únicos portadores da verdade, e que o Espírito de Deus só atua através de nós.

Uma falsa interpretação da mensagem de Jesus nos levou às vezes a identificar o reino de Deus com a Igreja. De acordo com esta concepção, o reino de Deus só se realizaria dentro da Igreja, e cresceria e se estenderia na medida em que cresce e se estende a Igreja.

E, no entanto, não é assim. O reino de Deus se estende para além da instituição eclesial. Não cresce só entre os cristãos, mas entre todos aqueles homens e mulheres de boa vontade que fazem crescer no mundo a fraternidade.

De acordo com Jesus, todo aquele que "expulsa demônios em seu nome" está evangelizando. Todo homem, grupo ou partido capaz de "expulsar demônios" de nossa sociedade e de colaborar na construção de um mundo melhor está, de alguma maneira, abrindo caminho ao reino de Deus.

É fácil que também a nós, como aos discípulos, nos pareça que eles não são dos nossos, porque não entram em nossas igrejas nem assistem aos nossos cultos. No entanto, de acordo com Jesus, "quem não está contra nós está a nosso favor".

Todos os que, de alguma maneira, lutam pela causa do homem estão conosco. "Secretamente, talvez, mas realmente, não existe um só combate

188

pela justiça – por mais equívoco que seja seu pano de fundo político – que não esteja silenciosamente em relação com o reino de Deus, embora os cristãos não o queiram saber. Onde se luta pelos humilhados, pelos esmagados, pelos fracos, pelos abandonados, ali se combate na realidade com Deus por seu reino. Quer o saibamos ou não, ele o sabe" (Georges Crespy).

Nós cristãos precisamos valorizar com prazer todos os sucessos humanos, grandes ou pequenos, e todos os triunfos da justiça alcançados no campo político, econômico ou social, por modestos que nos possam parecer.

Os políticos que lutam por uma sociedade mais justa, os jornalistas que se arriscam para defender a verdade e a liberdade, os operários que conseguem uma maior solidariedade, os educadores que se desvelam por educar para a responsabilidade, embora nem sempre pareçam ser dos nossos, "estão a nosso favor", porque estão trabalhando por um mundo mais humano.

Longe de acreditar-nos portadores únicos de salvação, nós cristãos precisamos acolher com alegria e com prazer essa corrente de salvação que abre caminho na história dos homens, não só na Igreja, mas também junto a ela e para além de suas instituições. Deus está atuando no mundo.

Fidelidade a Jesus e pluralismo

Pouco a pouco vai-se tomando consciência de que um dos fatos mais importantes e de consequências mais profundas da época moderna é, sem dúvida, o pluralismo. A cultura moderna, o desenvolvimento dos meios de comunicação e a mobilidade das pessoas fazem com que qualquer pessoa entre hoje em contato com outras culturas, religiões ou ideologias muito diferentes das suas.

O fato não é novo na história da humanidade e aconteceu com certa frequência nas grandes cidades. O novo do pluralismo moderno é a força que vai adquirindo esse fenômeno que o sociólogo norte-americano Peter

L. Berger chama de "a contaminação cognoscitiva": os diferentes estilos de vida, valores, crenças, posições religiosas e morais se misturam cada vez mais. E não só no seio da sociedade; também no interior de cada pessoa.

As pessoas reagem de diversas maneiras diante desta realidade. Muitos caem num relativismo generalizado; descobriram que sua religião ou sua moral não são as únicas possíveis e, pouco a pouco, foi se abrindo nelas a brecha da dúvida: "Onde estará a verdade?" Há os que optam então por aprofundar-se em sua própria fé para conhecê-la e fundamentá-la melhor. Mas há também os que se entregam a um relativismo total: "Não se pode saber nada com certeza", "tudo dá na mesma", "para que complicar-se mais?"

Outros, pelo contrário, se entrincheiram numa ortodoxia de gueto. Torna-se difícil para eles viver sem segurança absoluta, sobretudo no que diz respeito às questões mais vitais da existência. Por isso, quando numa sociedade cresce o relativismo, é normal que o absolutismo e o integrismo doutrinal adquiram um forte atrativo para alguns. É preciso defender a própria ortodoxia e combater os erros: "Fora de nosso grupo não há nada de bom nem verdadeiro". Naturalmente, não penso apenas em "ortodoxias" de caráter religioso; existem também as de ordem política ou ideológica.

Não é fácil viver hoje com honestidade as próprias convicções numa sociedade que parece tolerar tudo, mas na qual, ao mesmo tempo, os fanatismos voltam a ganhar tanta força. Nós cristãos precisaremos aprender a viver nossa própria fé sem dissolvê-la levianamente em falsos relativismos e sem fechar-nos cegamente em fanatismos que pouco têm a ver com o espírito de Jesus.

Sempre é possível a fidelidade a Jesus e ao seu projeto, e a abertura honesta a tudo de bom e positivo que se encontra fora do cristianismo. É esta a lição que nos chega desse Jesus que, em certa ocasião, corrige seus discípulos quando rejeitam um homem que "expulsa demônios" só porque, conforme dizem, "não é dos nossos". A mensagem de Jesus é clara: aquele que faz o bem, mesmo que não seja dos nossos, está a nosso favor.

Uma linguagem dura

Para Jesus, a primeira coisa a fazer dentro do grupo de seus seguidores é esquecer-se dos próprios interesses e pôr-se a servir, colaborando juntos em seu projeto de fazer um mundo mais humano. Não é fácil. Às vezes, em vez de ajudar outros crentes, podemos causar-lhes dano.

É o que preocupa Jesus. Que entre os seus haja quem "escandalize um destes pequeninos que creem". Que entre os cristãos haja pessoas que, com sua maneira de agir, causem dano a crentes mais fracos e os desviem da mensagem e do projeto de Jesus. Isso seria desvirtuar seu movimento.

Jesus emprega imagens extremamente duras para que cada um extirpe de sua vida aquilo que se opõe à sua maneira de entender e de viver a existência. Está em jogo "entrar no reino de Deus" ou ficar excluído, "entrar na vida" ou terminar longe dela.

A linguagem de Jesus é metafórica. A "mão" é símbolo da atividade e do trabalho. Jesus emprega suas mãos para abençoar, curar e tocar os excluídos. É mau usá-las para ferir, golpear, submeter ou humilhar. "Se tua mão te escandalizar, corta-a" e renuncia a agir contra o estilo de Jesus.

Também os "pés" podem causar dano se nos levam por caminhos contrários à entrega e ao serviço. Jesus caminha para estar próximo dos mais necessitados e para buscar os que vivem perdidos. "Se teu pé te escandalizar, corta-o" e abandona caminhos errados que não ajudam ninguém a seguir Jesus.

Os "olhos" representam os desejos e aspirações da pessoa. Se não olhamos as pessoas com o amor e a ternura com que Jesus as olhava, terminaremos pensando só em nosso próprio interesse. "Se teu olho te escandalizar, arranca-o" e aprende a olhar a vida de maneira mais evangélica.

Como ocorreu a Jesus esta figura trágica, e ao mesmo tempo cômica, de um homem sem uma das mãos, coxo e zarolho entrar na plenitude da vida? O que sentiram as pessoas ao ouvi-lo falar assim? Como podemos reagir nós? Por mais dolorosas que sejam, se os cristãos não fizerem opções que assegurem a fidelidade a Jesus, seu projeto não abrirá caminho no mundo.

23

MATRIMÔNIOS DESFEITOS

Naquele tempo, alguns fariseus se aproximaram e perguntaram a Jesus para pô-lo à prova:

– É lícito a um homem repudiar sua mulher?

Ele lhes respondeu:

– O que vos ordenou Moisés?

Eles disseram:

– Moisés permitiu escrever uma carta de divórcio e repudiar a mulher.

Jesus lhes disse:

– Foi por causa da dureza do vosso coração que Moisés vos deixou escrito este preceito. Mas no princípio da criação, Deus os criou homem e mulher. Por isso, o homem abandonará seu pai e sua mãe, unir-se-á à sua mulher e serão os dois uma só carne. De modo que já não são dois, mas uma só carne. O que Deus uniu o homem não separe.

Em casa, os discípulos voltaram a perguntar-lhe sobre o mesmo assunto. Ele lhes disse:

– Se alguém repudiar sua mulher e se casar com outra, comete adultério contra a primeira. E se ela repudiar seu marido e se casar com outro, comete adultério.

Alguns traziam crianças para que ele as tocasse, mas os discípulos os repreendiam. Ao ver isso, Jesus se aborreceu e lhes disse:

– Deixai que as crianças se aproximem de mim; não as impeçais, pois o reino dos céus é dos que são como elas. Eu os asseguro: quem não receber o reino de Deus como uma criança, não entrará nele.

E as abraçava e abençoava, impondo as mãos sobre elas (Mc 10,2-16).

EM DEFESA DA MULHER

O que mais causava sofrimento às mulheres na Galileia dos anos 30 do século I era sua submissão total ao varão dentro da família patriarcal. O esposo podia até repudiar sua mulher a qualquer momento, abandonando-a à sua sorte. Este direito baseava-se, de acordo com a tradição judaica, nada menos que na lei de Deus.

Os mestres discutiam sobre os motivos que podiam justificar a decisão do esposo. De acordo com os seguidores de Shammai, só se podia repudiar a mulher em caso de adultério; de acordo com Hillel, bastava que a mulher fizesse qualquer coisa "desagradável" aos olhos de seu marido. Enquanto os doutos varões discutiam, as mulheres não podiam levantar sua voz para defender seus direitos.

Em algum momento, a formulação do problema chegou até Jesus: "Pode o homem repudiar sua esposa?" A resposta de Jesus desconcertou a todos. As mulheres nem podiam acreditar. De acordo com Jesus, se o repúdio está na lei, é por causa da "dureza de coração" dos varões e de sua mentalidade machista, mas o projeto original de Deus não foi o de um matrimônio "patriarcal" dominado pelo varão.

Deus criou o varão e a mulher para serem "uma só carne". Os dois são chamados a compartilhar seu amor, sua intimidade e sua vida inteira, com igual dignidade e em comunhão total. Daí a exclamação de Jesus: "O que Deus uniu o homem não separe" com sua atitude machista.

Deus quer uma vida mais digna, segura e estável para essas esposas submetidas e maltratadas pelo varão nos lares da Galileia. Ele não pode abençoar uma estrutura que produza superioridade do varão e submissão da mulher. Depois de Jesus, nenhum cristão poderá legitimar com o evangelho nada que promova discriminação, exclusão ou submissão da mulher.

Na mensagem de Jesus há uma pregação dirigida exclusivamente aos varões, para que renunciem à sua "dureza de coração" e promovam relações mais justas e igualitárias entre varão e mulher. Onde se ouve hoje esta mensagem? Quando a Igreja chama os varões a esta conversão? O que estamos fazendo nós, seguidores de Jesus, para rever e mudar comportamentos, hábitos, costumes e leis que vão claramente contra a vontade original de Deus ao criar o varão e a mulher?

ANTES DE SEPARAR-SE

Hoje se fala cada vez menos de fidelidade. Basta escutar certas conversas para constatar um clima muito diferente: "Passamos as férias cada um por sua conta", "meu esposo tem um caso, custou-me aceitá-lo, mas o que podia fazer?", "é que sozinha com meu marido fico entediada".

Alguns casais pensam que o amor é algo espontâneo. Se brota e permanece vivo, tudo vai bem. Se esfria e desaparece, a convivência se torna insuportável. Então o melhor é separar-se "de maneira civilizada".

Nem todos reagem assim. Existem casais que se dão conta de que já não se amam, mas continuam juntos, sem poder explicar exatamente por quê. Só se perguntam até quando poderá durar essa situação.

Existem também os que encontraram um amor fora de seu matrimônio e se sentem tão atraídos por essa nova relação que não querem renunciar a ela. Não querem perder nada, nem seu matrimônio nem esse amor extramatrimonial.

As situações são muitas e, frequentemente, muito dolorosas. Mulheres que choram em segredo seu abandono e humilhação. Esposos que se entediam numa relação insuportável. Crianças tristes que sofrem a falta de amor de seus pais.

Estes casais não precisam de uma "receita" para sair de sua situação. Seria demasiado fácil. A primeira coisa que podemos lhes oferecer é respeito, escuta discreta, encorajamento para viver e, talvez, uma palavra lúcida de orientação. No entanto, pode ser oportuno recordar alguns passos fundamentais que sempre é necessário dar.

195

O primeiro é não renunciar ao diálogo. É preciso esclarecer a relação. Expor com sinceridade o que cada um sente e vive. Procurar entender o que se oculta por trás desse mal-estar crescente. Descobrir o que não funciona. Dar nome a tantas afrontas mútuas que foram se acumulando sem nunca serem elucidadas.

Mas o diálogo não basta. Certas crises não se resolvem sem generosidade e espírito de nobreza. Se cada um se fecha numa postura de egoísmo mesquinho, o conflito se agrava, os ânimos se crispam e o que um dia foi amor pode transformar-se em ódio secreto e mútua agressividade.

É preciso recordar também que o amor se vive na vida ordinária e repetida do cotidiano. Cada dia vivido juntos, cada alegria e cada sofrimento compartilhados, cada problema vivido como casal, dão consistência real ao amor.

A frase de Jesus: "O que Deus uniu o homem não separe" tem suas exigências muito antes de chegar a ruptura, porque os casais vão se separando pouco a pouco, na vida de cada dia.

SEPARADOS, MAS PAIS

Durante estes anos pude compartilhar de perto o duro caminho da separação de esposos e esposas que um dia se amaram de verdade. Eu os vi sofrer, duvidar e também lutar por um amor já desaparecido. Eu os vi suportar as censuras, a incompreensão e o distanciamento de pessoas que pareciam seus amigos. Junto a eles vi também seus filhos sofrerem.

Não é totalmente certo que a separação dos pais cause um trauma irreversível nos filhos. O que lhes causa dano é a falta de amor, a agressividade ou o medo que, às vezes, acompanha uma separação quando realizada de forma pouco humana.

Nunca se deveria esquecer que os que se separam são os pais, não os filhos. Estes têm direito a continuar desfrutando seu pai e sua mãe, juntos ou separados, e não há razão para sofrerem sua agressividade nem ser testemunhas de suas disputas e litígios.

Por isso mesmo não devem ser coagidos a tomar partido por um ou por outro. Eles têm direito a que seus pais mantenham diante deles uma postura digna e de mútuo respeito, sem denegrir nunca a imagem do outro; a que não os utilizem como "arma de ataque" em seus enfrentamentos.

Por outro lado, é mesquinho chantagear os filhos com presentes ou condutas permissivas, para conquistar seu carinho. Pelo contrário, quem busca realmente o bem da criança facilita-lhe o encontro e a comunicação com o pai ou a mãe que já não vive com ela.

Além disso, os filhos têm direito a que seus pais se reúnam para tratar de temas relativos à sua educação e saúde, ou para tomar decisões sobre aspectos importantes para sua vida. O casal não deve esquecer que, mesmo estando separados, continuam sendo pai e mãe de filhos que precisam deles.

Conheço os esforços que não poucos casais separados fazem para que seus filhos sofram o menos possível as consequências dolorosas da separação. Nem sempre é fácil, nem para quem fica com a custódia dos filhos (como é extenuante ocupar-se sozinho do cuidado deles) nem para quem precisa doravante viver separado deles (como é duro sentir sua falta). Esses pais precisam, em mais de uma ocasião, de apoio, companhia ou ajuda que nem sempre encontram em seu ambiente, em sua família, entre seus amigos ou na comunidade cristã.

DIANTE DOS DIVORCIADOS

Nós cristãos não podemos fechar os olhos diante de um fato profundamente doloroso. Em geral, os divorciados não se sentem compreendidos pela Igreja nem pelas comunidades cristãs. A maioria só recebe uma dureza disciplinar que não chegam a entender. Abandonados aos seus problemas e sem a ajuda de que precisariam, não encontram na Igreja um lugar para eles.

Não se trata de pôr em discussão a visão cristã do matrimônio, mas de ser fiéis a esse Jesus que, ao mesmo tempo em que defende o matrimônio, se aproxima de todo homem ou mulher oferecendo sua compreensão e sua graça precisamente aos que delas mais precisam. É este o desafio. Como mostrar aos divorciados a misericórdia infinita de Deus para com todo ser humano? Como estar junto deles de maneira evangélica?

Antes de mais nada, precisamos recordar que os divorciados que voltaram a casar no civil continuam sendo membros da Igreja. Não estão excomungados; não foram expulsos da Igreja. Fazem parte da comunidade e devem encontrar nos cristãos a solidariedade e compreensão de que necessitam para viver sua difícil situação de maneira humana e cristã.

Se a Igreja lhes retira o direito de receber a comunhão é porque "seu estado e condição de vida contradizem objetivamente a união de amor entre Cristo e a Igreja, significada e atualizada na eucaristia" (João Paulo II). Mas isto não autoriza ninguém a condená-los como pessoas excluídas da salvação nem a adotar uma postura de rejeição ou marginalização.

Ao contrário, o mesmo João Paulo II exorta os responsáveis da comunidade cristã "a que ajudem os divorciados cuidando, com caridade solícita, que não se sintam separados da Igreja, pois podem e inclusive devem, enquanto batizados, tomar parte em sua vida" (*Familiaris Consortio*, n. 84). Como todos os demais cristãos, também eles têm direito a ouvir a Palavra de Deus, a participar da assembleia eucarística, a colaborar em diferentes obras e iniciativas da comunidade e receber a ajuda de que necessitam para viver sua fé e para educar seus filhos.

É injusto que uma compreensão estreita da disciplina da Igreja e um rigorismo que pouco tem a ver com o Espírito de Jesus nos levem a marginalizar e abandonar inclusive pessoas que se esforçaram sinceramente por salvar seu primeiro matrimônio, que não têm forças para enfrentar seu futuro sozinhas, que vivem fielmente seu matrimônio civil, que não podem refazer de maneira alguma seu matrimônio anterior ou que têm novas obrigações morais adquiridas em sua atual situação.

Seja como for, a vocês divorciados que se sentem crentes só lhes quero recordar uma coisa: Deus é infinitamente maior, mais compreensivo e mais amigo do que tudo o que puderem ver em nós, os cristãos, ou nos homens de Igreja. Deus é Deus. Quando nós não compreendemos vocês, ele os compreende. Confiem sempre nele.

DIANTE DOS MATRIMÔNIOS DESFEITOS

É cada vez maior o número de crentes que, de uma maneira ou de outra, se fazem hoje a pergunta: Que atitude adotar diante de tantos homens e mulheres, muitas vezes amigos e familiares nossos, que romperam sua primeira união matrimonial e vivem atualmente numa nova situação considerada irregular pela Igreja?

Não se trata de rejeitar nem de discutir a doutrina da Igreja, mas de ver qual deve ser nossa postura verdadeiramente cristã diante destes casais unidos por um vínculo que a Igreja não aceita como sacramento.

São muitos os cristãos que, por um lado, desejam defender lealmente a visão cristã do matrimônio, mas, por outro, intuem que o evangelho lhes pede que adotem diante destes casais uma atitude que não pode reduzir-se a uma condenação.

Antes de mais nada, precisamos entender com mais serenidade a posição da Igreja diante do divórcio e ver com espírito evangélico que a defesa de sua doutrina sobre o matrimônio não deve impedir nunca uma postura de compreensão, acolhida e ajuda.

Quando a Igreja defende a indissolubilidade do matrimônio e proíbe o divórcio, ela quer fundamentalmente dizer que, embora alguns esposos tenham encontrado numa segunda união um amor estável, fiel e fecundo, este novo amor não pode ser recebido na comunidade cristã como sinal e sacramento do amor indefectível de Cristo aos homens.

Mas isto não significa que devamos necessariamente considerar como negativo tudo o que os divorciados vivem nessa união não sacramental, sem podermos encontrar nada de positivo ou evangélico em suas vidas. Em muitos deles existe amor autêntico, fidelidade, entrega generosa a seus filhos, preocupação por sua educação.

Nós cristãos não podemos rejeitar nem marginalizar esses casais, muitas vezes vítimas de situações extremamente dolorosas, que estão sofrendo ou sofreram um das experiências mais amargas que podem acontecer: a destruição de um amor que realmente existiu.

Quem somos nós para considerá-los indignos de nossa acolhida e de nossa compreensão? Podemos adotar uma postura de rejeição contra aqueles que, depois de uma trajetória difícil e complexa, se encontram hoje numa situação da qual dificilmente podem sair sem grave dano para outra pessoa e para alguns filhos?

As palavras de Jesus: "O que Deus uniu o homem não separe" nos convidam a defender a exigência de fidelidade que se encerra no matrimônio. Mas estas mesmas palavras não nos convidam também, de alguma maneira, a não introduzir uma separação e uma marginalização desses irmãos e irmãs que sofrem as consequências de seu fracasso matrimonial?

24

UMA COISA NOS FALTA

Naquele tempo, quando Jesus se pôs novamente a caminho, alguém se aproximou correndo, ajoelhou-se diante dele e perguntou:

– Bom Mestre, o que farei para herdar a vida eterna?

Jesus lhe respondeu:

– Por que me chamas de bom? Ninguém é bom a não ser Deus. Já conheces os mandamentos: Não matarás, não cometerás adultério, não roubarás, não darás testemunho falso, não defraudarás ninguém, honra teu pai e tua mãe.

Ele replicou:

– Mestre, tudo isto eu tenho cumprido desde a minha juventude.

Jesus continuou olhando para ele com amor e lhe disse:

– Uma coisa te falta: vai, vende o que tens, dá o dinheiro aos pobres – assim terás um tesouro no céu – e depois vem e segue-me.

Mas, a estas palavras, ele franziu a testa e foi embora triste, porque era muito rico. Jesus, olhando ao redor, disse aos seus discípulos:

– Meus filhos, como é difícil, para os que confiam nas riquezas, entrar no reino de Deus! É mais fácil um camelo passar pelo buraco de uma agulha do que um rico entrar no reino de Deus.

Eles ficaram ainda mais admirados e comentavam entre si:

– Então, quem pode salvar-se?

Jesus olhou para eles e lhes disse:

– Isto é impossível para os homens, mas não para Deus. Para Deus tudo é possível (Mc 10,17-27).

UMA COISA NOS FALTA

O episódio é narrado com intensidade especial. Jesus põe-se a caminho para Jerusalém; mas, antes de afastar-se daquele lugar, chega "correndo" um desconhecido que "cai de joelhos" diante dele para retê-lo. Precisa urgentemente de Jesus.

Não é um doente que pede para ser curado. Não é um leproso que, lançando-se ao solo, implora compaixão. Seu pedido é de outra ordem. O que ele procura naquele mestre bom é luz para orientar sua vida: "O que farei para herdar a vida eterna?" Não é uma questão teórica, mas existencial. Ele não fala em geral; quer saber o que deverá fazer pessoalmente.

Antes de mais nada, Jesus lhe recorda que "ninguém é bom a não ser Deus". Antes de expor-nos o que é preciso "fazer", precisamos saber que vivemos diante de um Deus bom como ninguém: em sua bondade insondável precisamos apoiar nossa vida. Depois Jesus lhe recorda os "mandamentos" desse Deus bom. De acordo com a tradição bíblica, é esse o caminho para a vida eterna.

A resposta do homem é admirável. Tudo isso ele o tem cumprido desde pequeno, mas sente dentro de si uma aspiração mais profunda. Está buscando algo mais. "Jesus continuou olhando para ele com amor." Seu olhar já está expressando a relação pessoal que quer estabelecer com ele.

Jesus entende muito bem a insatisfação deste homem: "Uma coisa te falta". Seguindo esta lógica de "fazer" o que é mandado para "possuir" a vida eterna, embora viva de maneira irrepreensível, ele não ficará plenamente satisfeito. No ser humano existe uma aspiração mais profunda.

Por isso Jesus o convida a orientar sua vida a partir de uma lógica nova. A primeira coisa a fazer é não viver agarrado às suas posses ("vende o que tens"). A segunda é ajudar os pobres ("dá-lhes teu dinheiro"). Por último, "vem e segue-me". Os dois poderão percorrer juntos o caminho para o reino de Deus.

O homem se levanta e se afasta de Jesus. Esquece seu olhar cheio de amor e vai embora triste. Sabe que nunca poderá conhecer a alegria e a liberdade dos que seguem a Jesus. Marcos nos explica que ele "era muito rico".

Não é esta a nossa experiência de cristãos satisfeitos dos países ricos? Não vivemos presos ao bem-estar material? Não falta à nossa religião o amor prático aos pobres? Não nos falta a alegria e a liberdade dos seguidores de Jesus?

CRISTÃOS TRISTES

Um homem se aproxima de Jesus. É rico: não tem problemas materiais. É bom: sua consciência não o acusa de nada. No entanto, vê-se que está agitado. Vem "correndo", impelido por sua inquietude. "Ajoelha-se" diante de Jesus como último recurso e lhe faz uma única pergunta: O que eu tenho que fazer para evitar que minha morte seja o final de tudo?

Jesus lhe recorda os mandamentos. De acordo com a tradição judaica, são o caminho da salvação. Mas omite os que se referem a Deus: "amarás a Deus", "santificarás suas festas"... Só lhe fala dos que pedem não causar dano às pessoas: "não matarás", "não roubarás"... Depois acrescenta por sua conta algo novo: "não defraudarás", não privarás os outros do que lhes deves. Esta é a primeira coisa que Deus quer.

Ao ver que o homem cumpriu isso desde pequeno, Jesus "continua olhando para ele". O que vai lhe dizer é muito importante. Sente amor por ele. É um homem bom. Jesus o convida a segui-lo até o final: "Uma coisa te falta: vai, vende o que tens, dá o dinheiro aos pobres... e depois vem e segue-me".

A mensagem de Jesus é clara. Não basta pensar na própria salvação; é preciso pensar nas necessidades dos pobres. Não basta preocupar-se com a vida futura; é preciso preocupar-se com os que sofrem nesta vida. Não basta não causar dano aos outros; é preciso colaborar no projeto de um mundo mais justo, tal como Deus o quer.

Não é isto que nos falta a nós, cristãos do Primeiro Mundo, que desfrutamos egoisticamente nosso bem-estar material, enquanto cumprimos nossos deveres religiosos com uma consciência mais ou menos tranquila? O rico não esperava a resposta de Jesus. Buscava luz para sua inquietude religiosa, e Jesus lhe fala dos pobres. "Franze a testa e vai embora triste." Prefere o seu dinheiro; viverá sem seguir a Jesus. Não é esta a postura mais generalizada entre nós? Preferimos nosso bem-estar. Queremos ser cristãos sem "seguir" a Cristo. Sua colocação ultrapassa nossa expectativa. Põe-nos tristes porque, no fundo, desmascara nossa mentira.

A MUDANÇA FUNDAMENTAL

A mudança fundamental a que Jesus nos chama é clara. Deixar de ser egoístas que veem os outros em função de seus próprios interesses, para atrever-nos a iniciar uma vida mais fraterna e solidária. Por isso, a um homem rico que observa fielmente todos os preceitos da lei, mas que vive encerrado em sua própria riqueza, falta-lhe algo essencial para ser discípulo seu: compartilhar o que tem com os necessitados.

Existe algo muito claro no evangelho de Jesus. A vida não nos é dada para ganhar dinheiro, para ter êxito ou para conseguir bem-estar pessoal, mas para tornar-nos irmãos. Se pudéssemos ver o projeto de Deus com a transparência com que Jesus o vê e compreender com um só olhar a profundidade última da existência, nós nos daríamos conta de que a única coisa importante é criar fraternidade. O amor fraterno que nos leva a compartilhar o que é nosso com os necessitados é "a única força de crescimento", a única coisa que faz a humanidade avançar decisivamente para sua salvação.

O homem mais bem-sucedido não é, como às vezes se pensa, aquele que consegue acumular maior quantidade de dinheiro, mas aquele que sabe conviver melhor e de maneira mais fraterna. Por isso, quando alguém renuncia pouco a pouco à fraternidade e vai se fechando em suas próprias riquezas e interesses, sem resolver o problema do amor, termina fracassando como homem.

Embora viva observando fielmente certas normas de conduta religiosa, ao encontrar-se com o evangelho ele descobrirá que em sua vida não existe verdadeira alegria, e se afastará da mensagem de Jesus com a mesma tristeza daquele homem que "foi embora triste, porque era muito rico".

Com frequência, nós cristãos nos instalamos comodamente em nossa religião, sem reagir diante do chamado do evangelho e sem buscar nenhuma mudança decisiva em nossa vida. "Rebaixamos" o evangelho, acomodando-o aos nossos interesses. Mas esta religião já não pode ser fonte de alegria. Ela nos deixa tristes e sem consolo verdadeiro.

Diante do evangelho devemos perguntar-nos sinceramente se nossa maneira de ganhar e de gastar o dinheiro é a própria de quem sabe compartilhar ou a de quem busca apenas acumular. Se não sabemos dar do que é nosso ao necessitado, falta-nos algo essencial para viver com alegria cristã.

Enfermidade mal diagnosticada

A "enfermidade do dinheiro" é silenciosa. Seus sintomas manifestam uma desordem interior da pessoa, mas pouco a pouco podem arruinar a vida inteira do enfermo, roubando-lhe a alegria de viver.

Esta enfermidade vai se agravando na medida em que a pessoa vai colocando como objetivo supremo de sua vida o dinheiro e o que o dinheiro pode dar. Sem dar-se conta, o enfermo termina reduzindo sua existência a ser reconhecido e admirado por seu dinheiro, pela posição social que ocupa ou pelo nível de vida que pode permitir-se.

Então o dinheiro se transforma pouco a pouco na única coisa importante. Algo que se antepõe à ética, ao descanso, à amizade ou ao amor. E a vida termina por arruinar-se na insatisfação constante, na competitividade e na necessidade de ganhar sempre mais.

Se a pessoa não sabe deter-se, pouco a pouco irá cedendo a pequenas injustiças, depois a maiores. O que importa é ganhar a todo custo. Chega um momento em que o coração se endurece e a cobiça vai se apoderando da pessoa, embora quase sempre permaneça dissimulada sob aparências respeitáveis.

O remédio não consiste em desprezar o dinheiro, mas em saber dar-lhe seu verdadeiro valor. O dinheiro que se ganha com um trabalho honesto é bom. É necessário para viver. Mas se transforma em nocivo se domina nossa vida e nos impele a ter sempre mais, com a única finalidade de possuir e conseguir o que outros não conseguem.

Quando isto acontece, pode-se cair no vazio interior, na nostalgia de um passado no qual, com menos dinheiro, se eram mais feliz, ou no temor de um futuro que, apesar de todas as seguranças, parece sempre ameaçador.

A maneira sadia de lidar com o dinheiro é ganhá-lo de forma limpa, utilizá-lo com inteligência, fazê-lo frutificar com justiça e saber compartilhá-lo com os mais necessitados.

Entendem-se as palavras de Jesus ao rico. Aquele homem tem dinheiro, mas, ao mesmo tempo, quer viver uma vida digna. Jesus lhe diz que lhe falta uma coisa: deixar de viver acumulando e começar a compartilhar o que é seu com os necessitados.

Aquele homem "franziu a testa e foi embora triste, porque era muito rico". Está demasiadamente enfermo. O dinheiro tirou-lhe a liberdade para iniciar uma vida mais sadia. Contra o que costumamos pensar, ter muito dinheiro não é uma sorte, mas um problema, porque facilmente fecha a passagem para uma vida mais humana.

UM DINHEIRO QUE NÃO É NOSSO

Em nossas igrejas pede-se dinheiro para os necessitados, mas já não se expõe a doutrina cristã sobre o dinheiro pregada energicamente por teólogos e pregadores como Ambrósio de Milão, Agostinho de Hipona ou Bernardo de Claraval.

Uma pergunta aparece constantemente em seus lábios. Se todos somos irmãos e a terra é um presente de Deus para toda a humanidade, com que direito podemos continuar acumulando aquilo de que não necessitamos, se com isso estamos privando a outros daquilo de que necessitam para viver? Não se deveria, antes, afirmar que aquilo que sobra ao rico pertence ao pobre?

Não devemos esquecer que possuir algo significa sempre excluir daquilo os outros. Com a "propriedade privada" estamos sempre "privando" outras pessoas daquilo que nós desfrutamos.

Por isso, quando damos algo nosso aos pobres, na realidade talvez estejamos restituindo o que não nos corresponde totalmente. Ouçamos estas palavras de santo Ambrósio: "Não dás ao pobre do que é teu, mas lhe devolves o que é dele. Porque o que é comum é de todos, não só dos ricos... Pagas, portanto, uma dívida; não dás gratuitamente o que não deves".

Naturalmente, tudo isso pode parecer idealismo ingênuo e inútil. As leis protegem de maneira inflexível a propriedade privada dos privilegiados, embora na sociedade haja pobres que vivem na miséria. São Bernardo reagia assim em seu tempo: "Continuamente ditam-se leis em nossos palácios; mas são leis de Justiniano, não do Senhor".

Não nos deve causar estranheza que Jesus, ao encontrar-se com um homem rico que cumpriu desde criança todos os mandamentos, lhe diga que ainda lhe falta uma coisa para adotar uma postura autêntica de seguimento seu: deixar de acumular e começar a compartilhar o que tem com os necessitados.

O rico se afasta de Jesus cheio de tristeza. O dinheiro o empobreceu, tirou-lhe liberdade e generosidade. O dinheiro o impede de escutar o chamado de Deus a uma vida mais plena e mais humana. "Como é difícil para os ricos entrar no reino de Deus". Ter dinheiro não é uma sorte, mas um verdadeiro problema, porque o dinheiro nos impede de seguir o verdadeiro caminho para Jesus e para seu projeto do reino de Deus.

25

Não impor-se, mas servir

Naquele tempo, aproximaram-se de Jesus Tiago e João, filhos de Zebedeu, e lhe disseram:

– Mestre, queremos que nos faças o que te vamos pedir.

Ele lhes perguntou:

– O que quereis que eu vos faça?

Eles responderam:

– Concede-nos, em tua glória, sentar-nos um à tua direita e o outro à tua esquerda.

Jesus respondeu:

– Não sabeis o que pedis. Sois capazes de beber o cálice que eu beberei ou de ser batizados com o batismo com que eu serei batizado?

Eles responderam:

– Somos.

Jesus lhes disse:

– Bebereis o cálice que eu beberei e sereis batizados com o batismo com que eu serei batizado. Mas o sentar-se à minha esquerda ou à minha direita não compete a mim conceder. É daqueles para quem foi reservado.

Os outros dez, ao ouvir aquilo, indignaram-se contra Tiago e João. Jesus reuniu-os e lhes disse:

– Sabeis que os que são considerados chefes das nações as tiranizam e os grandes as oprimem. Entre vós, porém, não deve ser assim. Quem quiser ser grande seja vosso servo; e quem quiser ser primeiro seja escravo de todos. Porque o Filho do homem não veio para ser servido, mas para servir e dar sua vida em resgate por muitos (Mc 10,35-45).

ENTRE NÓS NÃO DEVE SER ASSIM

A caminho de Jerusalém, Jesus vai advertindo seus discípulos sobre o destino doloroso que o espera a ele e aos que seguem seus passos. A inconsciência dos que o acompanham é incrível. Ainda hoje continua se repetindo. Tiago e João, os filhos de Zebedeu, separam-se do grupo e se aproximam, só eles dois, de Jesus. Não precisam dos outros. Querem ficar com os postos privilegiados e ser os primeiros no projeto de Jesus, tal como eles o imaginam. Seu pedido não é uma súplica, mas uma ridícula ambição: "Queremos que nos faças o que te vamos pedir". Querem que Jesus os coloque acima dos outros.

Jesus parece surpreso. "Não sabeis o que pedis." Não entenderam nada do que ele dizia. Com grande paciência Jesus os convida a perguntar-se se são capazes de compartilhar seu destino doloroso. Quando tomam conhecimento do que está ocorrendo, os outros dez discípulos se enchem de indignação contra Tiago e João. Também eles têm as mesmas aspirações.

A ambição sempre divide e confronta os discípulos de Jesus. A busca de honras e protagonismos interesseiros rompe a comunhão da comunidade cristã. Também hoje. O que pode haver de mais contrário a Jesus e a seu projeto do servir à libertação das nações?

O fato é tão grave que Jesus "os reúne" para deixar claro qual é a atitude que deve caracterizar seus seguidores. Todos conhecem de sobra como atuam os romanos, "chefes das nações" e "grandes" da terra: tiranizam as nações, submetem-nas e fazem sentir a todos o peso de seu poder. Pois bem, "entre vós não deve ser assim".

Entre os seguidores de Jesus tudo deve ser diferente: "Quem quiser ser grande seja vosso servo; e quem quiser ser primeiro seja escravo de todos". A grandeza não se mede pelo poder que se tem, pela posição que se ocupa ou pelos títulos que se ostentam. Quem ambiciona estas coisas na Igreja de Jesus não se torna grande, e sim mais insignificante e ridículo. Na realidade é um estorvo na promoção do estilo de vida desejado pelo Crucificado. Falta-lhe um traço básico para ser seguidor de Jesus: servir.

Na Igreja, todos nós precisamos ser servidores. Precisamos colocar-nos na comunidade cristã não a partir de cima, a partir da superioridade, do poder ou do protagonismo interesseiro, mas a partir de baixo, a partir da disponibilidade, do serviço e da ajuda aos outros. Nosso exemplo é Jesus. Ele não viveu nunca "para ser servido, mas para servir". Este é o melhor e mais admirável resumo do que foi sua vida.

CONTRA A HIERARQUIA DE PODER

Tiago e João se aproximam de Jesus com um pedido estranho: ocupar os lugares de honra junto a ele. Eles "não sabem o que estão pedindo". Assim lhes diz Jesus. Não entenderam nada de seu projeto ao serviço do reino de Deus e sua justiça. Não pensam em "segui-lo", mas em "sentar-se" nos primeiros lugares.

Ao ver sua postura, os outros dez "se indignam". Também eles alimentam sonhos ambiciosos. Todos buscam obter algum poder, honra ou prestígio. A cena é escandalosa. Como se pode acolher um Deus Pai e trabalhar por um mundo mais fraterno com um grupo de discípulos animados por este espírito?

O pensamento de Jesus é claro. "Não deve ser assim". É preciso ir exatamente em direção oposta. É preciso arrancar de seu movimento de seguidores essa "enfermidade" do poder que todos conhecem no império de Tibério e no governo de Antipas. Um poder que não faz senão "tiranizar" e "oprimir".

Entre os seguidores de Jesus não deve existir essa hierarquia de poder. Ninguém está acima dos outros. Não há senhores nem donos. A paróquia não é do pároco. A Igreja não é dos bispos e cardeais. O povo não é dos teólogos. Quem quiser ser grande ponha-se a servir a todos.

O verdadeiro modelo é Jesus. Ele não governa, não impõe, não domina nem controla. Não ambiciona nenhum poder. Não se arroga títulos honoríficos. Não busca seu próprio interesse. Sua característica é "servir" e "dar a vida". Por isso é o primeiro e o maior.

Na Igreja precisamos de cristãos dispostos a gastar sua vida pelo projeto de Jesus, não por outros interesses. Precisamos de crentes sem ambições pessoais, que trabalhem de maneira silenciosa por um mundo mais humano e por uma Igreja mais evangélica. Precisamos de seguidores de Jesus que "se imponham" pela qualidade de sua vida de serviço.

Pais que se desvelem por seus filhos, educadores entregues dia após dia à sua difícil tarefa, homens e mulheres que fizeram de sua vida um serviço aos necessitados. São o que temos de melhor na Igreja. Os mais "grandes" aos olhos de Jesus.

NÃO IMPOR, MAS SERVIR

Há alguns anos, Marcel Légaut publicava um penetrante estudo no qual, depois de analisar e diferenciar o que ele chama de "religião de autoridade" e "religião de chamado", sugeria caminhos e pistas de futuro para uma Igreja que queira ser fiel a Jesus na sociedade moderna.

As "religiões de autoridade" oferecem, de acordo com o pensador francês, certezas absolutas e estruturas seguras. Ao mesmo tempo exigem de seus membros obediência e submissão a prescrições às vezes minuciosas. Além disso, quando uma "religião de autoridade" se instala majoritariamente numa sociedade, trata de influir e dominar para impedir que se tome uma orientação oposta ou alheia a seus dogmas religiosos.

Esta religião, endurecida em torno do princípio de autoridade, não ajuda a maturação pessoal de seus fiéis. Pelo contrário, corre o risco de aprisioná-los em doutrinas e práticas que só são vividas pela metade, inclusive quando a adesão à doutrina parece fervorosa e a observância da lei rigorosa.

A "religião de chamado" é diferente. Não impõe uma doutrina, mas propõe um caminho de salvação. Não emite pareceres, só chama e convida.

Não entende sua atuação como um exercício de poder, mas como um serviço. Não pretende submeter ninguém com coações. Coloca-se, antes, ao serviço do ser humano para convidá-lo a buscar em Deus sua vida plena.

Jesus entende toda a sua atuação como um serviço. Seus seguidores não devem dominar nem oprimir. Devem servir como ele próprio, que "não veio para ser servido, mas para servir". Cristo é chamado, oferta, semente, fermento, mas nunca imposição. Na Igreja precisamos corrigir o que há de imposição não evangélica, para adotar uma atitude total de serviço.

Um cristianismo autoritário tem pouco futuro. Numa sociedade plural já não disporá do poder político nem da organização social que possuía antes. Suja influência na cultura e na educação será cada vez menor. Ser-lhe-á difícil viver na defensiva, em luta desigual com as correntes modernas. O passar do tempo trabalha contra o autoritarismo religioso, mas pode oferecer possibilidades insuspeitadas ao seguimento de Jesus, entendido como serviço humanizador ao homem desvalido de todos os tempos.

O QUE É TRIUNFAR NA VIDA?

"Quem quiser ser grande ponha-se a servir". Que eco podem ter estas palavras de Jesus na sociedade atual? Ninguém hoje quer ser grande, nem herói, nem santo. Basta "triunfar", conseguindo uma boa qualidade de vida, êxito profissional e um bem-estar afetivo suficiente.

O ideal não é crescer e ser pessoa. O importante é sentir-se bem, cuidar da saúde, administrar bem o estresse e não complicar sua vida. A coisa inteligente a fazer é viver bem e ter sempre algo interessante para fazer ou contar. Ser um "triunfador".

E os outros? Quem pensa nos outros? O que cada um fizer é coisa dele. Não vamos meter-nos na vida dos outros. É preciso ser tolerantes. O importante é não prejudicar ninguém. Respeitar sempre a todos.

Isso sim. Se possível, é melhor viver sem precisar depender de ninguém. Manter uma sadia "independência", sem ficar presos a nenhum vínculo exigente. É preciso ser "hábil" e não assumir compromissos, responsabilidades ou encargos que depois nos impedirão de viver bem.

Servir aos outros? Um "triunfador" não entende exatamente o que quer dizer "servir". Antes, tende a "servir-se" de todos, utilizando-os para seus interesses e brincadeiras.

Mas, o que é triunfar na vida? Muitas vezes, este indivíduo autossuficiente e triunfador acaba sentindo-se mais frágil e perdido do que poderia algum dia ter pensado. Pouco a pouco pode ficar sem raízes nem alegria interior, centrado em si mesmo, fechado na solidão de seu próprio coração. O risco de todo triunfador é cair derrotado por sua falta de amor.

De acordo com Jesus, se alguém quiser triunfar na vida deverá saber amar, sair de seu narcisismo, abrir os olhos e ser sensível ao sofrimento dos outros. Isto não é uma piedosa consideração cristã. Enquanto cremos estar triunfando na vida, podemos estar estragando-a cada dia um pouco mais. Ninguém é triunfador se não torna mais feliz a vida dos outros.

SÃO GRANDES, EMBORA NÃO O SAIBAM

Seu nome nunca aparece nos jornais. Ninguém lhes cede passagem em lugar nenhum. Não têm títulos nem contas-correntes invejáveis, mas são grandes. Não possuem muitas riquezas, mas têm algo que não se pode comprar com dinheiro: bondade, capacidade de acolhida, ternura e compaixão para com o necessitado.

Homens e mulheres comuns, pessoas do povo simples a quem quase ninguém dá valor, mas que vão passando pela vida semeando amor e carinho ao seu redor. Pessoas simples e boas que só sabem viver dando uma mão e fazendo o bem.

Pessoas que não conhecem o orgulho nem têm grandes pretensões. Homens e mulheres que são encontrados no momento oportuno, quando se precisa da palavra de ânimo, do olhar cordial, da mão próxima.

Pais simples e bons que tomam tempo para ouvir seus filhos pequenos, responder às suas infinitas perguntas, desfrutar suas brincadeiras e descobrir novamente, junto deles, o melhor da vida.

Mães incansáveis que enchem o lar de calor e alegria. Mulheres que não têm preço, pois sabem dar a seus filhos aquilo de que mais necessitam para enfrentar confiantemente seu futuro.

Esposos que vão amadurecendo seu amor dia a dia, aprendendo a ceder, cuidando generosamente da felicidade do outro, perdoando-se mutuamente nos mil pequenos atritos da vida.

Estas pessoas desconhecidas são aquelas que tornam o mundo mais habitável e a vida mais humana. Estes homens e mulheres põem um ar limpo e respirável em nossa sociedade. Deles disse Jesus que são grandes porque vivem ao serviço dos outros. Eles mesmos não o sabem, mas graças às suas vidas abre caminho em nossas ruas e lares a energia mais antiga e genuína: a energia do amor. No deserto deste mundo, às vezes tão inóspito, onde só parece crescer a rivalidade e o confronto, eles são pequenos oásis nos quais brota a amizade, a confiança e a ajuda mútua. Não se perdem em discursos e teorias. Sua característica é amar silenciosamente e prestar ajuda a quem dela precisar.

É possível que ninguém nunca lhes agradeça nada. Provavelmente não lhes serão prestadas grandes homenagens. Mas estes homens e mulheres são grandes porque são humanos. Aqui está sua grandeza. Eles são os melhores seguidores de Jesus, pois vivem fazendo um mundo mais digno, como ele. Sem o saber, estão abrindo caminhos para o reino de Deus.

26

CEGUEIRA

Naquele tempo, quando Jesus saía de Jericó com seus discípulos e numerosa multidão, o cego Bartimeu, filho de Timeu, estava sentado à beira do caminho pedindo esmola. Ao ouvir que era Jesus Nazareno, começou a gritar:

– Jesus, filho de Davi, tem compaixão de mim!

Muitos o repreendiam para que se calasse. Mas ele gritava ainda mais:

– Filho de Davi, tem compaixão de mim!

Jesus parou e disse:

– Chamai-o.

Eles chamaram o cego, dizendo-lhe:

– Coragem! Levanta-te, porque ele te chama.

Jogando fora o manto, ele deu um salto e aproximou-se de Jesus. Jesus lhe disse:

– O que queres que eu te faça?

O cego respondeu:

– Mestre, que eu possa ver novamente.

Jesus lhe disse:

– Vai, tua fé te salvou.

No mesmo instante, ele recuperou a vista e o seguia pelo caminho (Mc 10,46-52).

CURAR-NOS DA CEGUEIRA

O que podemos fazer quando a fé vai se apagando em nosso coração? É possível reagir? Podemos sair da indiferença? Marcos narra a cura do cego

Bartimeu para animar seus leitores a viver um processo que possa mudar suas vidas.

Não é difícil reconhecer-nos na figura de Bartimeu. Vivemos às vezes como "cegos", sem luz para olhar a vida como Jesus a olhava. "Sentados", instalados numa religião convencional, sem força para seguir seus passos. Desencaminhados, "à beira do caminho" que Jesus percorre, sem aceitá-lo como guia de nossa vida.

O que podemos fazer? Apesar de sua cegueira, Bartimeu "fica sabendo" que por sua vida está passando Jesus. Não pode deixar escapar a ocasião e começa a gritar seguidamente: "Tem compaixão de mim!" Esta é sempre a primeira coisa: abrir-se a qualquer chamado ou experiência que nos convida a curar nossa vida.

O ego não sabe recitar orações feitas por outros. Só sabe gritar e pedir compaixão, porque se sente mal. Este grito humilde e sincero, repetido do fundo do coração, pode ser o começo de uma vida nova. Jesus não passará ao largo.

O cego continua no chão, longe de Jesus, mas escuta atentamente o que lhe dizem seus enviados: "Coragem! Levanta-te, porque ele te chama". Primeiro se deixa animar, abrindo uma pequena brecha para a esperança. Depois ouve o chamado a levantar-se e reagir. Por último, já não se sente sozinho: Jesus o está chamando. Isto muda tudo.

Bartimeu dá três passos que vão mudar sua vida. "Jogando fora o manto", porque o impede de encontrar-se com Jesus. Depois, embora ainda se mova entre trevas, "dá um salto" decidido. Desta maneira "se aproxima" de Jesus. É o que precisamos muitos de nós: libertar-nos de amarras que emperram nossa fé; tomar, por fim, uma decisão sem deixá-la para mais tarde e colocar-nos diante de Jesus com confiança simples e nova.

Quando Jesus lhe pergunta o que quer dele, o cego não duvida. Sabe muito bem do que precisa: "Mestre, que eu possa ver novamente". É o mais importante. Quando alguém começa a ver as coisas de maneira nova, sua

218

vida se transforma. Quando uma comunidade recebe luz de Jesus, ela se converte.

SENTADOS À BEIRA DO CAMINHO

Em seus inícios o cristianismo era conhecido como "o Caminho" (At 18,25-26). Mais do que entrar numa nova religião, "tornar-se cristão" era encontrar o caminho acertado da vida, seguindo as pegadas de Jesus. Ser cristão significa para eles "seguir" a Cristo. Isto é o fundamental, o decisivo.

Hoje as coisas mudaram. O cristianismo conheceu, durante estes vinte séculos, um desenvolvimento doutrinal muito importante e produziu uma liturgia e um culto muito elaborados. Já faz muito tempo que o cristianismo é considerado uma religião.

Por isso, não é estranho encontrar-se com pessoas que se sentem cristãs simplesmente porque são batizadas e cumprem seus deveres religiosos, embora nunca tenham concebido a vida como um seguimento de Jesus Cristo. Este fato, hoje bastante generalizado, teria sido inimaginável nos primeiros tempos do cristianismo.

Esquecemos que ser cristãos é "seguir" a Jesus Cristo: mover-nos, dar passos, caminhar, construir nossa vida seguindo suas pegadas. Nosso cristianismo fica às vezes numa fé teórica e inoperante ou numa prática religiosa rotineira. Não transforma nossa vida em seguimento de Jesus.

Depois de vinte séculos, a maior contradição dos cristãos é pretender sê-lo sem seguir Jesus. Aceita-se a religião cristã (como se poderia aceitar outra), porque dá segurança e tranquilidade diante do "desconhecido", mas não se entra na dinâmica do seguimento fiel de Cristo.

Estamos cegos e não vemos onde está o essencial da fé cristã. O episódio da cura do cego de Jericó é um convite a sair de nossa cegueira. No início do relato, Bartimeu "está sentado à beira do caminho". É um homem cego e desorientado, fora do caminho, sem capacidade de seguir a Jesus.

Curado de sua cegueira por Jesus, o cego não só recupera a luz, mas se converte num verdadeiro "seguidor" de seu Mestre, porque, desde aquele dia, "o seguia pelo caminho". É esta a cura de que precisamos.

SAIR DA INSTALAÇÃO

O relato de Marcos não nos descreve apenas a cura de um cego nos arredores de Jericó. É, além disso, uma catequese elaborada com mão de mestre, que nos convida à mudança e nos incita à conversão.

A situação de Bartimeu está descrita com traços muito bem-elaborados. Ele é um homem cego, ao qual falta luz e orientação. Um homem sentado, incapaz de caminhar atrás de Jesus. Um homem à beira do caminho, desencaminhado, fora do caminho seguido pelo Mestre de Nazaré.

O relato nos revelará, no entanto, que neste homem existe ainda uma fé capaz de salvá-lo e pô-lo novamente no verdadeiro caminho. "Recuperou a vista e o seguia pelo caminho."

Quase sempre existe um momento na vida no qual se torna penoso continuar caminhando. É mais cômodo instalar-nos no conformismo. Assentar-nos naquilo que nos dá segurança e fechar os olhos a todo outro ideal que exija de nós sacrifício e generosidade. Mas então algo morre em nós. Já não vivemos a partir de nosso próprio impulso criador. O que vive em nós é a moda, a comodidade ou o "sistema". Renunciamos a crescer como pessoas.

Quantos homens e mulheres se instalam assim na mediocridade, renunciando às aspirações mais nobres e generosas que despertam em seu coração! Não caminham. Sua existência fica paralisada. Vivem apegados ao essencial, sem olhos para conhecer aquilo que poderia dar nova luz à sua vida.

É possível alguém reagir quando se instalou na rotina e na indiferença? Pode alguém libertar-se dessa vida "programada" para a comodidade e o bem-estar? Esta é a boa notícia de Jesus: dentro de cada um de nós existe uma fé que pode levar-nos a reagir e colocar-nos novamente no caminho verdadeiro.

O que se deve fazer? Clamar a Deus: concentrar as energias que nos restam para pedir a Deus, do fundo de nosso ser, sua luz e sua graça renovadoras. E depois não fechar os ouvidos a nenhum chamado, por pequeno que seja, que nos convide a transformar nossa vida.

Não temos outra vida de reposição. Agora mesmo estamos sendo chamados a viver, a caminhar, a crescer. O evangelho tem força para fazer-nos viver uma vida mais intensa, verdadeira e jovem. Recordemos as palavras de Georges Bernanos: "Sois capazes de rejuvenescer o mundo, sim ou não? O evangelho é sempre jovem. Vós é que estais velhos".

SENTIR-NOS NOVAMENTE VIVOS

Ter vida não significa necessariamente viver. Para viver é necessário amar a vida, despertar diariamente de nossa apatia, não submergir na falta de sentido, não deixar-nos arrastar por forças negativas.

Nós, os humanos, somos seres inacabados, chamados a renovar-nos e crescer constantemente. Por isso, nossa vida começa a extinguir-se no momento em que pensamos que tudo terminou para nós. Há alguns anos, o filósofo francês Roger Garaudy escrevia que a coisa mais terrível que pode acontecer a um homem é "sentir-se acabado".

A civilização moderna nos sobrecarrega e constrange com todo tipo de receitas e técnicas para viver melhor, estar sempre em forma e conseguir um bem-estar mais seguro. Mas todos nós sabemos por experiência que a vida não é algo que nos vem de fora. Precisamos, cada um de nós, alimentá-la no mais profundo de nós mesmos.

A primeira coisa a fazer talvez seja alimentar em nós o desejo de viver. É um erro pensar que tudo acabou e é inútil continuar lutando. Nossa vida só termina no momento em que decidimos deixar de viver.

Outro erro é recolher-se em si mesmo e fechar-se nos próprios problemas. Só vive intensamente quem sabe interessar-se pela vida dos outros. Quem permanece indiferente a tudo aquilo que não sejam suas coisas corre o risco de matar sua vida. O amor renova as pessoas, o egoísmo as faz murchar.

Também é importante "viver até o fundo", não permanecer na casca ou superfície, reafirmar nossas convicções mais profundas. Existem momentos em que, para sentir-nos vivos novamente, é necessário despertar nossa fé em Deus, descobrir novamente nossa alma, recuperar a oração.

O evangelista Marcos, ao relatar-nos a cura de Bartimeu, descreve-a com três traços que caracterizam bem o "homem acabado". Bartimeu é um homem "cego", ao qual falta luz e orientação. Está "sentado", incapaz de dar mais passos. Encontra-se "à beira do caminho", desencaminhado, sem trajetória na vida.

O relato nos dirá que dentro deste cego existe ainda uma fé que o faz reagir. Bartimeu percebe que Jesus não está longe e então pede aos gritos sua ajuda. Escuta seu chamado, põe-se em suas mãos e o invoca confiante: "Senhor, que eu veja".

Não se pode, a partir de fora, obrigar ninguém a crer. Para descobrir a verdade da fé cristã, cada qual precisa experimentar que Cristo lhe faz bem e que a fé o ajuda a viver de uma maneira mais prazerosa, mais intensa e mais digna. Felizes os que creem, não porque um dia foram batizados, mas porque descobriram por experiência que a fé faz viver.

UM GRITO INCÔMODO

Jesus sai de Jericó a caminho de Jerusalém. Vai acompanhado de seus discípulos e mais pessoas. De repente ouvem-se uns gritos. É um mendigo cego que, da beira do caminho, se dirige a Jesus: "Filho de Davi, tem compaixão de mim!"

Sua cegueira o impede de desfrutar a vida como os demais. Ele nunca poderá peregrinar a Jerusalém. Além disso, lhe fechariam as portas do templo: os cegos não podiam entrar no recinto sagrado. Excluído da vida, marginalizado pelas pessoas, esquecido pelos representantes de Deus, só lhe resta pedir compaixão a Jesus.

Os discípulos e seguidores se irritam. Aqueles gritos interrompem sua marcha tranquila para Jerusalém. Eles não conseguem escutar em paz as palavras de Jesus. Aquele pobre incomoda. É preciso calar seus gritos: Por isso "muitos o repreendiam para que se calasse".

A reação de Jesus é muito diferente. Ele não pode continuar seu caminho ignorando o sofrimento daquele homem. Ele "para", faz todo o grupo parar e lhes pede que chamem o cego. Seus seguidores não podem seguir seus passos sem escutar os chamados dos que sofrem.

A razão é simples. Jesus o diz de mil maneiras, em parábolas, exortações e ditos avulsos: o centro do olhar e do coração de Deus são os que sofrem. Por isso ele os acolhe e dedica-se a eles de maneira preferencial. Sua vida é, antes de mais nada, para os maltratados pela vida ou pelas injustiças: os condenados a viver sem esperança.

Os gritos dos que vivem mal nos incomodam. Pode irritar-nos encontrá-los continuamente nas páginas do evangelho. Mas não nos é permitido "mutilar" sua mensagem. Não existe Igreja de Jesus sem ouvir os que sofrem.

Eles estão em nosso caminho. Podemos encontrá-los a qualquer momento. Muito perto de nós ou mais longe. Eles pedem ajuda e compaixão. A única postura cristã é a de Jesus diante do cego: "O que queres que eu te faça?" Esta deveria ser a atitude da Igreja diante do mundo dos que sofrem: O que queres que eu te faça?

27

A COISA DECISIVA É AMAR

Naquele tempo, um escriba, que ouvira a discussão e vira que Jesus lhes respondera muito bem, aproximou-se e lhe perguntou:

– Qual é o primeiro de todos os mandamentos?

Jesus respondeu:

– O primeiro é: "Ouve, Israel, o Senhor nosso Deus é o único Senhor; e amarás o Senhor teu Deus com todo o teu coração, com toda a tua alma, com toda a tua mente e com todas as tuas forças". O segundo é este: "Amarás o teu próximo como a ti mesmo". Não existe mandamento maior do que estes.

O escriba lhe disse:

– Muito bem, Mestre. Tens razão quando dizes que o Senhor é um só e que não há outro fora dele; e que amá-lo com todo o coração, com todo o entendimento e com todas as forças, e amar o próximo como a si mesmo, vale mais que todos os holocaustos e sacrifícios.

Jesus, vendo que ele havia respondido sensatamente, lhe disse:

– Não estás longe do reino de Deus.

E ninguém mais ousava fazer-lhe perguntas (Mc 12,28-34).

A COISA DECISIVA NA VIDA

As pessoas faziam muitas perguntas a Jesus. Elas o viam como um mestre que ensinava a viver de maneira sábia. Contudo, a pergunta que desta vez lhe faz um "escriba" não é simplesmente mais uma pergunta. O que lhe formula aquele homem é algo que preocupa muitas pessoas: Qual é o primeiro de todos os mandamentos? Qual a primeira coisa a fazer na vida para acertar?

Jesus lhe responde com umas palavras que tanto o escriba como ele próprio pronunciaram essa mesma manhã ao recitar a oração do *Shemá*: "Ouve, Israel, o Senhor nosso Deus é o único Senhor: amarás o Senhor teu Deus com todo o teu coração, com toda a tua alma, com toda a tua mente e com todas as tuas forças". Estas palavras ajudavam Jesus a viver ao longo do dia amando a Deus com todo o seu coração e com todas as suas forças. Esta é a primeira coisa e a coisa decisiva.

A seguir, Jesus acrescenta algo que ninguém lhe perguntou: "O segundo é semelhante: 'Amarás o teu próximo como a ti mesmo'". Esta é a síntese da vida. Destes dois mandamentos depende tudo: a religião, a moral, o acerto na existência.

O amor não está no mesmo plano de outros deveres. Não é mais uma "norma", perdida entre outras mais ou menos importantes. "Amar" é a única forma sadia de viver diante de Deus e diante das pessoas. Se, na política ou na religião, na vida social ou no comportamento individual, existe algo que não deriva do amor ou vai contra ele, não serve para construir uma vida mais humana. Sem amor não há progresso.

Pode-se esvaziar de Deus a política e dizer que basta pensar no "próximo". Pode-se suprimir da religião o "próximo" e dizer que o decisivo é servir a "Deus". Para Jesus, "Deus" e "próximo" são inseparáveis. Não é possível amar a Deus e desinteressar-se do irmão.

O risco de distorcer a vida a partir de uma religião "egoísta" é sempre grande. Por isso é tão necessário recordar esta mensagem essencial de Jesus. Não existe um âmbito sagrado no qual possamos estar a sós com Deus, ignorando os outros. Não é possível adorar a Deus no fundo da alma e viver esquecendo os que sofrem. O amor a Deus que exclui o próximo reduz-se a uma mentira. Se não amamos o próximo, não amamos o Pai de todos.

A PRIMEIRA COISA A FAZER

Existem poucas experiências cristãs mais prazerosas do que a de encontrar-nos de repente com uma palavra de Jesus que ilumina o mais profundo de nosso ser com uma luz nova e intensa. Assim é a resposta que Jesus dá àquele escriba que lhe pergunta: "Qual é o primeiro de todos os mandamentos?"

Jesus não duvida. A primeira coisa é amar. Não existe nada mais decisivo do que amar a Deus com todo o coração e amar os outros como nos amamos a nós mesmos. A última palavra é sempre do amor. Isso está claro. O amor é o que verdadeiramente justifica nossa existência. A seiva da vida. O segredo último de nossa felicidade. A chave de nossa vida pessoal e social.

É assim. Pessoas de grande inteligência, com assombrosa capacidade de trabalho, de uma eficácia surpreendente em diversos campos da vida, acabam sendo seres medíocres, vazios e frios quando se fecham à fraternidade e vão se incapacitando para o amor, a ternura ou a solidariedade.

Pelo contrário, homens e mulheres de possibilidades aparentemente muito limitadas, pouco dotados para grandes êxitos, acabam frequentemente irradiando uma vida autêntica ao seu redor simplesmente porque se arriscam a renunciar a seus interesses egoístas e são capazes de viver com atenta generosidade para outros.

Acreditemos ou não, cada dia vamos construindo em cada um de nós um pequeno monstro de egoísmo, frieza e insensibilidade em relação aos outros ou um pequeno prodígio de ternura, fraternidade e solidariedade com os necessitados. Quem nos poderá livrar dessa incrível preguiça de amar com generosidade e desse egoísmo que se aninha no fundo de nosso ser?

O amor não se improvisa, nem se inventa, nem se fabrica de qualquer maneira. O amor se acolhe, se aprende e se transmite. Uma atenção maior ao amor de Deus revelado em Jesus, uma escuta mais profunda do evangelho, uma abertura maior ao seu Espírito podem fazer brotar de nosso ser, pouco a pouco, possibilidades de amor que hoje nem suspeitamos.

O AMOR SE APRENDE

Quase ninguém pensa que o amor é algo que se deve ir aprendendo pouco a pouco ao longo da vida. A maioria considera evidente que o ser humano sabe amar espontaneamente. Por isso é possível detectar tantos erros e tanta ambiguidade nesse mundo misterioso e atraente do amor.

Há os que pensam que o amor consiste fundamentalmente em ser amado e não em amar. Por isso passam a vida esforçando-se para conseguir que alguém os ame. Para estas pessoas, o importante é ser atraente, tornar-se agradável, ter uma conversa interessante, fazer-se querer. Em geral acabam sendo bastante infelizes.

Outros estão convencidos de que amar é algo simples, e que o difícil é encontrar pessoas agradáveis que se possa amar. Estes só se aproximam de quem lhes resulta simpático. Enquanto não encontram a resposta desejada, seu "amor" se desvanece.

Há os que confundem o amor com o desejo. Reduzem tudo a encontrar alguém que satisfaça seu desejo de companhia, afeto ou prazer. Quando dizem "te amo", na realidade estão dizendo "te desejo", "me apeteces".

Quando Jesus fala do amor a Deus e ao próximo como a coisa mais importante e decisiva da vida, está pensando em outra coisa. Para Jesus, o amor é a força que move e faz crescer a vida, porque pode nos libertar da solidão e da separação para fazer-nos entrar na comunhão com Deus e com os outros.

Mas, concretamente, esse "amar o próximo como a si mesmo" requer um verdadeiro aprendizado, sempre possível para quem tem Jesus como Mestre. A primeira tarefa é aprender a escutar o outro. Procurar compreender o que ele vive. Sem esta escuta sincera de seus sofrimentos, necessidades e aspirações, não é possível o verdadeiro amor.

A segunda coisa é aprender a dar. Não existe amor onde não existe entrega generosa, doação desinteressada, dádiva. O amor é justamente o contrário de monopolizar, apropriar-se do outro, utilizá-lo, aproveitar-se dele.

Por último, amar exige aprender a perdoar. Aceitar o outro com suas fraquezas e sua mediocridade. Não retirar rapidamente a amizade ou o amor. Oferecer incessantemente a possibilidade do reencontro. Retribuir o mal com o bem.

INTRODUZIR O AMOR NA CULTURA MODERNA

Foi dito que o homem contemporâneo perdeu a confiança no amor. Ele não quer "sentimentalismos" nem compaixões baratas. É preciso ser eficientes e produtivos. A cultura moderna optou pela racionalidade econômica e o rendimento material. Tem medo do coração.

Por isso, na sociedade atual temem-se as pessoas enfermas, fracas ou necessitadas. Elas são colocadas nas instituições e entregues nas mãos dos serviços sociais. Isso é o melhor para todos.

O rico tem medo do pobre. Nós que temos trabalho não desejamos encontrar-nos com os que estão desempregados. Incomodam-nos aqueles que se aproximam de nós pedindo ajuda em nome da justiça ou do amor.

Vamos erguendo entre nós todo tipo de barreiras invisíveis. Não queremos perto de nós os ciganos. Olhamos com receio os africanos, porque sua presença nos parece perigosa. Cada grupo e cada pessoa se fecham em seu pequeno mundo para defender-se melhor.

Queremos construir uma sociedade progressista baseando tudo na produção, no crescimento econômico ou na competitividade. Recentemente uma imobiliária publicava o seguinte anúncio: "Nossa filosofia baseia-se em quatro princípios: rentabilidade imediata, segurança de instalação, fiscalidade vantajosa e constituição de um patrimônio gerador de mais-valia".

Naturalmente, nesta filosofia já não tem cabimento "o amor ao próximo". Os mesmos que se dizem crentes talvez falem ainda de caridade cristã, mas acabam mais de uma vez instalando-se no que Karl Rahner chamava de "um egoísmo que sabe comportar-se decentemente".

Depois de vinte séculos, o risco que os cristãos correm é pensar que basta cumprir aquilo que sempre se pregou: não fazer mal a ninguém, colaborar nas coletas que se fazem na igreja e dar algum donativo ou esmola, se não encontramos nada melhor para aliviar sua situação.

E, no entanto, a grande tarefa dos seguidores de Jesus é introduzir o "amor real" nesta cultura que só produz "egoísmo sensato e bem-organizado". Abrir caminhos que permitam vislumbrar o grande vazio de uma sociedade que excluiu o amor. Proclamar sempre de novo que sem amor nunca se construirá um mundo melhor.

Mas o mais importante não são as palavras, e sim os fatos. Se quisermos ser fiéis ao projeto do reino de Deus inaugurado por Jesus, nós, seus seguidores, precisamos ir descobrindo as novas exigências e tarefas do amor ao próximo na sociedade moderna.

Amar significa hoje afirmar os direitos dos desempregados antes que nosso próprio proveito; renunciar a pequenas vantagens, a fim de contribuir para uma melhora social dos marginalizados; reduzir nossos orçamentos para solidarizar-nos com causas que favoreçem os menos privilegiados; dar com generosidade parte de nosso tempo livre para servir aos mais esquecidos; defender e promover a não violência como o caminho mais humano para resolver os conflitos.

Por mais que a cultura atual o esqueça, no mais profundo do ser humano existe uma necessidade de amar o necessitado, e de amá-lo de maneira desinteressada e gratuita. Por isso é bom continuar ouvindo as palavras de Jesus: "Amarás o Senhor teu Deus com todo o teu coração... Amarás o teu próximo como a ti mesmo". Precisam ressoar com força em nossas comunidades cristãs.

O AMOR NÃO VAI CONTRA A CIÊNCIA

Há alguns anos teve ampla repercussão entre os teólogos um estudo de Bernard Lonergan intitulado *Método em teologia*. O propósito do prestigioso teólogo canadense era encontrar um caminho que, correspondendo ao anseio mais genuíno do espírito humano, permitisse chegar a um conhecimento mais profundo da realidade total.

É sabido que o método científico se fundamenta basicamente na observação e na experimentação. Seu êxito extraordinário se deve ao fato de que se observam cada vez mais dados, levam-se a cabo novos experimentos e assim podem ser formuladas novas teorias. O resultado é uma explosão tal de conhecimentos que começa a ser difícil armazenar e utilizar de forma correta.

Este método, observa Lonergan, não leva além deste mundo. A ciência em si mesma não leva até Deus nem pode fazê-lo. O método científico tem seus limites. Ajuda a conhecer melhor como funcionam as coisas, mas não pode avançar no conhecimento do mistério último que sustenta e dá sentido a toda essa realidade conhecida cientificamente.

Bernard Lonergan propõe seguir alguns preceitos transcendentais que, em sua formulação mais simples, soam assim: "Sê atento, sê inteligente, sê razoável, sê responsável, enamora-te". O bom cientista está atento aos dados, compreende-os de forma inteligente e os utiliza de modo razoável. Mas isso não é suficiente. Para abarcar toda a realidade é necessário, além disso, "ser responsável" e buscar o bem do homem (conversão ética) e é necessário "olhar com amor" o mistério último da realidade (conversão religiosa).

Deus se oferece a nós sempre como mistério; e a ciência o sabe, porque Deus "escapa" constantemente a seus métodos. O caminho do cientista para Deus, como o de todo ser humano, não é a experimentação baseada no raciocínio, mas o amor. O mistério de Deus pode ser amado, embora não possa ser pensado. Do amor provém a sabedoria que permite abrir-se ao mistério que cerca a vida humana e que envolve o mundo.

Também o cientista precisa ouvir o grande preceito: "Amarás o Senhor teu Deus com todo o teu coração, com toda a tua alma, com toda a tua mente e com todas as tuas forças". Este amor não vai contra a ciência e pode desencadear no cientista uma maneira de pensar, sentir, decidir e atuar que lhe permite viver religado ao Mistério último de Deus de maneira honesta e responsável.

28
O QUE OS POBRES PODEM NOS ENSINAR

Naquele tempo, Jesus ensinava dizendo:

– Cuidado com os escribas! Eles gostam de andar com roupas compridas e ser saudados nas praças; procuram as primeiras cadeiras nas sinagogas e os lugares de honra nos banquetes; devoram as casas das viúvas, a pretexto de longas orações. Eles receberão uma sentença mais rigorosa.

Estando diante do cofre de esmolas do templo, Jesus observava as pessoas que iam depositando moedas no cofre; muitos ricos depositavam muitas moedas. Aproximou-se uma viúva pobre e depositou duas pequenas moedas. Chamando os seus discípulos, Jesus lhes disse:

– Eu vos asseguro: esta pobre viúva depositou no cofre mais do que todos os outros. Porque os outros depositaram do que lhes sobra; mas ela, que passa necessidade, deu tudo o que tinha para viver (Mc 12,38-44).

CONTRASTE

O contraste entre as duas cenas é total. Na primeira, Jesus põe as pessoas em guarda contra os escribas do templo. A religião destes é falsa: utilizam-na para buscar sua própria glória e explorar os mais fracos. Não se deve admirá-los nem seguir seu exemplo. Na segunda, Jesus observa o gesto de uma pobre viúva e chama seus discípulos. Desta mulher eles podem aprender algo que os escribas nunca lhes ensinarão: uma confiança total em Deus e uma generosidade sem limites.

A crítica de Jesus aos escribas é dura. Em vez de orientar o povo para Deus buscando sua glória, eles atraem a atenção das pessoas para si, buscando sua própria honra. Gostam de "andar com roupas compridas", buscando saudações e reverências das pessoas. Na liturgia das sinagogas e nos banquetes procuram "as primeiras cadeiras" e "os lugares de honra".

Mas existe algo que, sem dúvida, dói a Jesus mais do que este comportamento insensato e pueril de ser contemplados, saudados e reverenciados. Enquanto aparentam uma piedade profunda em suas "longas orações" em público, aproveitam-se de seu prestígio religioso para viver às custas das viúvas, os seres mais fracos e indefesos de Israel de acordo com a tradição bíblica.

Precisamente uma destas viúvas vai pôr em evidência a religião corrupta destes dirigentes religiosos. Seu gesto passou despercebido a todos, mas não a Jesus. A pobre mulher só depositou no cofre das oferendas duas pequenas moedas, mas Jesus chama imediatamente seus discípulos, porque dificilmente encontrarão no ambiente do templo um coração mais religioso e mais solidário com os necessitados.

Esta viúva não anda buscando honras nem prestígio algum; age de maneira silenciosa e humilde. Não pensa em explorar ninguém; pelo contrário, dá tudo o que tem, porque outros podem precisar. De acordo com Jesus, ela deu mais que todos os outros, porque não dá do que lhe sobra, mas sim "tudo o que tem para viver".

Não nos enganemos. Estas pessoas simples, mas de coração grande e generoso, que sabem amar sem reservas, são o que temos de melhor na Igreja. Elas são as que mantêm vivo o Espírito de Jesus no meio de outras atitudes religiosas falsas e interessadas, são as que creem verdadeiramente em Deus, são as que fazem o mundo mais humano. Destas pessoas precisamos aprender a seguir Jesus. São as que mais se parecem com ele.

A LIÇÃO DA VIÚVA POBRE

A cena é comovente. Uma pobre viúva se aproxima silenciosamente de um dos treze cofres de esmola colocados no recinto do templo, não longe do pátio das mulheres. Muitos ricos estão depositando quantidades importantes. Quase envergonhada, ela deposita suas duas moedinhas de cobre, as mais pequeninas que circulam em Jerusalém.

Seu gesto não foi observado por ninguém. Mas diante dos cofres está Jesus, vendo tudo. Comovido, Jesus chama os seus discípulos. Quer ensinar-lhes algo que só se pode aprender das pessoas pobres e simples. De ninguém mais.

A viúva deu uma quantidade insignificante e miserável, como ela própria. Seu sacrifício não será notado em lugar nenhum; não transformará a história. A economia do templo se sustenta com a contribuição dos ricos e poderosos. O gesto desta mulher não servirá praticamente para nada.

Jesus vê as coisas de outra maneira: "Esta pobre viúva depositou no cofre mais do que todos os outros". Sua generosidade é maior e autêntica. "Os outros depositaram o que lhes sobra", mas esta mulher que passa necessidade "deu tudo o que tinha para viver".

Se é assim, esta viúva vive provavelmente mendigando na entrada do templo. Não tem marido. Não possui nada. Só um coração grande e uma confiança total em Deus. Se sabe dar tudo o que tem é porque "passa necessidade" e pode compreender as necessidades de outros pobres que são ajudados a partir do templo.

Nas sociedades do bem-estar estamos esquecendo o que é a "compaixão". Não sabemos o que é "padecer com" aquele que sofre. Cada um se preocupa com as suas coisas. Os outros ficam fora de nosso horizonte. Quando alguém se instalou em seu cômodo mundo de bem-estar, é difícil "sentir" o sofrimento dos outros. Entendem-se cada vez menos os problemas dos outros.

Mas, como precisamos alimentar a ilusão de que ainda somos humanos e temos coração, damos "o que nos sobra". Não é por solidariedade. Simplesmente já não precisamos disso para continuar desfrutando nosso bem-estar. Só os pobres são capazes de fazer o que a maioria de nós estamos esquecendo: dar algo mais do que as sobras.

235

Uma ilusão enganosa

Não poucos pensam que a compaixão é uma atitude absolutamente defasada e anacrônica numa sociedade que deve organizar seus próprios serviços para atender as diversas necessidades. A atitude progressista não é viver preocupado com os mais necessitados e desfavorecidos da sociedade, mas saber exigir energicamente que a Administração pública os atenda de maneira eficiente.

Mas seria um engano não ver o que acontece na realidade. Cada um busca seu próprio bem-estar, lutando inclusive impiedosamente contra possíveis competidores. Cada um busca a fórmula mais sagaz para pagar o mínimo de impostos, sem deter-se inclusive diante de pequenas ou não tão pequenas fraudes. E depois se pede à Administração, para a qual se contribui com o mínimo possível, que atenda eficazmente os que nós mesmos estamos abandonando na marginalização e na pobreza.

Não é fácil recuperar "as entranhas" diante do sofrimento alheio, quando alguém se instalou em seu pequeno mundo de bem-estar. Enquanto o que nos preocupa é apenas a maneira de aumentar a conta-corrente ou tornar mais rentável nosso dinheiro, será difícil interessar-nos realmente pelos que sofrem.

No entanto, como precisamos manter a ilusão de que em nós existe ainda um coração humano e compassivo, nos dedicamos a dar "daquilo que nos sobra". Tranquilizamos nossa consciência chamando "Trapeiros de Emaús" para desfazer-nos de objetos inúteis, móveis imprestáveis ou eletrodomésticos estragados. Entregamos na Cáritas roupas e vestidos que já não estão na moda. Fazemos, inclusive, pequenos donativos desde que deixem a salvo nosso orçamento de férias ou de fim de semana.

Como nos soam duras, em sua tremenda verdade, as palavras de Jesus elogiando aquela pobre viúva que acaba de entregar suas moedas: "Os outros depositaram do que lhes sobra; mas ela, que passa necessidade, deu tudo o que tinha para viver".

Sabemos dar o que nos sobra, mas não sabemos estar perto dos que talvez precisem de nossa companhia ou defesa. Damos de vez em quando nosso dinheiro, mas não somos capazes de dar parte de nosso tempo ou de nosso descanso. Damos coisas, mas recusamos nossa ajuda pessoal. Oferecemos aos nossos idosos residências cada vez mais bem-equipadas, mas talvez estejamos negando-lhes o calor e o carinho que nos pedem. Reclamamos todo tipo de melhorias sociais para os deficientes, mas não nos agrada aceitá-los em nossa convivência normal.

Na própria vida de família, não é às vezes mais fácil dar coisas aos filhos do que dar-lhes o carinho e a atenção próxima de que necessitam? Não é mais cômodo aumentar-lhes "a mesada" do que aumentar o tempo dedicado a eles?

As palavras de Jesus nos obrigam a perguntar-nos se vivemos apenas dando do que nos sobra ou se sabemos dar também algo de nossa própria vida.

MÁ CONSCIÊNCIA

Em teoria, os pobres são para a Igreja o que foram para Jesus: os preferidos, os primeiros que devem atrair nossa atenção e interesse. Mas isso é só em teoria, porque de fato não é assim. E não é questão de ideias, mas de sensibilidade diante do sofrimento dos fracos. Em teoria, todo cristão dirá que está do lado dos pobres. A questão é saber que lugar eles ocupam realmente na vida da Igreja e dos cristãos.

É verdade – e é preciso dizê-lo em voz alta – que na Igreja existem muitas, muitíssimas pessoas, grupos, organismos, congregações, missionários, voluntários leigos, que não só se preocupam com os pobres, mas que, impulsionados pelo mesmo espírito de Jesus, dedicam sua vida inteira e até a arriscam para defender a dignidade e os direitos dos mais desvalidos, mas qual é a nossa atitude generalizada nas comunidades cristãs dos países ricos?

Enquanto se trata apenas de trazer alguma ajuda ou de fazer um donativo não há problema especial. As esmolas nos tranquilizam para continuar vivendo com boa consciência. Os pobres começam a inquietar-nos quando nos obrigam a pensar que nível de vida nos podemos permitir, sabendo que cada dia morrem de fome no mundo não menos de setenta mil pessoas.

De modo geral, entre nós não são tão visíveis a fome e a miséria. O mais patente é a vida injustamente marginalizada e pouco digna dos pobres. Na prática, os pobres de nossa sociedade carecem dos direitos que nós outros temos; não obtêm o respeito que toda pessoa normal merece; não representam nada de importante para quase ninguém. Encontrar-nos com eles nos aborrece. Os pobres desmascaram nossos grandes discursos sobre o progresso e põem a descoberto a mesquinhez de nossa caridade. Não nos deixam viver com boa consciência.

O episodio evangélico no qual Jesus louva a viúva pobre nos deixa envergonhados a nós que vivemos satisfeitos em nosso bem-estar. Nós damos talvez algo do que nos sobra, mas esta mulher que "passa necessidade" sabe dar "tudo o que tem para viver". Quantas vezes são os pobres os que melhor nos ensinam a viver de maneira digna e com coração grande e generoso.

NEUROSE DE POSSE

Uma das contribuições mais valiosas do evangelho para o homem contemporâneo é a de ajudá-lo a viver com um sentido mais humano no meio de uma sociedade que sofre de "neurose de posse".

O modelo de sociedade e de convivência que configura nossa vida diária está baseado não no que cada pessoa *é*, mas no que cada pessoa *tem*. O importante é "ter" dinheiro, prestígio, poder, autoridade... Aquele que possui isto sai na frente e triunfa na vida. Aquele que não consegue algo disto fica desqualificado.

Desde os primeiros anos, educa-se a criança mais para "ter" do que para "ser". O que interessa é que ela se capacite para que no dia de amanhã "tenha" uma posição, alguma renda, um nome, uma segurança. Assim, quase inconscientemente, preparamos as novas gerações para a competição e a rivalidade.

Vivemos num modelo de sociedade que facilmente empobrece as pessoas. A demanda de afeto, ternura e amizade que pulsa em todo ser humano é atendida com objetos. A comunicação fica substituída pela posse de coisas.

As pessoas se acostumam a avaliar-se a si mesmas pelo que possuem. E, desta maneira, correm o risco de ir se incapacitando para o amor, a ternura, o serviço generoso, a ajuda solidária, o sentido gratuito da vida. Esta sociedade não ajuda a crescer em amizade, solidariedade e preocupação com os direitos do outro.

Por isso adquire relevo especial em nossos dias o convite de Jesus a avaliar a pessoa a partir de sua capacidade de serviço e de solidariedade. A grandeza de uma vida se mede, em última análise, não pelos conhecimentos que a pessoa possui, nem pelos bens que ela conseguiu acumular, nem pelo êxito que pôde alcançar, mas pela capacidade de servir e ajudar outros a viver de maneira mais humana.

Quantas pessoas humildes, como a viúva do evangelho, contribuem mais para a humanização de nossa sociedade, com sua vida simples de solidariedade e ajuda generosa aos necessitados, do que muitos protagonistas da vida social, política ou religiosa, hábeis defensores de seus interesses, de seu protagonismo e de sua posição.

29

NO FINAL VIRÁ JESUS

Naquele tempo, disse Jesus a seus discípulos:

– Naqueles dias, depois de uma grande tribulação, o sol se transformará em trevas, a lua não dará sua claridade, as estrelas cairão do céu, os poderes do céu serão abalados. Então verão chegar o Filho do homem sobre as nuvens com grande poder e glória. Ele enviará os anjos para reunir os seus eleitos dos quatro ventos, desde o extremo da terra até o extremo do céu.

Aprendei a parábola da figueira: quando os ramos estão tenros e as folhas brotam, sabeis que o verão está próximo. Assim, quando virdes acontecer estas coisas, sabei que ele está próximo, às portas. Eu vos asseguro: Não passará esta geração antes que tudo isso aconteça. O céu e a terra passarão, mas as minhas palavras não passarão. A respeito daquele dia e daquela hora, ninguém sabe, nem os anjos do céu, nem o Filho, mas somente o Pai (Mc 13,24-32).

NO FINAL VIRÁ JESUS

Não era fácil para os primeiros cristãos perseverar fiéis a Jesus: Quando chegaria a implantar-se o reino de Deus? Quando os pobres e desvalidos deixariam de sofrer? Não terminariam nunca os abusos e injustiças dos poderosos?

No término de seu escrito, Marcos quis oferecer a seus leitores a visão do "final". Queria infundir-lhes luz e esperança. Recolheu ditos autênticos de Jesus, recorreu também a escritos de caráter apocalíptico e lhes recordou o último segredo que a vida encerra: no final, Jesus, o "homem novo", dirá a última palavra.

A cena é grandiosa. O sol "se transformará em trevas", já não porá luz e calor no mundo. A lua "não dará sua claridade", se apagará para sempre. As estrelas "cairão do céu" uma depois da outra. As forças dos céus "serão abaladas". Este mundo que parece tão seguro, estável e eterno desmoronará.

No meio desta escuridão total fará sua aparição Jesus, o "Filho do homem", o "homem novo", o verdadeiramente humano. Todos verão Jesus chegar com "grande poder e esplendor". Já não haverá outros poderes nem impérios. Ninguém lhe fará sombra. Ele iluminará tudo, implantando verdade e justiça.

Não existe propriamente juízo. Basta "vê-lo chegar". Ele é o "Homem novo". Tudo fica confrontado com ele. Então aparecerá o que é realmente uma vida humana. Ver-se-á onde está a verdade e onde a mentira. Os que agiram com justiça e os que foram injustos e desumanos.

Então se revelará a realidade. As coisas ficarão em seu verdadeiro lugar. Ver-se-á o valor último do amor. Far-se-á justiça a todas as vítimas inocentes: os mortos por desnutrição, os escravos, os torturados, as mulheres maltratadas pelo varão, os excluídos da vida, os ignorados por todos.

Como diz um texto cristão: Deus "criará novos céus e uma nova terra onde habitará a justiça". Então ver-se-á que a maneira mais humana de viver é trabalhar por um mundo mais humano. Esta vida, às vezes tão cruel e injusta, passará. As "palavras" de Jesus não passarão.

CONVICÇÕES CRISTÃS

Pouco a pouco iam morrendo os discípulos que haviam conhecido Jesus. Os que restavam acreditavam nele sem tê-lo visto. Celebravam sua presença invisível na eucaristia, mas quando veriam seu rosto cheio de vida? Quando se cumpriria seu desejo de encontrar-se com ele para sempre?

Continuavam recordando com fé e com amor as palavras de Jesus. Elas eram seu alimento naqueles tempos difíceis de perseguição. Mas

242

quando poderiam comprovar a verdade que essas palavras encerravam? Não iriam sendo esquecidas pouco a pouco? Passavam os anos e não chegava o Dia final tão esperado. O que poderiam pensar?

O discurso apocalíptico que encontramos em Marcos quer recordar algumas convicções que devem alimentar sua esperança. Não devemos entendê-lo em sentido literal, mas procurando descobrir a fé contida nestas imagens e nestes símbolos, que hoje nos são tão estranhos.

Primeira convicção: a história apaixonante da humanidade chegará um dia ao seu fim. O "sol", que assinala a sucessão dos anos, se apagará. A "lua", que marca o ritmo dos meses, já não brilhará. Não haverá dias e noites, não haverá tempo. Além disso, "as estrelas cairão do céu", a distância entre o céu e a terra deixará de existir e não haverá espaço. Esta vida não é para sempre. Um dia chegará a Vida definitiva, sem espaço nem tempo. Viveremos no Mistério de Deus.

Segunda convicção: Jesus voltará e seus seguidores poderão ver por fim seu rosto desejado: "Verão chegar o Filho do homem". O sol, a lua e os astros se apagarão, mas o mundo não ficará sem luz. Será Jesus quem o iluminará para sempre, colocando verdade, justiça e paz na história humana, tão escrava hoje de abusos, injustiças e mentiras.

Terceira convicção: Jesus trará consigo a salvação de Deus. Ele chega com o poder imenso e salvador do Pai. Não se apresenta com aspecto ameaçador. O evangelista evita falar aqui de juízos e condenações. Jesus vem para "reunir os seus eleitos", os que esperam com fé sua salvação.

Quarta convicção: as palavras de Jesus "não passarão". Não perderão sua força salvadora. Continuarão alimentando a esperança de seus seguidores e o alento dos pobres. Não caminhamos para o nada e o vazio. Jesus sairá ao nosso encontro. Espera-nos o abraço com Deus, o Pai bom.

As palavras de Jesus não passarão

Os sinais de desesperança nem sempre são inteiramente visíveis, porque a falta de esperança pode vir disfarçada de otimismo superficial, ativismo cego ou secreta indiferença.

Por outro lado, são muitos os que não reconhecem sentir medo, tédio, solidão ou desesperança porque, de acordo com o modelo social vigente, supõe-se que um homem que triunfa na vida não pode sentir-se só, entediado ou temeroso. Erich Fromm, com sua habitual perspicácia, assinalou que o homem contemporâneo está procurando livrar-se de algumas repressões como a sexual, mas se vê obrigado a "reprimir tanto o medo e a dúvida como a depressão, o tédio e a falta de esperança".

Outras vezes nos defendemos de nosso "vazio de esperança" mergulhando na atividade. Não suportamos estar sem fazer nada. Precisamos estar ocupados em algo para não enfrentar o nosso futuro.

Mas a pergunta é inevitável: O que nos espera depois de tantos esforços, lutas, ilusões e dissabores? Não temos outro objetivo senão produzir cada vez mais, desfrutar cada vez melhor o que foi produzido e consumir sempre mais, até sermos consumidos por nossa própria caducidade?

O ser humano necessita de uma esperança para viver. Uma esperança que não seja "um invólucro para a resignação", como a daqueles que se viram para organizar uma vida bastante tolerável a fim de aguentar a aventura de cada dia. Uma esperança que também não deve confundir-se com uma espera passiva, que só é, muitas vezes, "uma forma disfarçada de desesperança e impotência" (Erich Fromm).

O homem precisa, em seu coração, de uma esperança que se mantenha viva, mesmo que outras pequenas esperanças se vejam malogradas e, inclusive, completamente destruídas.

Nós cristãos encontramos esta esperança em Jesus Cristo e em suas palavras, que "não passarão". Não esperamos algo ilusório. Nossa esperança se apoia no fato inabalável da ressurreição de Jesus. A partir de Cristo ressuscitado atrevemo-nos a ver a vida presente em "estado de gestação", como germe de uma vida que alcançará sua plenitude final em Deus.

ENFOCAR AS GRANDES QUESTÕES

O homem contemporâneo já não se intimida com os discursos apocalípticos sobre "o fim do mundo". Tampouco se detém para escutar a mensagem esperançosa de Jesus, que, empregando essa mesma linguagem, anuncia, no entanto, o parto de um mundo novo. O que o preocupa é a "crise ecológica".

Não se trata só de uma crise do ambiente natural do homem. É uma crise do próprio homem. Uma crise global da vida neste planeta. Crise mortal não só para o ser humano, mas também para os demais seres animados que a vêm padecendo há muito tempo.

Pouco a pouco começamos a dar-nos conta de que nos metemos num beco sem saída, pondo em crise todo o sistema da vida no mundo. Hoje, "progresso" não é uma palavra de esperança como o foi no século passado, porque se teme cada vez mais que o progresso acabe servindo não à vida, mas à morte.

A humanidade começa a ter o pressentimento de que não pode ser acertado um caminho que leva a uma crise global, que abrange desde a extinção das matas até à propagação das neuroses, desde a poluição das águas até ao "vazio existencial" de tantos habitantes das cidades massificadas.

Para deter o "desastre" é urgente mudar de rumo. Não basta substituir as tecnologias "sujas" por outras mais "limpas" ou a industrialização "selvagem" por outra mais "civilizada". São necessárias mudanças profundas nos interesses que hoje governam o desenvolvimento e o progresso das tecnologias.

Aqui começa o drama do homem moderno. As sociedades não se mostram capazes de introduzir mudanças decisivas em seu sistema de valores e de sentido. Os interesses econômicos imediatos são mais fortes do que qualquer outro projeto. É melhor desdramatizar a crise, desqualificar os "quatro ecologistas exalados" e favorecer a indiferença.

Não chegou o momento de enfocar as grandes questões que nos permitam recuperar o "sentido global" da existência humana sobre a Terra e de aprender a viver uma relação mais pacífica entre os homens e com a criação inteira?

O que é o mundo? Um "bem sem dono", que nós homens podemos explorar de maneira impiedosa e sem atenção alguma, ou a casa que o Criador nos dá de presente para torná-la cada dia mais habitável? O que é o cosmos? Um material bruto, que podemos manipular à vontade, ou a criação de um Deus que, mediante seu Espírito, vivifica tudo e conduz "os céus e a terra" para sua consumação definitiva?

O que é o homem? Um ser perdido no cosmos, lutando desesperadamente contra a natureza, mas destinado a extinguir-se sem remédio, ou um ser chamado por Deus a viver em paz com a criação, colaborando na orientação inteligente da vida para sua plenitude no Criador?

NO FINAL COMEÇA A VERDADEIRA VIDA

O fim do mundo não é um mito do passado, mas um horizonte que continua fascinando ou fazendo tremer o homem de hoje. Basta pensar em tantos filmes que refletem a insegurança última da espécie humana (*O colosso em chamas*, *A profecia*, *Apocalypse Now*) ou dar uma olhada nos pesadelos apocalípticos de Günter Grass sobre o final da humanidade, quando o mundo for herdado pelos ratos.

Torna-se mais desconcertante recordar os "suicídios em massa" que se repetiram nestes últimos anos entre membros de diferentes seitas: 912 na Guiana (1978), 78 no Texas e 52 no Vietnã (1993), 53 no Canadá e na Suíça (1994), 39 na Califórnia (1997). O motivo que levou essas pessoas a tão trágica decisão parece sempre o mesmo: libertar-se deste mundo prestes já a ser destruído, para ser transladados a um mundo melhor.

No fundo continuam vivas as visões apocalípticas de origem judaica sobre o final da história, como uma catástrofe cósmica na qual o mundo é destruído, embora tenham sido substituídas, em parte, pelos temores modernos de uma conflagração mundial ou de um desastre ecológico universal.

Todas estas fantasias são muito apocalípticas, mas não são cristãs. O típico do cristianismo não é a destruição e o final da vida, mas a nova criação do universo e o começo da verdadeira vida. O próprio da esperança cristã é a nova criação, o novo começo de Deus. A afirmação central do livro cristão do Apocalipse é esta: "Eis que faço novas todas as coisas" (Ap 21,5).

No final está Deus. Não qualquer Deus, mas o Deus revelado em Jesus Cristo. Um Deus que quer a vida, a dignidade e a felicidade plena do ser humano. Tudo está em suas mãos. Ele tem a última palavra. Um dia cessarão os prantos e o terror, e reinará a paz e o amor. Deus criará "novos céus e uma nova terra, onde habitará a justiça" (2Pd 3,13). É esta a firme esperança do cristão arraigada na promessa de Jesus: "O céu e a terra passarão, mas as minhas palavras não passarão".

30
DESPERTAR

Naquele tempo, disse Jesus a seus discípulos:
– Estai atentos e vigiai, porque não sabeis quando será o momento. Será como um homem que partiu de viagem e deixou a casa. Delegou autoridade aos criados, indicando a tarefa de cada um e encarregando o porteiro de vigiar. Vigiai, pois, porque não sabeis quando virá o dono da assa, se ao entardecer, ou à meia-noite, ou ao canto do galo, ou ao amanhecer, para que não aconteça que, vindo inesperadamente, vos encontre dormindo. O que vos digo, digo a todos: Vigiai! (Mc 13,33-37).

NÃO SENTIMOS A NECESSIDADE DE DESPERTAR?

As primeiras gerações cristãs viveram obcecadas pela vinda imediata de Jesus. O Ressuscitado não podia tardar. Os primeiros cristãos viviam tão atraídos por sua pessoa que queriam encontrar-se com ele o quanto antes. Os problemas começaram quando viram que o tempo passava e a vinda do Senhor demorava.

Logo se deram conta de que esta demora continha um perigo mortal. O primeiro ardor podia apagar-se. Com o tempo, aquelas pequenas comunidades podiam cair palatinamente na indiferença e no esquecimento. Uma coisa as preocupava: que, ao chegar, Jesus encontrasse os cristãos dormindo.

A vigilância transformou-se na palavra-chave. Os evangelhos a repetem constantemente: "vigiai", "estai alertas", "vivei despertos". De acordo com Marcos, a ordem de Jesus não é só para os discípulos que o estão escutando. "O que vos digo, digo a todos: Vigiai!" Não é apenas mais um chamado. A ordem é para seus seguidores de todos os tempos.

Passaram-se vinte séculos de cristianismo. O que aconteceu com esta ordem de Jesus? Como vivemos nós, os cristãos de hoje? Continuamos despertos? A nossa fé se mantém viva ou foi se apagando na indiferença e na mediocridade?

Não vemos que a Igreja precisa de um coração novo? Não sentimos a necessidade de sacudir de nós a apatia e o autoengano? Não vamos despertar o que há de melhor na Igreja? Não vamos reavivar essa fé humilde e pura de tantos crentes simples?

Não precisamos recuperar o rosto vivo de Jesus, que atrai, chama, interpela e desperta? Como podemos continuar falando, escrevendo e discutindo tanto sobre Cristo sem que sua pessoa desperte em nós o amor por ele e nos transforme um pouco mais? Não nos damos conta de que uma Igreja "que dorme", que não é seduzida por Jesus e cujo coração ele não toca, é uma Igreja sem futuro, que irá se apagando por falta de vida?

Não sentimos a necessidade de despertar e intensificar nossa relação com ele? Quem como ele pode despertar nosso cristianismo da imobilidade, da inércia, do peso do passado ou da falta de criatividade? Quem poderá transmitir-nos sua alegria? Quem nos dará sua força criadora e sua vitalidade?

QUANDO O HORIZONTE SE TORNA SOMBRIO

A falta de esperança está produzindo entre nós mudanças profundas que nem sempre sabemos captar. Quase sem dar-nos conta vão desaparecendo do horizonte políticas orientadas para uma vida mais humana. Fala-se cada vez menos de programas de libertação ou de projetos que busquem mais justiça e solidariedade entre os povos.

Quando o futuro se torna sombrio, todos nós buscamos segurança. O que vai bem para nós é que nada mude. Que ninguém ponha em perigo nosso bem-estar. Não é o momento de pensar em grandes ideias de justiça para todos, mas de defender a ordem e a tranquilidade.

Ao que parece, não sabemos ir além desta reação quase instintiva. Os peritos nos dizem que os graves problemas do meio ambiente, o fenômeno do terrorismo desesperado ou o assédio crescente dos famintos penetrando nas sociedades do bem-estar não estão provocando, ao que parece, nenhuma mudança profunda na vida pessoal dos indivíduos. Apenas medo e busca de segurança. Cada um trata de desfrutar ao máximo seu pequeno bem-estar.

Sem dúvida, muitos de nós sentimos uma estranha sensação de culpa, vergonha e tristeza. Sentimos, além disso, uma espécie de cumplicidade por nossa indiferença e nossa incapacidade de reação. No fundo não queremos saber nada de um mundo novo, só pensamos em nossa segurança.

As fontes cristãs conservaram um chamado de Jesus para momentos catastróficos: "Despertai, vivei vigilantes". O que significam hoje estas palavras? Despertar de uma vida que transcorre suavemente no egoísmo? Despertar da frivolidade que nos rodeia a todo instante, impedindo-nos de escutar a voz da consciência? Libertar-nos da indiferença e da resignação?

Não deveriam as comunidades cristãs ser um lugar privilegiado para as pessoas aprenderem a viver despertas, sem fechar os olhos, sem fugir do mundo, sem pretender amar a Deus de costas para os que sofrem?

VIVER COM LUCIDEZ

Há um grito que se repete na mensagem evangélica e se condensa numa única palavra: "Vigiai!" É um chamado a viver de maneira lúcida, sem deixar-nos arrastar pela insensatez que parece invadir quase tudo. Um convite a manter desperta nossa resistência e rebeldia: a não agir como todo mundo, a ser diferentes, a não identificar-nos com tanta mediocridade. É possível?

A primeira coisa talvez seja aprender a olhar a realidade com olhos novos. As coisas não são só como aparecem nos meios de comunicação. No coração das pessoas existe mais bondade e ternura do que percebemos à primeira vista. Precisamos reeducar o nosso olhar, torná-lo mais positivo e benévolo. Tudo muda quando olhamos as pessoas com mais simpatia, procurando compreender suas limitações e suas possibilidades.

É importante, além disso, não deixar que se apague em nós o gosto pela vida e o desejo do que é bom. Aprender a viver com o coração e amar as pessoas procurando seu bem. Não ceder à indiferença. Viver com paixão a pequena aventura de cada dia. Não desinteressar-nos dos problemas das pessoas: sofrer com os que sofrem e alegrar-nos com os que se alegram.

Por outro lado, pode ser decisivo dar muito mais importância a esses pequenos gestos que aparentemente não servem para nada, mas que sustentam a vida das pessoas. Eu não posso mudar o mundo, mas posso fazer que junto a mim a vida seja mais amável e suportável, que as pessoas "respirem" e se sintam menos sozinhas e mais acompanhadas.

É tão difícil, então, abrir-se ao mistério último da vida, que nós crentes chamamos "Deus"? Não estou pensando numa adesão de caráter doutrinal a um conjunto de verdades religiosas, mas nessa busca serena de verdade última e nesse desejo confiante de amor pleno que, de alguma maneira, aponta para Deus.

DESPERTAR A ESPERANÇA

Alguém disse que "o século XX acabou sendo um imenso cemitério de esperanças". A história destes últimos anos encarregou-se de desmitificar o mito do progresso. Não se cumpriram as grandes promessas do Iluminismo. O mundo moderno continua cheio de crueldades, injustiças e insegurança.

Por outro lado, o enfraquecimento da fé religiosa não trouxe uma maior fé no ser humano. Pelo contrário, o abandono de Deus parece ir deixando o homem contemporâneo sem horizonte último, sem meta e sem pontos de referência. Os acontecimentos se atropelam uns aos outros, mas não conduzem a nada de novo. A civilização do consumismo produz novidade de produtos, mas só para manter o sistema no mais absoluto imobilismo. Os filósofos pós-modernos nos advertem que precisamos aprender a "viver na condição de quem não se dirige a lugar nenhum" (Giacomo Vattimo).

Quando não se espera quase nada do futuro, o melhor é viver para o dia de hoje e desfrutar ao máximo o momento presente. É a hora do hedonismo e do pragmatismo. Uma vez instalados no sistema com certa segurança, a coisa inteligente a fazer é retirar-se ao "santuário da vida privada" e desfrutar todo prazer "agora mesmo" (*just now*).

Por isso são poucos os que se comprometem a fundo para que as coisas sejam diferentes. Cresce a indiferença em relação às questões coletivas e ao bem comum. A democracia já não gera ilusão nem instiga os esforços das pessoas para criar um futuro melhor. Cada um se preocupa consigo mesmo. É o lema: "Salve-se quem puder".

Esta crise de esperança está configurada por múltiplos fatores, mas tem provavelmente sua raiz mais profunda na falta de fé do homem contemporâneo em si mesmo e em seu progresso, na falta de confiança na vida. Eliminado Deus, parece que o ser humano vai se transformando cada vez mais numa pergunta sem resposta, num projeto impossível, num caminhar para lugar nenhum.

Não estará o homem de hoje precisando, mais do que nunca, do "Deus da esperança" (Rm 15,13)? Esse Deus do qual muitos duvidam, que muitos abandonaram, mas também o Deus pelo qual tantos continuam perguntando. Um Deus que pode devolver-nos a confiança radical na vida e mostrar-nos que o homem continua sendo "um ser capaz de projeto e de futuro" (J.L. Coelho).

A Igreja não deveria esquecer hoje "a responsabilidade da esperança", porque é esta a missão que recebeu de Cristo ressuscitado. Antes que "lugar de culto" ou "instância moral", a Igreja precisa entender-se a si mesma e viver como "comunidade da esperança" (Jürgen Moltmann).

Uma esperança que não é uma utopia a mais nem uma reação desesperada diante das crises e incertezas do momento. Uma esperança que se funda em Cristo ressuscitado. Nele nós, crentes, descobrimos o futuro último que espera a humanidade, o caminho que pode e deve percorrer o ser humano para sua plena humanização e a garantia última diante dos fracassos, da injustiça e da morte. O grito de Jesus chamando-nos a vigiar é hoje um chamado a despertar a esperança.

SEMPRE É POSSÍVEL REAGIR

Nem sempre é o desespero que destrói em nós a esperança e o desejo de continuar caminhando diariamente cheios de vida. Ao contrário, poder-se-ia dizer que a esperança vai se diluindo em nós quase sempre de maneira silenciosa e quase imperceptível.

Talvez sem dar-nos conta, nossa vida vai perdendo cor e intensidade. Pouco a pouco parece que tudo começa a ser pesado e tedioso. Vamos fazendo mais ou menos o que temos que fazer, mas a vida não nos "satisfaz".

Um dia comprovamos que a verdadeira alegria foi desaparecendo de nosso coração. Já não somos capazes de saborear o que há de bom, de belo e de grande na existência.

Pouco a pouco tudo foi se complicando para nós. Talvez já não esperemos grande coisa da vida nem de ninguém. Já não cremos nem sequer em nós mesmos. Tudo nos parece inútil e quase sem sentido.

A amargura e o mau humor se apoderam de nós cada vez com mais facilidade. Já não cantamos. De nossos lábios não saem senão sorrisos forçados. Faz tempo que não conseguimos rezar.

Talvez comprovemos com tristeza que nosso coração foi se endurecendo e hoje não amamos quase ninguém de verdade. Incapazes de acolher e escutar os que encontramos diariamente em nosso caminho, só sabemos queixar-nos, condenar e desqualificar.

Pouco a pouco fomos caindo no ceticismo, na indiferença ou na "preguiça total". Tendo cada vez menos forças para tudo o que exige verdadeiro esforço e superação, já não queremos correr novos riscos. Não vale a pena. Preocupados com muitas coisas que nos pareciam importantes, a vida nos foi escapando. Envelhecemos interiormente e algo está a ponto de morrer dentro de nós. O que podemos fazer?

A primeira coisa é despertar e abrir os olhos. Todos estes sintomas são indício claro de que temos a vida malprojetada. Esse mal-estar que sentimos é o toque de alarme que começou a soar dentro de nós.

Nada está perdido. Não podemos de repente sentir-nos bem conosco mesmos, mas podemos reagir. Precisamos perguntar-nos o que é que descuidamos até agora, o que é que precisamos mudar, a que devemos dedicar mais atenção e mais tempo. As palavras de Jesus são dirigidas a todos: "Vigiai!" Talvez devamos tomar hoje mesmo alguma decisão.

31
A CEIA DO SENHOR

No primeiro dia dos Ázimos, quando se sacrificava o cordeiro pascal, os discípulos disseram a Jesus:

– Onde queres que vamos fazer os preparativos para comeres a Páscoa?

Ele enviou dois dos discípulos, dizendo-lhes:

– Ide à cidade e encontrareis um homem carregando um cântaro de água. Segui-o e, na casa onde ele entrar, dizei ao dono: "O Mestre pergunta: Onde está o aposento no qual vou comer a Páscoa com meus discípulos?" Ele vos mostrará uma sala grande mobiliada e pronta. Preparai ali a ceia.

Os discípulos partiram, chegaram à cidade, encontraram tudo como Jesus havia dito e prepararam a ceia da Páscoa.

Enquanto comiam, Jesus tomou um pão e pronunciou a bênção. Depois partiu o pão e deu-lhes, dizendo:

– Tomai, isto é o meu corpo.

Depois tomou um cálice, pronunciou a ação de graças, deu-o a eles e todos beberam.

E lhes disse:

– Isto é o meu sangue, o sangue da aliança, derramado por muitos. Eu vos asseguro: Já não tornarei a beber do fruto da videira até o dia em que beberei o vinho novo no reino de Deus.

Depois de cantar o salmo, saíram para o monte das Oliveiras (Mc 14,12-16.22-26).

EXPERIÊNCIA DECISIVA

Como é natural, a celebração da missa foi mudando ao longo dos séculos. De acordo com a época, os cristãos foram destacando alguns aspectos e descuidando outros. A missa serviu como marco para celebrar coroações de reis e papas, render homenagens ou comemorar vitórias de guerra. Os músicos a transformaram em concerto. Os povos a integraram em suas devoções e costumes religiosos...

Depois de vinte séculos pode ser necessário recordar alguns dos traços essenciais da última ceia do Senhor, tal como era recordada e vivida pelas primeiras gerações cristãs.

No pano de fundo desta ceia há uma convicção firme: os seguidores de Jesus não ficarão órfãos. A morte de Jesus não poderá romper sua comunhão com ele. Ninguém sentirá o vazio de sua ausência. Seus discípulos não ficam sozinhos, à mercê das vicissitudes da história. No centro de toda comunidade cristã que celebra a eucaristia está Cristo vivo e operante. Aqui está o segredo de sua força.

Dele se alimenta a fé de seus seguidores. Não basta assistir a esta ceia. Os discípulos são convidados a "comer". A fim de alimentar nossa adesão a Jesus Cristo, precisamos reunir-nos para ouvir suas palavras e introduzi-las em nosso coração; precisamos aproximar-nos para "comungar com ele", ou seja, participar de seu ideal, identificando-nos com seu estilo de vida. Nenhuma outra experiência pode nos oferecer alimento mais sólido.

Não devemos esquecer que "comungar" com Jesus é ter os mesmos sentimentos de alguém que viveu e morreu "entregue" totalmente aos outros. Assim insiste Jesus. Seu corpo é um "corpo entregue" e seu sangue é um "sangue derramado" para a salvação de todos. É uma contradição aproximar-nos para "comungar" com Jesus, recusando preocupar-nos com algo que não seja nosso próprio interesse.

Não há nada mais central e decisivo para os seguidores de Jesus do que a celebração desta ceia do Senhor. Por isso precisamos cuidar tanto dela. Bem celebrada, a eucaristia nos molda, nos vai unindo a Jesus, nos alimenta com sua vida, nos familiariza com o evangelho, nos convida a viver em atitude de serviço fraterno e nos sustenta na esperança do reencontro final com ele.

FAZER MEMÓRIA DE JESUS

Jesus cria um clima especial na ceia de despedida que compartilha com os seus na véspera de sua execução. Ele sabe que é a última. Já não tornará a sentar-se à mesa com eles até à festa final junto ao Pai. Quer deixar bem gravado em sua lembrança o que foi sempre sua vida: paixão por Deus e entrega total a todos.

Nesta noite ele vive tudo com tal intensidade que, ao repartir entre eles o pão e distribuir-lhes o vinho, chega a dizer-lhes estas palavras memoráveis: "Eu sou assim. Dou-vos minha vida inteira. Olhai: este pão é meu corpo dilacerado por vós; este vinho é meu sangue derramado por todos. Não se esqueçam nunca de mim. Fazei isto em minha memória. Recordai-me assim: totalmente entregue a vós. Isto alimentará vossas vidas".

Para Jesus é o momento da verdade. Nesta ceia ele se reafirma em sua decisão de ir até o final em sua fidelidade ao projeto de Deus. Continuará sempre do lado dos fracos, morrerá enfrentando os que desejam outra religião e outro Deus esquecido do sofrimento das pessoas. Dará sua vida sem pensar em si mesmo. Confia no Pai. Deixará tudo em suas mãos.

Celebrar a eucaristia é fazer memória deste Jesus, gravando dentro de nós como ele viveu até o final. Reafirmar-nos em nossa opção de viver seguindo seus passos. Tomar em nossas mãos nossa vida para tentar vivê-la até as últimas consequências.

Celebrar a eucaristia é, sobretudo, dizer como ele: "Esta minha vida não quero guardá-la exclusivamente para mim. Não quero monopolizá-la só para meu próprio interesse. Quero passar por esta terra reproduzindo em mim algo do que ele viveu. Sem fechar-me em meu egoísmo; contribuindo, a partir de meu ambiente e de minha pequenez, para fazer um mundo mais humano".

É fácil fazer da eucaristia outra coisa muito diferente do que ela é. Basta ir à missa para cumprir uma obrigação, esquecendo o que Jesus viveu na última ceia. Basta comungar pensando só em nosso bem-estar interior. Basta sair da igreja sem decidir-nos nunca a viver de maneira mais dedicada.

MESA ACESSÍVEL A TODOS

Nós falamos de "missa" ou de "eucaristia". Mas os primeiros cristãos chamavam-na "a ceia do Senhor" e também "a mesa do Senhor". Eles tinham ainda muito presente na memória que celebrar a eucaristia não é senão atualizar a ceia que Jesus compartilhou com seus discípulos na véspera de sua execução. Mas, como advertem hoje os exegetas, aquela "última ceia" foi só a última de uma longa cadeia de refeições e ceias que Jesus costumava celebrar com todo tipo de pessoas.

As refeições tinham entre os judeus um caráter sagrado que a nós hoje nos escapa. Para uma mente judaica, o alimento vem de Deus. Por isso, a melhor maneira de tomá-lo é sentar-se à mesa em atitude de ação de graças, compartilhando o pão e o vinho com os irmãos. A refeição não é só para alimentar-se, mas é o melhor momento para sentirem-se todos unidos e em comunhão com Deus, sobretudo no dia sagrado do sábado, em que se come, se canta, se ouve a Palavra de Deus e se desfruta uma longa conversa após a refeição.

Por isso os judeus não sentavam à mesa com qualquer um. Não se come com estranhos ou desconhecidos. Menos ainda com pecadores, impuros ou gente desprezível. Como compartilhar o pão, a amizade e a oração com quem vive longe da amizade de Deus?

A atuação de Jesus resultou surpreendente e escandalosa. Jesus não seleciona seus comensais. Senta-se à mesa com publicanos, deixa que se aproximem dele as prostitutas, come com gente impura e marginalizada, excluída da Aliança com Deus. Acolhe-os não como moralista, mas como amigo. Sua mesa está acessível a todos, sem excluir ninguém. Sua mensagem é clara: todos têm um lugar no coração de Deus.

Depois de vinte séculos de cristianismo, a eucaristia pode parecer hoje uma celebração piedosa, reservada só a pessoas exemplares e virtuosas. Parece que devem aproximar-se para comungar com Cristo os que se sentirem dignos de recebê-lo com alma pura. No entanto, a "mesa do Senhor" continua acessível a todos, como sempre.

A eucaristia é para pessoas abatidas e humilhadas que anseiam por paz e alívio; para pecadores que buscam perdão e consolo; para pessoas que vivem com o coração faminto de amor e amizade. Jesus não vem ao altar para os justos, mas para os pecadores; não se oferece só aos sadios, mas também aos enfermos.

Reavivar a ceia do Senhor

Os estudos sociológicos destacam-no com dados contundentes: os cristãos de nossas igrejas ocidentais estão abandonando a missa dominical. A celebração, tal como ficou configurada ao longo dos séculos, já não é capaz de nutrir sua fé nem de vinculá-los à comunidade de Jesus.

O surpreendente é que estamos deixando que a missa "se perca", não provocando este fato quase nenhuma reação entre nós. Não é a eucaristia o centro da vida cristã? Como podemos permanecer passivos, sem capacidade de tomar iniciativa alguma? Por que nós crentes não manifestamos nossa preocupação com mais força e dor?

A desafeição pela missa está crescendo inclusive entre os que participam dela de maneira incondicional. É a fidelidade exemplar destas minorias que está sustentando as comunidades, mas poderá a missa continuar viva só na base de medidas protetoras que assegurem o cumprimento do rito atual?

As perguntas são inevitáveis: Não precisa a Igreja, em seu centro, de uma experiência mais viva e encarnada da ceia do Senhor do que a que a liturgia atual oferece? Estamos tão seguros de estar hoje fazendo bem o que Jesus quis que fizéssemos em memória dele?

É a liturgia que nós estamos repetindo há séculos a que melhor pode ajudar os crentes nestes tempos a viver o que Jesus viveu naquela ceia memorável onde se concentra, se recapitula e se manifesta como e para que o Senhor viveu e morreu? É a que mais nos pode atrair a viver como discípulos seus a serviço de seu projeto do reino do Pai?

Hoje tudo parece opor-se à reforma da missa. No entanto, esta reforma será cada vez mais necessária se a Igreja quiser viver do contato vital com o Senhor. O caminho será longo. A transformação será possível quando a Igreja sentir com mais força a necessidade de recordar Jesus e de viver de seu Espírito. Por isso também agora a atitude mais responsável não é ausentar-se da missa, mas contribuir para a conversão a Jesus Cristo.

COMUNGAR COM JESUS

"Felizes os convidados para a ceia do Senhor". Assim diz o sacerdote enquanto mostra a todo o povo o pão eucarístico antes de começar sua distribuição. Que eco têm hoje estas palavras em quem as escuta?

Muitos, sem dúvida, se sentem felizes de poder aproximar-se para comungar, a fim de encontrar-se com Cristo e alimentar nele sua vida e sua fé. Muitos se levantam automaticamente para realizar mais uma vez um gesto rotineiro e vazio de vida. Existe um número importante de pessoas que não se sentem chamadas a participar e também não experimentam insatisfação alguma por isso.

E, no entanto, comungar pode ser para o cristão o gesto mais importante e central de toda a semana, se for vivido com toda a sua expressividade e dinamismo.

A preparação começa com o canto ou recitação do Pai-nosso. Não nos preparamos cada um por nossa conta para comungar individualmente. Comungamos formando todos uma família que, acima de tensões e diferenças, quer viver fraternalmente invocando o mesmo Pai e encontrando-nos todos no mesmo Cristo.

Não se trata de rezar um "Pai-nosso" dentro da missa. Esta oração adquire uma profundidade especial neste momento. O gesto do sacerdote, com as mãos abertas e erguidas, é um convite a adotar a atitude confiante de invocação. Os pedidos ressoam de maneira diferente ao ir comungar: "dá-nos o pão" e alimenta nossa vida nesta comunhão; "venha o teu reino" e venha Cristo a esta comunidade; "perdoa nossas ofensas" e prepara-nos para receber teu Filho...

A preparação continua com o abraço de paz, gesto sugestivo e cheio de força, que nos convida a romper os isolamentos, as distâncias e a insolidariedade egoísta. O rito, precedido por uma dupla oração em que se pede a paz, não é simplesmente um gesto de amizade. Expressa o compromisso de viver transmitindo "a paz do Senhor", curando feridas, eliminando ódios, reavivando o sentido de fraternidade, despertando a solidariedade.

A invocação "Senhor, eu não sou digno...", dita com fé humilde e com o desejo de viver de maneira mais fiel a Jesus, é o último gesto antes de aproximar-nos cantando para receber o Senhor. A mão estendida e aberta expressa a atitude de quem, pobre e indigente, se abre para receber o pão da vida.

O silêncio agradecido e confiante que nos torna conscientes da proximidade de Cristo e de sua presença viva em nós, a oração de toda a comunidade cristã e a última bênção põem fim à comunhão. Não se reafirmaria a nossa fé se conseguíssemos comungar com mais profundidade?

32

O GRITO DO CRUCIFICADO

Ao chegar o meio-dia, toda a região ficou em trevas até à meia-tarde. E à meia-tarde Jesus gritou com voz forte:

– Eloí, Eloí, lamá sabachthani? (que significa: "Meu Deus, meu Deus, por que me abandonaste?").

Alguns dos presentes, ao ouvir isto, diziam:

– Vede! Ele está chamando por Elias.

Um deles saiu correndo, embebeu uma esponja em vinagre, colocou-a na ponta de uma vara e dava-lhe de beber, dizendo:

– Deixai! Vejamos se Elias vem tirá-lo da cruz.

E Jesus, dando um forte grito, expirou. O véu do templo rasgou-se em dois, de alto a baixo. O centurião, que estava diante dele, ao ver que ele havia expirado deste modo, disse:

– Realmente, este homem era Filho de Deus (Mc 15,33-39).

DEU UM FORTE GRITO

Jesus não tinha dinheiro, nem armas nem poder. Não tinha autoridade religiosa. Não era sacerdote nem escriba. Não era ninguém. Mas trazia em seu coração o fogo do amor aos crucificados. Sabia que para Deus estes eram os primeiros. Isto marcou para sempre a vida de Jesus.

Ele se aproximou dos últimos e se fez um deles. Também ele viveria sem família, sem teto e sem trabalho fixo. Curou os que encontrou enfermos, tocou os que ninguém tocava, sentou-se à mesa com pecadores, a todos devolveu a dignidade. Sua mensagem era sempre a mesma: "Estes que excluís de vossa sociedade são os prediletos de Deus".

Isto bastou para ele transformar-se num homem perigoso. Era preciso eliminá-lo. Sua execução não foi um erro nem uma infeliz coincidência de circunstâncias. Tudo foi bem calculado. Um homem assim sempre é perigoso numa sociedade que ignora os últimos.

De acordo com a fonte cristã mais primitiva, ao morrer, Jesus "deu um forte grito". Não era só o grito final de um moribundo. Naquele grito estavam gritando todos os crucificados da história. Era um grito de indignação e de protesto. Era, ao mesmo tempo, um grito de esperança.

Os primeiros cristãos nunca esqueceram este grito final de Jesus. No grito deste homem humilhado, torturado e executado, mas aberto a todos, sem excluir ninguém, está a verdade última da vida. No amor impotente deste crucificado está o próprio Deus, identificado com todos os que sofrem e gritando contra as injustiças, abusos e torturas de todos os tempos.

Neste Deus pode-se crer ou não crer, mas ninguém pode caçoar dele. Este Deus não é uma caricatura de Ser supremo e onipotente, dedicado a exigir de suas criaturas sacrifícios que aumentem ainda mais sua honra e sua glória. É um Deus que sofre com os que sofrem, que grita e protesta com as vítimas e que busca conosco e para nós a Vida. Nele está a redenção da humanidade.

Para crer neste Deus não basta ser piedoso; é necessário, além disso, ter compaixão. Para adorar o mistério de um Deus crucificado não basta celebrar a Semana Santa; é necessário, além disso, olhar a vida a partir dos que sofrem e identificar-nos um pouco mais com eles.

O GESTO SUPREMO

Jesus contou com a possibilidade de um final violento. Ele não era um ingênuo. Sabia a que se expunha se continuasse insistindo no projeto do reino de Deus. É impossível buscar com tanta radicalidade uma vida digna para os "pobres" e os "pecadores" sem provocar a reação daqueles aos quais não interessa mudança alguma.

Certamente Jesus não é um suicida. Ele não busca a crucificação. Nunca quis o sofrimento nem para os outros nem para si mesmo. Durante toda a sua vida se dedicara a combatê-lo onde o encontrava: na enfermidade, nas injustiças, no pecado ou no desespero. Por isso, não corre agora atrás da morte, mas também não se acovarda.

Continuará acolhendo pecadores e excluídos, mesmo que sua atuação cause irritação no templo. Se terminam condenando-o, morrerá também ele como um delinquente e excluído, mas sua morte confirmará o que foi sua vida inteira: confiança total num Deus que não exclui ninguém de seu perdão.

Jesus continuará anunciando o amor de Deus aos últimos, identificando-se com os mais pobres e desprezados do império, por mais que esta atitude cause inquietação nos ambientes próximos ao governador romano. Se um dia o executam no suplício da cruz, reservado para escravos, morrerá também ele como um desprezível escravo, mas sua morte selará para sempre sua fidelidade ao Deus defensor das vítimas.

Cheio do amor de Deus, Jesus continuará oferecendo "salvação" aos que sofrem o mal e a enfermidade: dará "acolhida" aos que são excluídos pela sociedade e pela religião; dará o "perdão" gratuito de Deus a pecadores e pessoas perdidas, incapazes de voltar à sua amizade. Esta atitude salvadora, que inspira sua vida inteira, inspirará também sua morte.

Por isso, a cruz tanto nos atrai a nós, cristãos. Beijamos o rosto do Crucificado, levantamos os olhos para ele, escutamos suas últimas palavras..., porque em sua crucificação vemos o serviço último de Jesus ao projeto do Pai e o gesto supremo de Deus entregando seu Filho por amor à humanidade inteira.

Para os seguidores de Jesus, celebrar a paixão e morte do Senhor é agradecimento emocionado, adoração prazerosa do amor "incrível" de Deus e chamado a viver como Jesus, solidarizando-nos com os crucificados.

JESUS DIANTE DE SUA MORTE

Jesus previu seriamente a possibilidade de uma morte violenta. Talvez não contasse com a intervenção da autoridade romana nem com a crucificação como último destino mais provável. Mas não lhe passava despercebida a reação que sua atuação estava provocando nos setores mais poderosos. O rosto de Deus que ele apresenta destrói demasiados esquemas teológicos e o anúncio de seu reinado rompe demasiadas seguranças políticas e religiosas.

No entanto, nada modifica sua atuação. Ele não se esquiva da morte. Não se defende. Não empreende a fuga. Tampouco busca sua perdição. Jesus não é o homem que busca sua morte em atitude suicida. Durante sua curta permanência em Jerusalém esforça-se por ocultar-se e não aparecer em público.

Se quisermos saber como Jesus viveu sua morte, precisamos deter-nos em duas atitudes fundamentais que dão sentido a todo seu comportamento final. Toda a sua vida foi "desvelar-se" pela causa de Deus e pelo serviço libertador aos homens. Sua morte selará agora sua vida. Jesus morrerá por fidelidade ao Pai e por solidariedade com os homens.

Em primeiro lugar, Jesus enfrenta sua própria morte a partir de uma atitude de confiança total no Pai. Caminha para a morte, convencido de que sua execução não poderá impedir a chegada do reino de Deus, que ele continua anunciando até o final.

Na ceia de despedida, Jesus manifesta sua fé total de que voltará a comer com os seus a Páscoa verdadeira, quando for estabelecido o reino definitivo de Deus, acima de todas as injustiças que nós, seres humanos, possamos cometer.

Quando tudo fracassa e até Deus parece abandoná-lo como um falso profeta, condenado justamente em nome da lei, Jesus grita: "Pai, em tuas mãos entrego a minha vida".

Por outro lado, Jesus morre numa atitude de solidariedade e de serviço a todos. Toda a sua vida consistiu em defender os pobres diante da desumanidade dos ricos, em solidarizar-se com os fracos diante dos interesses egoístas dos poderosos, em anunciar o perdão aos pecadores diante da dureza inabalável dos "justos".

Agora ele sofre a morte de um pobre, de um abandonado que nada pode diante do poder dos que dominam a terra. E vive sua morte como um serviço. O último e supremo serviço que ele pode prestar à causa de Deus e à salvação definitiva de seus filhos e filhas

A CRUZ, MEMÓRIA DOS CRUCIFICADOS

Os especialistas nos alertam sobre o novo "privatismo" que se estende hoje pela Europa. Triunfa o culto ao virtual e se desvanece a capacidade de perceber a realidade dolorosa do ambiente, não por falta de informação, mas por excesso. São cada vez mais numerosos os que se acostumam a seguir o curso vertiginoso dos acontecimentos de forma distraída e "voyeurista", recolhendo-se atrás de seu televisor, alheios a todo sofrimento que não seja o seu próprio.

Nesta Europa moderna é cada vez maior a tentação de uma religião de caráter estético e tranquilizador, uma espécie de "refúgio" que salva do vazio existencial e liberta de certos sofrimentos e medos, mas "que já não intranquiliza ninguém, não tem nenhum estímulo, perdeu a tensão do seguimento de Jesus, não chama a nenhuma responsabilidade, mas livra dela" (J.B. Metz).

Daí a necessidade de "plantar" novamente, no centro do cristianismo, a cruz, "memória" comovedora de um "Deus crucificado" e recordação permanente de todos os que sofrem de maneira inocente e injusta. O grito do Crucificado não é virtual. Introduz em nossas vidas e em nossa religião a dor de todas as vítimas esquecidas e abandonadas à sua sorte.

Neste "Deus crucificado" está toda a grandeza e também a vulnerabilidade do cristianismo. Buda encontrou-se com o sofrimento humano, mas terminou refugiando-se em sua interioridade para viver uma "mística de olhos fechados", atenta a seu mundo interior. Jesus, pelo contrário, vive uma "mística de olhos abertos", atenta e responsável diante de todo aquele que sofre.

Provavelmente tem razão o conhecido teólogo alemão Johann Baptist Metz, quando se pergunta se não existe no cristianismo atual demasiado canto e muito pouco grito dos pobres, demasiado júbilo e pouca pena dos que sofrem, demasiado consolo e pouca fome de justiça para todos. Na Igreja do Primeiro Mundo precisamos erguer o olhar para o Crucificado para não esquecer os que sofrem, para não esquecer que os estamos esquecendo.

NÃO É DEUS QUEM PROVOCA A CRUCIFICAÇÃO

A cruz é considerada, não poucas vezes, como uma negociação entre Jesus e o Pai para conseguir a salvação da humanidade. Uma espécie de contrato entre o Pai, que exige dos homens uma reparação infinita, e o Filho, disposto a entregar sua vida – de valor infinito – por nossa salvação.

Ao longo dos séculos foi se desenvolvendo uma rica teologia para expressar o significado da cruz. Os teólogos a apresentam como "rito de pacificação" e "sacrifício de expiação". Esta linguagem procura interpretar o conteúdo salvador da cruz; mas, quando fala de maneira descuidada e parcial, pode sugerir falsamente a ideia de um Deus que reclama sofrimento antes de perdoar.

De fato, não são poucos os cristãos que pensam que Deus exigiu a destruição de seu Filho como condição prévia indispensável para poder salvar os homens. Não reparam que, desta maneira, fica radicalmente pervertida a imagem de Deus, que já não seria um Pai que perdoa gratuitamente, mas um credor implacável e justiceiro, que não salva se não for reparada previamente sua honra.

Esta maneira falsa de entender a cruz pode levar muitos a afastar-se de um Deus "sádico", que só parece aplacar-se ao ver sangue e destruição. Fazem pensar nas palavras do renomado antropólogo René Girard: "Deus não só reclama uma nova vítima, mas reclama a vítima mais preciosa e querida: seu próprio Filho. Sem dúvida, este postulado contribuiu mais que qualquer outra coisa para desacreditar o cristianismo aos olhos dos homens de boa vontade no mundo moderno".

No entanto, a crucificação não é algo que o Pai provoca para satisfazer sua honra, e sim um crime injusto que os homens cometem rejeitando seu Filho. Se Cristo morre na cruz não é porque assim o exige um Deus que busca uma vítima, mas porque Deus se mantém firme em seu amor infinito aos homens, inclusive quando estes lhe matam seu Filho amado.

Não é Deus quem busca a morte e destruição de alguém, e menos ainda a de Jesus. São os seres humanos que destroem e matam, inclusive seu Filho. Deus só poderia evitar isso destruindo a liberdade dos homens, mas não o fará, pois seu amor insondável ao ser humano não tem fim.

Nós cristãos confessamos não a avidez insaciável de um Deus que busca acima de tudo a reparação de sua honra, mas o amor insondável de um Pai que se nos entrega em seu próprio Filho, inclusive quando nós o estamos crucificando. Como diz Paulo de Tarso: "Em Cristo, Deus estava reconciliando o mundo consigo e não levando em conta as transgressões dos homens" (2Cor 5,19).

33

PROCLAMAI O EVANGELHO

Naquele tempo, Jesus apareceu aos Onze e lhes disse:
– Ide pelo mundo inteiro e proclamai o evangelho a toda a criação.
Quem crer e for batizado será salvo; quem não crer será condenado. São
estes os sinais que acompanharão os que crerem: expulsarão demônios em
meu nome, falarão línguas novas, pegarão serpentes nas mãos e, se beberem
um veneno mortífero, não lhes fará mal. Imporão as mãos sobre os enfermos
e estes ficarão curados.
Depois de lhes falar, o Senhor Jesus subiu ao céu e sentou-se à direita
de Deus.
Os discípulos saíram a pregar por toda parte, e o Senhor cooperava com
eles e confirmava a palavra com os sinais que a acompanhavam (Mc 16,15-20).

CONFIANÇA E RESPONSABILIDADE

Ao evangelho original de Marcos foi acrescentado, em algum momento, um apêndice onde se recolhe este mandato final de Jesus: "Ide pelo mundo inteiro e proclamai o evangelho a toda a criação". O evangelho não deve ficar no interior do pequeno grupo de seus discípulos. Eles precisam sair e deslocar-se para chegar ao "mundo inteiro" e levar a Boa Notícia a todos os povos, a "toda a criação".

Sem dúvida, estas palavras eram ouvidas com entusiasmo quando os cristãos estavam em plena expansão e suas comunidades se multiplicavam por todo o Império romano, mas como ouvi-las hoje, quando nos vemos impotentes para reter os que abandonam nossas igrejas porque já não sentem a necessidade de nossa religião?

A primeira coisa é viver a partir da confiança absoluta na ação de Deus. Jesus nos ensinou isso. Deus continua trabalhando com amor infinito o coração e a consciência de todos os seus filhos e filhas, mesmo que nós os consideremos "ovelhas perdidas". Deus não está bloqueado por nenhuma crise.

Ele não está esperando que, a partir da Igreja, nós ponhamos em funcionamento nossos planos de restauração ou nossos projetos de inovação. Ele continua atuando na Igreja e fora da Igreja. Ninguém vive abandonado por Deus, mesmo que nunca tenha ouvido falar do evangelho de Jesus.

Mas tudo isto não nos dispensa de nossa responsabilidade. Precisamos começar a fazer-nos novas perguntas: Por quais caminhos anda Deus buscando os homens e mulheres da cultura moderna? Como ele quer tornar presente ao homem e à mulher de nossos dias a Boa Notícia de Jesus?

Precisamos perguntar-nos ainda algo mais: Que chamados Deus nos está fazendo para transformar nossa forma tradicional de pensar, expressar, celebrar e encarnar a fé cristã de maneira a tornar propícia a ação de Deus no interior da cultura moderna? Não corremos o risco de converter-nos, com nossa inércia e imobilismo, em freio e obstáculo cultural para que o evangelho se encarne na sociedade contemporânea?

Ninguém sabe como será a fé cristã no mundo novo que está emergindo, mas dificilmente será "clonagem" do passado. O evangelho tem força para inaugurar um cristianismo novo.

A MELHOR NOTÍCIA

Por volta do ano 9 a.C. os povos da província romana da Ásia tomaram a decisão de mudar o calendário. Daí em diante a história da humanidade não se contaria a partir da fundação de Roma, mas a partir do nascimento de Augusto. O motivo era importante. Ele havia sido "Boa Notícia" (*euangelion*) para todos, porque havia trazido a paz, introduzindo no mundo uma ordem nova. Augusto era o grande "benfeitor" e "salvador".

Os cristãos começaram a proclamar uma mensagem muito diferente: "A Boa Notícia não é Augusto, mas Jesus". Por isso o evangelista Marcos intitulou assim seu evangelho: "Boa Notícia de Jesus, o Messias, Filho de Deus". E por isso, em seu evangelho, o mandato final do Ressuscitado é este: "Ide pelo mundo inteiro e proclamai o evangelho a toda a criação".

"Boa notícia" é algo que, no meio de tantas experiências más, traz às pessoas uma esperança nova. As "boas notícias" trazem luz, despertam a alegria, dão um sentido novo a tudo, animam a viver de maneira mais aberta e fraterna. Jesus é tudo isto e mais ainda, mas como proclamá-lo hoje como Boa Notícia?

Podemos explicar doutrinas sublimes acerca de Jesus: nele está a "salvação" da humanidade, a "redenção" do mundo, a "libertação" definitiva de nossa escravidão, a "divinização" do ser humano. Tudo isto está certo, mas não basta. Expor verdades cujo conteúdo é teoricamente bom para o mundo não é a mesma coisa que fazer com que as pessoas possam experimentar Jesus como algo "novo" e "bom" em sua própria vida.

Não é difícil entender por que as pessoas da Galileia sentem Jesus como uma "Boa Notícia". O que ele diz lhes faz bem: tira-lhes o medo de Deus, faz com que sintam sua misericórdia, ajuda-as a viver compreendidas e perdoadas por ele. Sua maneira de ser é algo bom para todos: ele é compassivo e próximo, acolhe os mais esquecidos, abraça os mais pequenos, abençoa os enfermos, fixa-se nos últimos. Toda a sua atuação introduz na vida das pessoas algo bom: saúde, perdão, verdade, força interior, esperança. É uma sorte encontrar-se com ele!

CONFIAR NO EVANGELHO

A Igreja já tem vinte séculos. Para trás ficam dois mil anos de fidelidade e também de não poucas infidelidades. O futuro parece sombrio. Fala-se de sinais de decadência em seu seio: cansaço, envelhecimento, falta de audácia, resignação. Cresce o desejo de algo novo e diferente, mas também a impotência para produzir uma verdadeira renovação.

O evangelista Mateus termina seu escrito colocando nos lábios de Jesus uma promessa destinada a alimentar para sempre a fé de seus seguidores: "Eu estarei convosco todos os dias até o fim do mundo". Jesus continuará vivo no meio do mundo. Seu movimento não se extinguirá. Sempre haverá crentes que atualizem sua vida e sua mensagem. Marcos nos diz que, depois da Ascensão de Jesus, os apóstolos "saíram a pregar por toda parte, e o Senhor cooperava com eles".

Esta fé nos leva a confiar também hoje na Igreja: com atrasos e resistências talvez, com erros e debilidades, ela sempre continuará procurando ser fiel ao evangelho. Leva-nos também a confiar no mundo e no ser humano: por caminhos nem sempre claros nem fáceis, o reino de Deus continuará crescendo.

Hoje existe mais fome e violência no mundo, mas existe também mais consciência para torná-lo mais humano. Existem muitos que não creem em nenhuma religião, mas creem numa vida mais justa e digna para todos, que é, em suma, o grande desejo de Deus.

Esta confiança pode dar um tom diferente à nossa maneira de olhar o mundo e o futuro da Igreja. Pode ajudar-nos a viver com paciência e paz, sem cair no fatalismo e sem desesperar do evangelho.

Precisamos sanear nossas vidas eliminando aquilo que nos esvazia de esperança. Quando nos deixamos dominar pelo desencanto, pelo pessimismo ou pela resignação, nos incapacitamos para transformar a vida e renovar a Igreja. O filósofo alemão (radicado nos Estados Unidos) Herbert Marcuse dizia que "só merecem a esperança aqueles que caminham". Eu diria que só conhecem a esperança cristã aqueles que caminham seguindo os passos de Jesus. São eles os que "podem proclamar o evangelho a toda a criação".

RECUPERAR O HORIZONTE

De acordo com o magnífico estudo *A esperança esquecida*, do pensador francês J. Ellul, um dos traços que melhor caracterizam o homem moderno é a perda de horizonte. O homem atual parece viver num "mundo fechado", sem projeção nem futuro, sem abertura nem horizonte.

Nunca nós, seres humanos, havíamos alcançado um nível tão elevado de bem-estar, liberdade, cultura, vida longa, tempo livre, comunicações, intercâmbios, possibilidades de desfrute e diversão. E, no entanto, são poucos os que pensam que estamos nos aproximando do "paraíso na terra".

Passaram os tempos em que grandes setores da humanidade viviam alimentando a ilusão de construir um futuro melhor. Os homens parecem cansados. Não encontram motivos para lutar por uma sociedade melhor e se defendem como podem do desencanto e da desesperança.

É cada vez menor o número dos que creem realmente nas promessas e soluções dos partidos políticos. Um sentimento de impotência e desengano parece perpassar a alma das sociedades ocidentais. As novas gerações estão aprendendo a viver sem futuro, a atuar sem projetos, a organizar para si apenas o presente. E é cada vez maior o número dos que vivem sem um amanhã.

É preciso viver intensamente o momento presente. Não existe amanhã. Uns correm para o trabalho e se precipitam numa atividade intensa e desumanizadora. Outros se refugiam na compra e aquisição de coisas sempre novas. Muitos se distraem com seus programas preferidos de televisão. Mas são poucos os que, ao sair desse circuito, conseguem abrir um futuro de esperança para sua vida.

E, no entanto, o ser humano não pode viver sem esperança. Como diz Clemente de Alexandria, nós "somos viajantes" que continuamos buscando algo que ainda não possuímos. Nossa vida é sempre "expectativa". E quando a esperança se apaga em nós, paramos, já não crescemos, nos empobrecemos, nos destruímos. Sem esperança deixamos de ser humanos.

Só quem tem fé num futuro melhor pode viver intensamente o presente. Só quem conhece o destino caminha com firmeza, apesar dos obstáculos. Talvez seja esta a mensagem mais importante do relato da Ascensão para uma sociedade como a nossa.

Para quem não espera nada no final, os sucessos, as alegrias, os êxitos da vida são tristes, porque acabam. Para quem crê que esta vida está secretamente aberta à vida definitiva, os sucessos, os trabalhos, os sofrimentos e alegrias são anseio e anúncio, busca da felicidade final.

ANTEGOZAR O CÉU

Não se pode descrever o céu, mas podemos antegozá-lo. Não podemos alcançá-lo com nossa mente, mas é difícil não desejá-lo. Se falamos do céu não é para satisfazer nossa curiosidade, mas para reavivar nosso desejo e nossa atração por Deus. Se o recordamos é para não esquecer o anseio último que trazemos no coração.

Ir para o céu não é chegar a um lugar, mas entrar para sempre no Mistério do amor de Deus. Por fim, Deus já não será alguém oculto e inacessível. Embora nos pareça inacreditável, poderemos conhecer, tocar, provar e desfrutar seu ser mais íntimo, sua verdade mais profunda, sua bondade e beleza infinitas. Deus despertará em nós a paixão do amor para sempre.

Esta comunhão com Deus não será uma experiência individual. Jesus ressuscitado nos acompanhará. Ninguém vai ao Pai se não for por meio de Cristo. "Nele habita toda a plenitude da divindade em forma corporal" (Cl 2,9). Só conhecendo e desfrutando o mistério contido em Cristo penetraremos no mistério insondável de Deus. Cristo será o nosso "céu". Vendo a ele, "veremos" a Deus.

Cristo não será o único mediador de nossa felicidade eterna. Inflamados pelo amor de Deus, cada um de nós nos converteremos, à nossa maneira, em "céu" para os outros. A partir de nossa limitação e finitude tocaremos o Mistério infinito de Deus, saboreando-o em suas criaturas.

Gozaremos de seu amor insondável, saboreando-o no amor humano. O gozo de Deus nos será dado encarnado no prazer humano.

O teólogo húngaro Ladislaus Boros procura sugerir esta experiência indescritível: "Sentiremos o calor, experimentaremos o esplendor, a vitalidade, a riqueza transbordante da pessoa que hoje amamos, com a qual desfrutamos e pela qual agradecemos a Deus. Todo o seu ser, a profundeza de sua alma, a grandeza de seu coração, a criatividade, a amplitude, a paixão de sua reação amorosa não serão presenteados".

Que plenitude alcançará em Deus a ternura, a comunhão e o gozo do amor e da amizade que conhecemos aqui! Com que intensidade nos amaremos então, nós que já nos amamos tanto na terra! Poucas experiências nos permitem antegozar melhor o destino último ao qual somos atraídos por Deus.

ÍNDICE LITÚRGICO

CICLO B (MARCOS)
Advento
1º Domingo. Despertar (13,33-37), 249
2º Domingo. Começa o evangelho de Jesus Cristo (1,1-8), 17

Natal
Batismo do Senhor. Batismo de Jesus (1,7-11), 25

Quaresma
1º Domingo. A Boa Notícia de Deus (1,14-20), 33
2º Domingo. Escutar Jesus (9,2-10), 169
Domingo de Ramos. O grito do Crucificado (15,33-39), 265

Páscoa
Ascensão do Senhor. Proclamai o evangelho (16,15-20), 273

Tempo Comum
3º Domingo. A Boa Notícia de Deus (1,14-20), 33
4º Domingo. Ensinar curando (1,21-28), 41
5º Domingo. Paixão pela vida (1,29-39), 49
6º Domingo. Contra a exclusão (1,40-45), 57
7º Domingo. O perdão de Deus (2,1-12), 65
8º Domingo. Vinho novo em odres novos (2,18-22), 73
9º Domingo. Em primeiro lugar está a pessoa (2,23–3,6), 81

10º Domingo. Não pecar contra o Espírito Santo (3,20-35), 89

11º Domingo. Semear (4,26-34), 97

12º Domingo. Por que tanto medo? (4,35-41), 107

13º Domingo. Contra a dominação masculina (5,21-43), 113

14º Domingo. Sábio e curador (6,1-6), 121

15º Domingo. Enviados a evangelizar (6,7-13), 129

16º Domingo. Ovelhas sem pastor (6,30-34), 137

22º Domingo. Com o coração longe de Deus (7,1-8.14-15.21-23), 145

23º Domingo. Curar nossa surdez (7,31-37), 153

24º Domingo. Quem dizeis que eu sou? (8,27-35), 161

25º Domingo. Importantes (9,30-37), 177

26º Domingo. São amigos, não adversários (9,38-43.45.47-48), 185

27º Domingo. Matrimônios desfeitos (10,2-16), 193

28º Domingo. Uma coisa nos falta (10,17-27), 201

29º Domingo. Não impor-se, mas servir (10,35-45), 209

30º Domingo. Cegueira (10,46-52), 217

31º Domingo. A coisa decisiva é amar (12,28-34), 225

32º Domingo. O que os pobres nos podem ensinar (12,38-44), 233

33º Domingo. No final virá Jesus (13,24-32), 241

Outras festas

O Corpo e Sangue de Cristo (ciclo B). A ceia do Senhor
(14,12-16.22-26), 257

ÍNDICE TEMÁTICO

Abertura ao Espírito. Jesus batiza com o Espírito Santo, 25s.; escutar o que o Espírito diz à Igreja, 26s.; mediocridade espiritual, 28s. Cf. também *Espírito Santo.*

Alegria. A alegria de viver a partir de Jesus, 77s.; recuperar a alegria, 78s.; rezar juntos e rir em comum, 139s.; cristãos tristes, 203s.

Amor. A coisa decisiva na vida, 225s.; a primeira coisa a fazer, 227; o amor se aprende, 228s.; introduzir o amor na cultura moderna, 229s.; o amor não vai contra a ciência, 230-232. Cf. também *Servir; Compaixão.*

Compaixão. Paixão pela vida, 50s.; um coração que vê, 51s.; aliviar o sofrimento, 53s.; pensar nos que sofrem, 84s.; passar pela vida fazendo o bem, 86; como ovelhas sem pastor, 137s.; olhar as pessoas como Jesus as olhava, 138s.; um grito incômodo, 222s. Cf. também *Amor.*

Confiança. Confiar, 109s.; confiança e responsabilidade, 273s.; confiar no evangelho, 275s.

Conversão. Ir para o deserto, 17s.; preparar o caminho para o Senhor, 20s.; reorientar a vida, 21s.; renovação interior, 29s.; ouvir o chamado à conversão, 37s.; a conversão nos faz bem, 38s.; a conversão a Jesus não é um remendo, 74s.; deixar-nos curar da surdez, 153s.; abrir-nos a Jesus, 154s.; curar-nos da cegueira, 217-219; sentados à beira do caminho, 219s.; sair da instalação, 220s.; sentir-nos novamente vivos, 221s. Cf. também *Renovação*; *Seguimento de Jesus*; *Pecado*.

Conversão à Igreja. Ouvir o que o Espírito diz à Igreja, 26s.; mediocridade espiritual, 28s.; ensinar como Jesus ensinava, 44s.; salvar o homem ou deixá-lo morrer?, 82s.; abrir-nos a Jesus, 154s.; sobre o que discutimos pelo caminho?, 177s.; são amigos, não adversários, 185s.; são dos nossos, 187s.; lutamos pela mesma causa, 188s.; fidelidade a Jesus e pluralismo, 189-191; entre nós não deve ser assim, 210s.; contra a hierarquia de poder, 211s.; não impor, mas servir, 212s. Cf. também *Seguimento de Jesus*.

Crianças. Acolher a criança em nome de Jesus, 181s.; como aproximar-nos das crianças?, 182s.

Cruz de Jesus. Deu um forte grito, 265s.; o gesto supremo, 266s.; Jesus diante de sua morte, 268s.; a cruz, memória dos crucificados, 269s.; não é Deus quem provoca a crucificação, 270s.

Descanso. Descanso renovador, 141s.; um descanso diferente, 142s.

Deus. Deus quer o melhor, 87s.; não só para eleitos, 95s.; Deus não quer que afundemos, 110s.; Deus quer a vida, 119s. Cf. também *Religião*; *Encontro com Deus*.

Encontro com Deus. Frestas, 22s.; nova experiência de Deus, 30s.; não fechar-nos ao mistério da vida, 156. Cf. também *Deus*; *Conversão*.

Esperança cristã. No final virá Jesus, 241s.; convicções cristãs, 242s.; as palavras de Jesus não passarão, 244s.; no final começa a verdadeira vida, 246s.; despertar a esperança, 252-254; sempre é possível reagir, 254s.; recuperar o horizonte, 277s.; antegozar o céu, 278s. Cf. também *Vigiar*.

Espírito Santo. A força curadora do Espírito, 90s.; o defensor de uma vida sadia, 91s. Cf. também *Abertura ao Espírito*.

Eucaristia. Experiência decisiva, 258s.; fazer memória de Jesus, 259s.; mesa acessível a todos, 260s.; reavivar a ceia do Senhor, 261s.; comungar com Jesus, 263s.

Evangelizar. Semear, 100s.; estilo de vida do evangelizador, 129s.; o que não devemos levar, 130s.; sem poder, 132s.; com poucas coisas, 133s.; sem apoio social?, 134s.; confiança e responsabilidade, 273s.; a melhor notícia, 274s.; confiar no evangelho, 275s.

Fé. Uma fé sadia e realista, 93s.; medo de crer, 106-108; a fé pode curar, 126s.; o gosto de crer, 173s.

Indiferença. Com o coração longe de Deus, 147s.; indiferença progressiva, 148s.

Jesus. Questão vital, 162s.; quem é Jesus para nós?, 163s.; o que Jesus nos pode trazer?, 164s.; o que se disse de Jesus, 165s.; o que alguns dizem hoje, 166s.; duas atitudes muito típicas de Jesus, 178s.

Jesus curador. A mão estendida de Jesus, 49s.; paixão pela vida, 50s.; religião terapêutica, 54s.; sábio e curador, 121s.

Jesus mestre. Um ensinamento novo, 41s.; ensinar curando, 42-44; ensinar como Jesus ensinava, 44s.; sábio e curador, 121s.; não desprezar o Profeta, 122s.

Marginalizados. Os mais desvalidos diante do mal, 46s.; Deus acolhe os impuros, 57s.; contra a exclusão, 58-60; o contato com os marginalizados, 60s. estender a mão, 61s.; um grito incômodo, 222s.

Matrimônio. Antes de separar-se, 195s.; separados, mas pais, 196s.; diante dos divorciados, 197-199; diante dos matrimônios desfeitos, 199s.

Medo. Por que sois tão covardes?, 107s.; medo de crer, 106-108; eliminar medos, 108s. Cf. também *Confiança*.

Mudança social. Sair do isolamento, 157; chamado à comunicação, 158s.; o que é triunfar na vida?, 213s.; sair da instalação, 220s.; sentir-nos novamente vivos, 221s.; introduzir o amor na cultura moderna, 229s.; o amor não vai contra a ciência, 230-232; uma ilusão enganosa, 226s.; má consciência, 237s.; neurose de posse, 238s.; enfocar as grandes questões, 245s.

Mulher. Um espaço sem dominação masculina, 114s.; mulheres frustradas, 115s.; uma "revolução ignorada", 116s.; em defesa da mulher, 194s.

Pecado. Experiência sadia da culpa, 62s.; bloqueados por nosso pecado, 69s.; não ficar paralisados por nosso passado, 70s. Cf. também *Conversão*.

Perdão. O perdão nos põe de pé, 66s.; Deus está nos perdoando sempre, 67s.; crer no perdão, 68s.

Pobres. Contraste, 233s.; a lição da viúva pobre, 234s. Cf. também *Marginalizados*; *Riquezas*.

Reino de Deus. A paixão que animou Jesus, 33s.; o projeto do reino de Deus, 34s.; colaborar no projeto de Jesus, 36s.

Religião. O que é religião?, 83s.; uma religião vazia de Deus, 146s. Cf. também *Deus*.

Renovação. Vinho novo em odres novos, 73s.; a conversão a Jesus não é um remendo, 74s.; o "vinho novo" de Jesus, 76s.; não apegar-nos a tradições humanas, 149s.; a verdadeira tradição, 150s. Cf. também *Conversão*.

Riquezas. Uma coisa nos falta, 202s.; cristãos tristes, 203s.; a mudança fundamental, 204s.; enfermidade mal-diagnosticada, 205s.; um dinheiro que não é nosso, 206-208; uma ilusão enganosa, 236s.; má consciência, 237s.; neurose de posse, 238s. Cf. também *Pobres*.

Seguimento de Jesus. Colaborar no projeto de Jesus, 36s.; aprender de Jesus a viver, 125s.; olhar as pessoas como Jesus as olhava, 138s.; escutar Jesus, 169s.; não confundir Jesus com ninguém, 170s.; nova identidade cristã, 172s.; fidelidade a Deus e à terra, 174s.; duas atitudes muito típicas de Jesus, 178s.; fidelidade a Jesus e pluralismo, 189-191; sentados à beira do caminho, 219s.

Servir. Duas atitudes muito típicas de Jesus, 178s.; importantes, 180s.; entre nós não deve ser assim, 210s.; não impor, mas servir, 212s.; o que é triunfar na vida?, 213s.; são grandes, embora não o saibam, 214s. Cf. também *Voluntariado*.

Vida. Precisamos de mestres de vida, 45s.; salvar o homem ou deixá-lo morrer?, 82s.; o defensor de uma vida sadia, 91s.; qual a coisa mais sadia?, 92s.; nem tudo é trabalhar, 97s.; feridas secretas, 118s.; não precisamos de uma sabedoria diferente?, 123s.; aprender de Jesus a viver, 125s.; sair do isolamento, 157; chamado à comunicação, 158s.

Vigiar. Não sentimos a necessidade de despertar?, 249s.; quando o horizonte se torna sombrio, 250s.; viver com lucidez, 251s. Cf. também *Esperança cristã.*

Voluntariado. Semeiam humanidade, 102s. Cf. também *Servir.*

JESUS: APROXIMAÇÃO HISTÓRICA
José Antônio Pagola

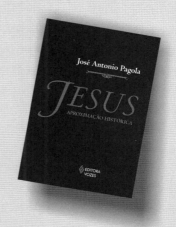

"Quem foi Jesus? Como entendeu sua vida? Que alternativa quis introduzir com sua atuação? Onde está a força de sua figura e a originalidade de sua mensagem? Por que o mataram? Como terminou sua aventura? Que segredo se esconde nesse galileu fascinante, nascido há dois mil anos numa aldeia insignificante do Império Romano e executado como um malfeitor perto de uma antiga pedreira, nos arredores de Jerusalén, quando beirava os 30 anos? Quem foi este homem que marcou decisivamente a religião, a cultura e a arte do Ocidente?

Estas são algumas das inúmeras perguntas suscitadas em torno de Jesus. Nesta obra de 650 páginas, José Antônio Pagola, professor de Cristologia na Faculdade Teológica de Vitória (Espanha), há sete anos se dedica exclusivamente a pesquisar e tornar conhecida a pessoa de Jesus, oferece um relato vivo e apaixonante da atuação e da mensagem de Jesus de Nazaré, situando-o em seu contexto social, econômico, político e religioso a partir das mais recentes pesquisas.

Na apresentação da obra, o próprio autor escreve: "Meu propósito fundamental foi 'aproximar-me' de Jesus com rigor histórico e com linguajar simples, para aproximar sua pessoa e sua mensagem ao homem e à mulher de hoje. Quis pôr nas mãos de você, leitor e leitora, um livro que os oriente para não enveredar por caminhos atraentes, mas falsos, de tanto romance-ficção, escrito à margem e contra a investigação moderna".

Conecte-se conosco:

- facebook.com/editoravozes
- @editoravozes
- @editora_vozes
- youtube.com/editoravozes
- +55 24 2233-9033

www.vozes.com.br

Conheça nossas lojas:

www.livrariavozes.com.br

Belo Horizonte – Brasília – Campinas – Cuiabá – Curitiba
Fortaleza – Juiz de Fora – Petrópolis – Recife – São Paulo

EDITORA VOZES LTDA.
Rua Frei Luís, 100 – Centro – Cep 25689-900 – Petrópolis, RJ
Tel.: (24) 2233-9000 – E-mail: vendas@vozes.com.br